Political sociology

政治社会学

全 国 高 等 院 校 教 材

李慧勇 刘桂英◎主编

经济管理出版社

ECONOMY & MANAGEMENT PUBLISHING HOUSE

图书在版编目（CIP）数据

政治社会学/李慧勇，刘桂英主编．—北京：经济管理出版社，2024.2
ISBN 978-7-5096-9620-0

Ⅰ. ①政… Ⅱ. ①李… ②刘… Ⅲ. ①政治社会学—教材 Ⅳ. ①D0-05

中国国家版本馆 CIP 数据核字（2024）第 052883 号

组稿编辑：任爱清
责任编辑：任爱清
责任印制：黄章平
责任校对：张晓燕

出版发行：经济管理出版社
　　　　　（北京市海淀区北蜂窝 8 号中雅大厦 A 座 11 层　100038）
网　　址：www. E-mp. com. cn
电　　话：（010）51915602
印　　刷：唐山昊达印刷有限公司
经　　销：新华书店
开　　本：787mm×1092mm/16
印　　张：14.25
字　　数：304 千字
版　　次：2024 年 5 月第 1 版　　2024 年 5 月第 1 次印刷
书　　号：ISBN 978-7-5096-9620-0
定　　价：88.00 元

前　言

　　政治和社会是两个独立又相互紧密联系的领域。随着现代国家的建立和现代国家治理实践的深入，政治和社会更是深度交织，彼此形塑，为政治社会学研究提供了丰富的土壤。得益于实证研究方法的日渐成熟和交叉学科研究的兴起，现代政治社会学有了更为广阔的研究空间。政治社会学探究政治与社会之间的关系，从社会学视角为现代国家建设、国家治理、政府过程、政治行为研究提供洞见，助力政治建设目标的实现。中国政治社会学研究更是立足于中国治理语境，在中国政治、社会、文化及新时代大背景下，探究中国治理实践的内部逻辑，提炼中国特色社会主义建设的经验，形成本土化概念和理论，向世界讲述中国故事。

　　当前，我国政治社会学呈现出研究数量增长、研究议题拓宽、研究内容深入的发展趋势，但总体而言，仍属于新兴交叉学科，学科发展任重道远。本书作为入门读物，主要围绕政治社会学的基础议题和我国政治社会学的关注点，选择"权力""政治文化""政治参与""现代国家的形成与构建""政府过程""技术、政治与政府治理""国际政治中的社会化"七个方面的内容，进行知识体系的梳理，同时吸纳我国政治建设和治理实践中的理论成果，以期帮助读者了解和认识政治社会学研究这一新领域，也为中国政治社会学发展尽绵薄之力。

　　本书在编写过程中，参阅了众多专家学者在政治社会学领域的相关教材、专著和学术论文，引用了其中的部分内容，在此向他们表示诚挚的谢意。由于编者学识有限，书中疏漏与不足之处在所难免，敬请学者、同人与读者批评指正。

编者

2024 年 2 月

目　录

第一章 政治社会学概述

政治和社会是两个既独立又相互紧密联系的领域。随着现代国家的建立和国家治理实践的深入,政治和社会更是深度交织,彼此形塑。政治社会学的兴起正是为了更好地认识政治与社会之间的关系,从政治社会学视角为政治现象和社会现象提供富有洞察力的解释,并服务于政治建设和社会建设目标。

政治社会学是政治学和社会学的交叉性学科。对于其学科属性,一部分学者认为,政治社会学以社会学视角和社会学方法研究政治现象,因此,从研究视角和研究方法而论,主张政治社会学是社会学的分支学科,从研究对象而论,主张政治社会学是政治学的分支学科;另一部分学者则认为,政治社会学以政治与社会之间的关系作为研究对象,广泛借鉴政治学、社会学、经济学、心理学等学科的研究方法和概念工具来研究政治与社会之间的静态或动态关系,主张政治和社会之间的关系本身就是独立的研究议题,因此,政治社会学属于一门独立的交叉学科。

基于这一分歧,本章从政治与政治学、社会与社会学以及政治学与社会学交叉研究等几个方面,展现政治社会学与政治学、社会学研究之间的区别与联系,同时,梳理政治社会学的理论发展、研究内容和研究途径,整体性地把握政治社会学,并在此基础上,阐述中国政治社会学发展现状和新趋势。

第一节 政治学、社会学与政治社会学

政治学和社会学分别以政治领域和社会领域作为研究对象,而政治社会学则尝试以社会学视角分析和阐释政治现象,并基于政治与社会互动关系,开辟新的研究议题。

一、政治与政治学

(一)政治的内涵

现实政治生活的发展和变迁促生了对政治的不同理解。关于政治的常见界定有以下

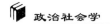

五种：

1. 政治是治国之道

孔子提出"为政以德"，以道德原则治理国家，"德"是治理国家、取得民心民力的主要方法，也是区分"仁君"与"暴君"的标准，是执政、司法的指导方针，"德"要高于君主的权力。政治的内涵表现为特定的伦理价值和规范性道德要求，政治是"德治仁政"，是一种治国之道（孙关宏等，2008）。①

2. 政治是权力关系

权力是政治的核心问题，社会政治生活实质上是一种权力关系。权力是国家一切机构与法律的基础。研究政治就是研究权力的形成和分享，即谁得到什么、如何得到、何时得到（哈罗德，1992）②，以及权力如何分配和使用，在什么基础上被行使等问题（安德鲁，2014）。③

3. 政治是政府的活动

孙中山说："政就是众人之事，治就是管理，管理众人之事就是政治。"（孙中山，2011）④ 政府是公共权力的掌握者，也是最主要的公共管理主体。随着非政府组织、社会团体、社区等不同类型、不同层次的主体在公共事务治理中的作用日益凸显，公共事务治理主体日益多元化，政治的含义也变得更宽泛，包含了以政府为中心的治理多主体间的关系以及为实现特定治理目标而展开的互动。

4. 政治是关于维护国家性和分配正义的体系与能力

所谓国家性，就是国家之所以为国家的特性。现代国家的核心要素是国家主权，即国家在领土范围内享有的普遍而绝对的权力。国家性不是自然而然存在，而是从制度和能力等方面进行建设。因此，政治首先涉及国家建设问题。同时，在国家性前提下，公共权力运行的本质就是对社会、经济、政治等各种资源进行权威性分配。公正是衡量国家性和资源分配的最基本标准，也是政治发展、政治改革乃至革命的一种价值追求。

5. 政治就是各阶级之间的斗争⑤

"政治，不论革命的和反革命的，都是阶级对阶级的斗争，不是少数个人的行为。"（毛泽东，1969）⑥ "至今的全部历史都是阶级斗争的历史……即旧的阶级要保持统治，新兴的阶级要争得统治。"⑦ 而政治统治的工具便是国家机器。在阶级社会，政治是以

---

① 孙关宏，胡雨春，任军锋. 政治学概论（第2版）[M]. 上海：复旦大学出版社，2008：2.

② [美]哈罗德·D. 拉斯韦尔. 政治学：谁得到什么？何时和如何得到？[M]. 杨昌裕译. 北京：商务印书馆，1992：2.

③ [英]安德鲁·海伍德. 政治学核心概念 [M]. 吴勇译. 北京：中国人民大学出版社，2014：122.

④ 孙中山. 孙中山选集（下）[M]. 北京：人民出版社，2011：661.

⑤ 中共中央马克思恩格斯列宁斯大林著作编译局. 列宁选集（第4卷）[M]. 北京：人民出版社，2012：308.

⑥ 毛泽东. 毛泽东选集（第3卷）[M]. 北京：人民出版社，1969：866.

⑦ 中共中央马克思恩格斯列宁斯大林著作编译局. 马克思恩格斯选集（第3卷）[M]. 北京：人民出版社，1972：12-13.

一定的阶级关系为基本内容，通过运用国家政权治理国家和社会来实现社会成员阶级利益的过程。[①]

总体而言，依据马克思主义的政治观，政治是围绕权力而展开的活动，其核心是国家政权，政治的主体包括公权力的掌握者、试图影响公权力的各类主体以及上述主体背后的阶级力量，政治内容涉及权力获取、权力分配、权力运用中的价值规范和实践问题。

（二）政治学及其研究内容

马克思主义认为政治学是研究以国家现象为核心的各种政治现象及其发展规律的科学。[②] 政治学研究内容庞杂，有学者认为其研究内容包含公民资格、国家职能及其限度、权威的来源及合法性、权力的分配及政府结构、国家占据的区域、拥有的人口及国家间关系等问题（里普森，2001）。[③] 还有学者认为政治学研究包括政治制度设计、公共政策分析、国际社会中不同政治组织及关系、意识形态等问题（杨光斌，2019）。[④] 政治学的研究内容根据政治概念的狭义和广义理解而不同，其主要内容体现在以下四个方面：

1. 价值规范

从政治学的发展历史和当前研究内容来看，政治学具有规范性与科学性两个方面的特征，具体表现在政治哲学与政治科学两种不同研究范式中。政治学的规范性是指回答政治对与错、好与坏的价值准则（杨光斌，2019）。[⑤] 规范研究的核心是回答"应当是什么"的问题，涉及法治、公平、平等、正义、自由、民主等基本政治价值观。价值规范研究基于哲学思辨来辨析价值原则，论证观念合理性，而不是解释或回答"是什么的问题"，也不是对现实政治中的观念形态进行实证分析。其贡献是为行为和制度建构提供价值指引。

2. 权力

权力有狭义和广义之分，也存在不同的类型，如"决策的权力""议程设计的权力""形塑观念的权力"。经典权力观认为权力是公共权力，以国家强制力为后盾，主体是国家，权力的运行主要以法律和制度为依据。而多元主义权力观扩大了权力的外延和主体，认为权力不一定等同于强制力，而是一种影响力，并把利益集团作为对政策施加重要影响力的主体引入政治分析中，扩展了权力的内涵和主体，形成了"政府作出正式决策的正式权力"和"通过外部施压的方式来影响决策内容的非正式权力"等对权力更宽泛的理解。这一理解将社会因素带入政治过程分析中，政治学研究突破传统政治界限，开始从公共权力主体与其他社会主体间的博弈角度看待权力。

3. 政治制度

制度研究是政治学学科最传统的研究范式之一。制度是嵌入在政体或政治经济组织

① 《政治学概论》教材编写课题组. 政治学概论（第二版）[M]. 北京：高等教育出版社，2020：4.
② 《政治学概论》教材编写课题组. 政治学概论（第二版）[M]. 北京：高等教育出版社，2020：6.
③ [美] 莱斯利·里普森. 政治学的重大问题 [M]. 刘晓等译. 北京：华夏出版社，2001：12-15.
④⑤ 杨光斌. 政治学导论（第5版）[M]. 北京：中国人民大学出版社，2019：7.

结构中的正式或非正式的程序、规则和惯例。制度包含正式制度和非正式制度。正式制度是指人们制定的成文规则，包含政府的组织形式、政党制度、代议制度、选举制度等宏观制度以及政治参与制度、干部人事制度、决策咨询制度等中观层面和微观层面的正式制度。非正式制度是指传统、习俗、伦理道德等社会共享的不成文制度。非正式制度研究侧重于正式结构中存在的非正式规范、非正式组织以及不同政治主体间的非正式互动，将文化、策略、角色、道德规范等纳入制度的范畴之中。

4. 政治行为

行为是个体或集体在一定物质条件以及文化、价值观、制度影响下表现出来的外在活动形式。传统政治学把政府看作一个实体，分析整套的政治制度，不关注微观的个体行为。行为主义研究从机构和制度研究转向政治行动者的行为，认为只有机构之中的活动以及围绕政治机构的行为才是政治学家应该关心的问题。行为主义强调"行为"主要是个体行为，并研究个体的态度、人格等内在世界以及投票、院外活动之类的外在活动。理性选择理论则基于个人主义、理性人以及交易政治观三大假设，关注"整个政治过程的单一个人行为模型"（布坎南，1988)①，认为政治个体也是自利的、理性的效用最大化者②，政治过程就是理性个体之间交易、算计的过程，政治则是交易市场。在初始政治市场上，政治家把选票卖给选民，选民为政治家支付选票。初始政治市场供求分析主要研究投票行为。在政策供给的二级市场中，官员为了实现当选政府的目标而提供不同的行政手段，其基本理论是官员经济理论、政府增长理论和政府失灵理论等。在政策执行的三级市场，分析政策执行过程给不同群体带来的实际影响。

上述不同议题研究存在不同的研究范式。新制度主义范式关注政治与社会联系，并用社会现象解释政治制度和政治行为，主张"在既定制度和权力关系之中……围绕着稀缺资源而展开竞争的各个集团之间的冲突构成了政治的核心"（何俊志，2004)。③ 历史制度主义关注宏大的国家结构、民族国家的文化特质、具体的政府制度安排，分析制度变迁以及在这一变迁中国家、政府和其他组织等既定的制度结构如何影响政治行为，国家与社会的整体范围如何影响政治行动者决定其利益及同其他政治行为者之间的关系等问题。理性选择制度主义范式倾向于将政治视作一系列集体行动困境的场域，强调对政治后果起决定性作用的策略性行为的重要作用，并主张制度既是激励或约束策略性行为的要素，也是行动者在解决集体行动困境时采取的策略性行为的产物。社会学制度主义范式将正式规则、程序和规范之外的象征系统、认知模式和道德模板等"意义框架"纳入制度的范畴，从文化角度解释制度对行为的影响，从社会合法性的角度解释制度的起源与变迁。

---

① ［美］詹姆斯·M. 布坎南. 经济学家应该做什么［M］. 罗根基，雷家骕译. 成都：西南财经大学出版社，1988：129.

② ［美］丹尼斯·C. 缪勒. 公共选择理论［M］. 杨春学等译. 北京：中国社会科学出版社，1999：4.

③ 何俊志. 结构、历史与行为：历史制度主义对政治科学的重构［M］. 上海：复旦大学出版社，2004：121.

二、社会与社会学

（一）社会的内涵

政治、经济、社会、文化经常被视作总体性社会的主要构成部分，这些构成部分在总体性社会发挥着不同的功能。社会是总体性社会的一部分，但其概念内涵具有很强的灵活性，有时指具有明确界限的领域，有时则被称为"剩余概念"，指被明确界定的政治、经济、文化之外的其他领域。

1. 与"自然"相对应的作为整体的"社会"

自然是自在地存在的自然界和各种自然物，而社会则是人类事务，是指通过人与人之间关系所建构的整体。在与自然对应的意义上，社会是指作为整体的社会，包含了政治、经济、文化以及社会生活在内的所有人类生活的方方面面。这一概念也进一步指称有自身政治、经济、文化、历史特征的共同体，形成了诸如现代社会、传统社会、西方社会、中国社会这样的有自身特征的共同体。

2. 与"个体"相对应的"社会"

它强调社会是通过人与人的联系、互动而形成的集体。社会是一种关系网络，是人们共同经营的共同体。在这一意义上，社会具有以下三个特征：占据同一块地域，人们彼此相互联系和互动，在某种程度上享有一种共同文化。

3. 与"国家"和"政府"相对应的"社会"

国家或政府的概念强调的是一种强制性的组织。它凭借公共权力和强制手段维持法律与秩序，保障社会有序运作。社会则是自愿性的集合体，依靠习俗、传统、道德等维持成员的服从。

4. 与"经济"相对应的"社会"

经济是生产和交易的领域，社会则是除了经济之外的社会生活部分，包含政治、文化、科学技术等广泛领域。

（二）社会学及其研究内容

社会学是系统地研究社会行为与人类群体的社会科学。社会学的研究内容非常广泛。孙本文在《社会学原理》一书中梳理出 9 种主要的社会学研究问题：社会现象、社会形式、社会组织、人类文化、社会进步、社会关系、社会过程、社会现象间的关系、社会行为。美国社会学家 H. 巴利和 B. 穆尔统计了 1951～1971 年美国出版的 16 种社会学教科书中关于社会学研究的 8 种对象：社会互动、社会关系、群体结构、社会行为、社会生活、社会过程、社会现象、社会中的人。[1] 社会学的研究内容主要有以下六点：

---

[1] 中国大百科全书总编辑委员会《社会学》编辑委员会. 中国大百科全书（社会学）[M]. 北京：中国大百科全书出版社，1991：12.

1. 社会结构

社会是由功能不同但相互联系的各要素所构成的。社会结构是指社会诸要素稳定的关系及构成方式。根据社会各个基本活动领域，社会由政治、经济、文化、社会领域构成。对整个社会而言，这些领域就是结构，它们具有不同的功能，同时以特定方式相互联系。根据社会分化标准，社会学分析常见的结构有阶级或阶层结构、收入结构、文化结构、区域结构、城乡结构、职业分工结构、教育结构、性别结构等。在社会结构研究中，政治是社会的一部分，同时，政治也受到社会其他结构要素的影响。一般而言，无论从宏观结构还是从社会分化后的群体结构角度，都可以对政治现象的产生、演变进行影响因素分析和因果关系解析。

2. 社会与个人的关系

个人是社会性的存在，应当避免把"社会"当作抽象的存在而与个人对立起来；反之，社会是人们交互作用的产物，是社会关系的总和。社会化、社会互动、社会角色、社会群体、社会组织、社会分层、社会制度、社区，乃至社会控制、社会变迁，无一不直接或间接地体现个人与社会间的关系。一个社会要正常运行，个人与社会，即个人利益与社会利益、个人自由与社会秩序、个性发展与社会需求，必须保持适度平衡。

3. 社会行为

行为的主体是个体，个体的行为由动机和目标推动。但个体的行为并不是只具有个体意义，它在一定程度上是集体的、社会的。每个人的思想和行动或多或少地受到其他人的行动影响，也会受到惯习、风气的影响，从而呈现出某种共性。社会学旨在理解和洞察人类行为的共性，解读其背后的社会意义。

4. 社会文化

文化是物质和非物质的人类产品，承载于民族历史、风土人情、传统习俗、生活方式、文学艺术、行为规范、思维方式、价值观念、制度规范等形式中。文化的核心形态是信仰、价值观、意识形态，是社会制度的基础，规范着人们的社会行为。社会学研究中的文化包括社会文化、民族文化、现代文化和传统文化等内容，政治文化是其中一部分，是表现于政治生活中的文化。

5. 社会关系

人与人、人与组织、组织与组织之间发生着多方面的交往和互动，产生了稳定的纽带关系。这些稳定的纽带关系的总和被称为社会关系，它的结构则被称为社会网络结构。人类的群体行为和个体行为是社会关系作用的产物。根据社会成员的关联形态，社会关系包含政党、政府、企业、社会组织等正式组织，也包含家庭、亲属、邻里、同乡、同学、朋友等非正式关系网络。

6. 社会变迁

社会的各个方面，从微观到宏观，从社会制度、社会结构到社会组织、价值观念、生产方式、生活方式等总是处于变迁当中。社会变迁的动力、变迁的路径和方式、变迁的结果、变迁带来的影响都是社会学重点研究的问题。

总体而言，社会学研究就是从关系和整体视角观察社会，探究社会结构、社会关系、社会变迁等问题，遵循科学主义的原则，开展实证研究，形成关于社会事实的知识。

社会学研究中也存在不同的研究范式。不同的研究范式意味着对社会的不同认知方式。主要的研究范式有功能主义、冲突论和互动论三种。

功能主义强调这样一种模式，即社会由不同部分构成，不同部分在社会整体中发挥着不同的功能，这些功能及功能间的协调维持着社会整体。社会非常像任何活的有机体或人类机体。像身体的各个部分（如四肢、心脏、大脑）一样，社会的各构成部分（如家庭、商业机构、政府）以系统的方式结合在一起，对整体发挥着作用，并维持社会平衡状态。功能主义将社会变迁解释为来自外界的力量干扰了系统的平稳运行，社会通过各构成部分之间的相互调适，最终恢复新的平衡状态。

冲突论强调人们因有限的资源、权力和声望而发生的斗争是永恒的社会现象，也是社会变迁的主要源泉。该研究范式建立在这样的假设之上，即构成社会的各部分远不是作为整体的一部分而平稳运行的，而是互相冲突的。这并不是说社会就永无秩序。冲突论者并不否认社会秩序的存在，但认为秩序只是社会各部分之间不断进行的冲突的一种结果，而且，它也并不一定是事物的自然状态。冲突论者强调社会流动的、不断变化的性质，认为社会经常处在极易被破坏的平衡之中，也主张社会秩序源于社会的一部分统治于另一部分之上，是力量与强制的产物，而不是源于各部分之间的自然合作。

互动论更关注社会的微观层面，即社会互动和作为社会存在的个人。这一范式关注人们在日常生活中如何交往、如何使这种交往产生实质性意义等问题。互动论被称为微观社会研究，研究个人和小的群体而不是大规模的社会结构。互动论并不将社会看成是一种控制力量，而是强调人们总是处在创造、改变他们的生活世界的过程之中。互动论不仅对人们如何行动感兴趣，而且也对人们的思想和感知感兴趣，从而探索人们的动机、目的、目标和他们理解世界的方式。

三、政治社会学：政治学与社会学的交叉学科

近代以来，学科分化曾是学科发展的主流，研究者中出现分工，专才替代通才，专业化的学科研究替代全面的科学研究。政治学和社会学就是在学科化的潮流中相继独立出来的两门社会科学。政治学和社会学的独立，意味着政治问题和社会问题研究在知识体系中的独立。在这一学科化的知识体系中，政治问题由政治学研究，社会问题由社会学研究。然而，现实中，政治与社会相互影响，深度交织，社会是政治的社会，而政治又是社会中的政治，因此，研究社会不可不研究政治，而研究政治也不可不研究社会。虽然政治学和社会学有着分工，但在实际研究过程中，这一分工并不十分绝对，于是形成了政治学、社会学、政治社会学的复杂关系。

从政治学角度而言，其学科发展历史展现出的是政治学越来越具有社会学化的特征。在政治社会学产生之前，政治学研究方法的特点是规范的价值研究和形式的制度研究。主流政治学者关心的是国家和法律制度问题，研究兴趣往往集中于政治的人性基础、权力的来源和构成、国家的起源等政治哲学问题以及以此为基础的有关权力、权利以及制度安排的实践问题，但很少关心政治的社会情境以及社会情境对政治实践的影响。其方法主要是以理论演绎为主，具有浓郁的思辨色彩。当然，也有部分政治学者进行了政治学经验研究。最早的先驱有古希腊的亚里士多德、近代的孟德斯鸠等。他们的研究方法带有一定的经验分析色彩，注重基于经验材料和政治实践观察的理论分析，而不仅仅是理论推演。政治学在科学主义思潮的影响下，越来越多地关注现实的政治活动，也逐渐采用了经验研究方法。集团理论研究者主张政治应该研究实际的政治过程，尤其是利益集团的活动，认为利益集团活动已成为广泛地影响立法和行政过程的重要力量。行为主义研究者则主张政治学应该吸取社会学、社会心理学、地理学、人类学、生物学和统计学的方法，研究政治行为。第二次世界大战之后，科学主义在政治学研究中的影响达到了高峰，行为主义政治科学研究压倒一切，政治学研究日益与其他学科交织在一起，形成了跨学科和多学科交叉研究的局面。政治学研究的领域日益扩大，从制度领域扩展到了比较政治、政治发展、政治体系、政治文化、政治人格等领域，社会学的实证研究方法被广泛运用到政治学研究中。对此，有学者甚至认为现代政治学就是政治社会学，政治社会学就是现代政治学，政治社会学与政治学是一回事。例如，法国政治社会学家莫里斯·迪韦尔热认为，政治学和政治社会学这两个术语几乎是同义词，美国许多大学在探讨相同问题时，在政治学系便把它称为"政治学"，在社会学系便称其为"政治社会学"，而在法国，政治社会学这种提法只是用来表示与传统的政治学研究方法的决裂和要用更科学的方法进行研究的一种意愿（迪韦尔热，2007）。[①]

无疑，知识交融是现代知识生产和发展的重要特征，不断丰富现行学科体系，也形成了普遍的学科交叉现象。随着政治学和社会学两个学科的日益成熟，两者彼此借鉴学科思维、研究方法、概念理论，创建独立的研究议题，从而促成了政治社会学这一新的交叉学科。虽然政治社会学与政治学、社会学之间的关系复杂，但仍然有其独特的特质，主要体现在以下五个方面：

（1）政治社会学的研究对象是政治现象。政治学、社会学和政治社会学研究对象有区别，也有交叉（见表1-1）。政治社会学尝试解释和解读的对象是政治现象和政治问题，其问题意识带有明显的政治学特征，如关注权力关系、平等正义诉求导向下的资源分配、国家与社会之间的界限、治理方式评价标准及其价值预设等。

---

① （法）莫里斯·迪韦尔热. 政治社会学：政治学要素 [M]. 杨祖功，王大东译. 北京：东方出版社，2007：7.

表1-1 政治学、社会学与政治社会学的学科特征比较

学科	政治学	社会学	政治社会学
核心研究问题	政治价值规范	客观的社会价值规范	非正式制度对政治制度和行为的影响、平等正义诉求导向下的资源分配、国家与社会之间的界限、治理方式评价标准及其价值预设
	政治权力	社会权力	社会权力对政治权力的影响
	国家及国家机构	社会及社会组织	国家与社会之间关系
	国家结构	社会结构	社会结构对政治权力分配、政体变迁的影响
	政治制度	社会制度	社会制度对政治制度的影响
	政治参与、国家机构的决策和治理行为	社会行为	政治参与的影响因素、国家治理中的多主体参与
	政治文化	文化	文化对政治参与和治理效果的影响、政治文化的功能、政治社会化
	—	社会关系	社会关系、社会资本对治理和合作的影响
	制度变迁、政治革命、政治改革	社会变迁	社会变迁对政治变迁的影响
研究方法	规范研究、实证研究	实证研究	实证研究
学科思维	国家思维、权力思维、批判性思维	系统思维、关系思维、圈层思维、情境思维	国家思维、权力思维、关系思维、系统思维、情境思维

（2）政治社会学基于政治与社会之间存在的密切联系，以社会解释政治。政治社会学认为，政治现象不是孤立存在的，而是整个社会系统的有机组成部分，受社会系统的广泛影响。因此，政治社会学从政治现象所处的广阔社会环境中（包括经济的、文化的、心理的各种因素）去探究政治制度、政治现象和政治问题背后的原因、影响因素、影响机制，并借鉴社会学的概念、工具和理论进行分析，形成不同于传统政治学的知识体系。

（3）政治与社会之间的关系成为独立的研究议题。这一点不同于探究政治的社会原因的研究范式。政治社会学进一步研究政治和社会互动的方式、类型、动力，并把两者置于更大的社会背景和社会系统中，探究影响两者之间关系的因素和两者互动所产生的广泛的社会政治后果。

（4）政治社会学采取实证研究方法。政治社会学对政治现象的研究并不特别关注终极价值或政治理想，而是更重视对政治现象的事实性描述，主要运用经验的社会调查方法、历史分析方法和比较研究方法，进行静态和动态分析。

（5）政治社会学有自身的学科思维。政治社会学关注国家和权力问题，倾向于从社会的广泛联系中认识政治现象，并对政治现象进行情境化分析，对普遍化、一般化命题采取谨慎的态度，注重条件和场景的重要性，进行相对具象化分析，但同时缺少政治学的批判性思维。

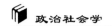

第二节 政治社会学的研究内容和研究途径

一、政治社会学的研究内容

陈秉璋（1984）认为，"政治学是以国家为研究对象的科学，政治社会学是以权力为研究对象的科学"。① 刘京希（2001）概括了关于政治社会学研究对象的各种观点，认为存在国家对象说、权力对象说和国家与社会关系对象说等多种观点。② 基于政治社会学学科界定和已有研究成果，政治社会学研究大体集中在以下四个方面：

（一）政体与政体变迁

国家是政治学研究的核心主题之一。从政治社会学角度研究国家，是把国家视作政治共同体，主要研究其政权组织形式及其变革。柏拉图、亚里士多德等都对国家做过系统论述，分析以城邦为单位的不同政体以及这些政体当中的社会群体结构。现代政治社会学关注现代国家和传统国家的区别，从社会基础角度探究不同国家实现现代化的不同路径。政治学视角下的国家研究主要关注国家的权力来源、权力在国家机构中的分配、国家机构之间的横向和纵向关系等问题，进行规范性研究，或国家建构的理论研究。政治社会学将国家置于社会大系统中，去探讨特定的权力组织形式产生和演变的社会基础。例如，在民主政治研究中，以分歧与共识为焦点，认为分歧是民主的基础，有分歧才有必要通过民主方式求得社会的统一与协调，同时，在有限度的分歧的基础上，通过民主运作，方能达成社会共识，基于此，进一步分析民主社会所必须具备的经济和社会条件。

（二）国家和权力

政治社会学以权力作为研究对象，首先把权力的范围从政治领域推及所有社会领域。权力除了国家和职权意义上的权力，还包含了广泛存在于社会不同场域下，如经济、生产、媒体、文化、卫生、教育、科学以及不同时空下的影响和支配关系。政治社会学广泛地研究权力的来源、权力的合法性、权力彰显的形式、权力关系等问题。如曼纽尔·卡斯特（2006）探究"市民是怎样建造城市的"这一问题，认为城市在空间、文化、制度上，是由宏观社会力量和不同行动者在其冲突互动中形塑和推动变迁的。③ 在 20 世纪五六十年代，西方政治科学和社会学研究中主流的特征就是在解释国家和权力变迁时采用社会中心论，把国家和政府视作没有自己的自主性，而只是一个利

① 陈秉璋. 政治社会学 ［M］. 台北：三民书局股份有限公司，1984：36.
② 刘京希. 政治社会学的研究对象及基本内容评述 ［J］. 北京大学学报（哲学社会科学版），2001（1）：78-86.
③ （西）曼纽尔·卡斯特，许玫. 都市理论和中国的城市化 ［J］. 国外城市规划，2006（5）：90.

益集团或社会运动在其中竞技的平台和场所。比如在杜鲁门政府过程研究中，国家整体利益被无视，认为不存在超越于集团利益之上的国家整体利益，国家被利益集团左右，成为竞技平台或代言人。而后来的回归国家学派批判国家解释的社会中心主义，提出国家是拥有对领土和居民实施控制权的组织，它可以系统地表达和推进自己的目标，而不是简单地反映集团、阶级或社会需求与利益。① 国家回归学派将国家看作影响社会政治生活的重要力量，重新将其引入政治社会分析中。

（三）国家与社会关系

以国家与社会关系作为研究对象不同于用社会性因素去解释国家或政治现象，虽然这一解释本身是以国家与社会之间的现实联系为基础的，但国家与社会之间的关系研究更多关注的是两者间的界限，两者关系的状态、性质及其背后的影响因素。国家和社会关系存在"强国家—弱社会""强国家—强社会""弱国家—强社会""弱国家—弱社会"等不同的关系形态。国家和社会不是固定不变的实体，两者持续地相互影响着，并在相互作用的过程中改变着各自的结构、目标、规则及社会控制。② 这一研究不是对国家和社会各个群体及它们固有的规则体系的静态描述，也不是对国家和社会的因果论的严格分析，而是发展出一种注重无止境的变化过程的方法。在我国政府职能转变、国家治理现代化转型背景下，国家与社会、政府与社会关系研究也成为热点，在基层治理、社会治理等场域探究政府与各社会主体，如基层自治组织、社会组织、公众之间的多种关系及背后的情境因素。

（四）政治与社会关系

政治与社会关系比国家与社会关系宽泛，是政治社会学最广泛的研究对象。《中国大百科全书·政治学卷》中关于"政治社会学"的条目指出，政治社会学主要研究政治与社会的基本关系，对这一关系的分析可以分为三种基本类型：①政治与社会之间存在着简单的交流；②社会和政治之间存在着双边的因果机制；③政治与社会之间存在着错综复杂的关系。对两者关系的研究存在宏观、中观、微观三个层面。在宏观层面，以结构功能主义为代表，研究宏观的政治和社会领域的功能以及功能失调与协调，探究宏观的政治和社会变迁之间的关系。在中观层面，研究各种政治现象，如政治制度、机构改革和变迁、政治矛盾与冲突等与社会现象、社会制度、社会结构、社会文化之间的关系，重点研究利益集团、政党、社会运动如何改变或维持政治秩序的问题。在微观层面，研究个人或群体的政治行为的社会基础。

二、政治社会学的研究途径

政治社会学的研究途径就是政治社会学研究所采用的研究模式和研究角度。常见的

---

① [美]彼得·埃文斯，迪特里希·鲁施迈耶，西达·斯考克波. 找回国家 [M]. 方力维等译. 北京：生活·读书·新知三联书店，2009：10-18.

② [美]乔尔·S. 米格代尔. 社会中的国家 [M]. 李扬，郭一聪译. 南京：江苏人民出版社，2013：59.

研究途径有以下四种：

（一）系统理论

系统理论是 20 世纪 40 年代从生物学研究中产生出的新兴理论。系统论有三个基本特点：整体性、动态性和层级性。20 世纪 60 年代以后，一般系统论在政治学、社会学中得以广泛运用。伊斯顿创立了作为政治学方法论的系统理论。系统理论把政治视作系统或视作更大总体社会系统的一部分，以政治系统内部以及政治与外部环境之间的互动作为政治分析的基本要素，着重分析系统的平衡和自我维持。

（二）集团理论

集团理论是以政治利益集团的行为作为分析中心，通过研究政治利益集团的行为和性质来分析政治社会现象的一种途径。集团理论把集团看作一切政治活动的基础，以集团概念超越政府和非政府的简单划分，分析集团以及集团联盟影响政府的决策和政治变迁的途径。集团理论认为，政治过程就是集团的互动过程，政府的决策就是集团互动的结果，是根据集团之间达成的妥协而做出的。不同于系统理论强调结构的外部性和客观性，集团理论强调行动者及其能动性，从而能够解释政治社会发展过程中的众多现象，具有很强的解释力。

（三）角色理论

角色理论是社会学的基本理论之一。角色本来是一个戏剧名词，在被引入社会学研究之后，人的社会行为就被视为一种角色行为。角色理论认为每个角色都有自己的角色期望，政治行动者根据自己的角色及角色期望选择相应的行动。个人的角色行为往往与其所处的社会地位、所具有的社会身份相适应，而每种社会角色又都处于特定的社会关系之中，具有一整套与之相适应的权利义务和行为规范以及社会期待。政治社会学在引入角色研究之后，实际上也把个人的政治行为视为一种政治角色行为，不同的政治角色自然就有不同的行为方式。角色理论不同于集团理论，后者注重行动者的能动性，行为选择存在一定的个体差异，而前者注重社会对角色的相对固定的期望以及行动者与这个期望相符的行为选择，处于同一角色地位的群体或个体做出近似行为。政治角色研究注重研究角色表演、角色期待、角色认知、角色要求、角色技术、角色才能、角色冲突等问题（王沪宁，1988）。[①]

（四）制度理论

制度理论是以政治制度和政府机构为分析中心，通过研究制度和机构的具体形式来考察分析政治现象的一种研究途径。制度理论认为，各种政治制度的规定和机构的组织与安排，对政治活动和政治生活有着重要的影响。行为主义兴起之后，制度理论转向研究政治制度或政府机构内部的政治过程，同时使制度的含义变得宽泛，包含文化、习俗等非正式制度。政治社会学引入制度理论，充分挖掘制度和机构的重要意义，将其作为

[①] 王沪宁. 当代西方政治学分析［M］. 成都：四川人民出版社，1988：270-271.

重要变量来研究政治现象。例如，新制度主义将制度作为分析国家和社会的重要要素，主张国家应该被视为一套嵌入在社会之中的制度体系，正是国家的制度网络影响了国家与社会的互动关系（郝保权，2018）。①

第三节　政治社会学的理论发展

一、古典阶段

古典阶段即政治社会学的萌芽阶段。在这一阶段，社会和政治之间的关系问题已被人们提出，并从不同的角度进行了思考，提出了一些富有启发意义的观点和理论。这一时期的重要学者有古希腊时期的柏拉图、亚里士多德，古罗马时期的西塞罗，中世纪时期的托马斯·阿奎那，以及文艺复兴时期和启蒙运动时期的马基雅维利、孟德斯鸠等。政治社会学的初期探究体现在以下五个方面：

（一）政治共同体起源的社会基础

柏拉图提出社会分工是城邦产生的原因和动力。他认为，个人才能的片面性与生活需要的多面性之间的矛盾使人们既要过共同的社会生活，也要分工合作。农民、牧民、工匠、商人的职责是满足人们最基本的物质需要，为整个社会提供物质生活资料；军队是专门从事战争的群体，军人的职责是保护城邦；统治者则是从军人中挑选出来并经过精心教育训练而产生的哲学家，其职责是执掌国家权力，管理国家。国家由社会分工的必要性而产生，社会分工是国家的基础。

（二）政治制度差异性的社会成因

孟德斯鸠（2012）主张从广泛的社会领域中探求不同法律制度之间差异的原因。他强调"法的精神存在于法律和各种事物所可能有的种种关系之中"②，力主在法律之外，从气候、历史、生活、先例、风俗习惯等方面研究法律的"精神"，提出"法律应该与国家的自然状态产生联系；与气候的冷、热、温和宜人相关；还与土壤的品质、位置和面积有关；法律与诸如农夫、猎人或者牧民等各种人民的生活方式息息相关。法律必须与政体所能承受的自由度相适应；还与居民的宗教、性格、财富、人口、贸易风俗以及言谈举止存在关系"（孟德斯鸠，2012）③。

（三）政体变迁的社会因素

柏拉图用社会对伦理道德的践行去解释政体变革，认为城邦公民的伦理道德决定着

---

① 郝保权．行为主义之后政治学理论范式发展的三大最新取向［J］．学习与探索，2018（3）：54-66+175.
②③ ［法］孟德斯鸠．论法的精神（上下册）［M］．许明龙译．北京：商务印书馆，2012：7，10.

政治制度的取向。每一种政体都有其内在精神，每种政体下的统治者和公民也都有其独特的品格和心灵。当一种政体下统治者和公民的品格与心灵发生变化后，政体就会发生相应的嬗变。亚里士多德也从发动内乱者的心态、目的以及引发党派之争的起因角度探究政治变革的原因。他指出："自身不如人者为求与人平等逐起而诉诸内乱，已经与人平等的人再图变更则是为了高人一等……他们所追求的无非是财物和名誉；抑或是为了逃避与此相反的事物。"① 亚里士多德在对变革起因的分析中进一步指出，德性与邪恶、财富与贫穷以及地域之间的矛盾、不同集团力量对比和联盟关系都可以引起政体变迁。孟德斯鸠（2011）通过对世界古今各国的政治社会制度的考察，提出："人类社会不是静止不变的，它无时不在演进之中，社会结构中某个因素的改变，可以引起整个结构的改变，一般的精神、心理因素的改变也能引起社会结构的改变，历史的演进不以人的意志为转移，社会与文化的状态常常左右历史的进程。"②

（四）政治的实然性研究

亚里士多德（2003）区分应然性和实然性研究，认为："我们不仅应当研究什么是最优良的政体，而且要研究什么是可能实现的政体，并同时研究什么是所有的城邦都容易实现的政体。"③ 他还认为，研究政体的要旨首先是区分各种政体究竟有多少不同的种类；其次要探讨，在最优良政体之后什么样的政体最能得到普遍的接受，以及什么政体最值得人们选取；还要探讨是否另有什么政体可能具有贵族制性质并且组建得优良合理，同时适用于大多数城邦；最后需要讨论，在其他各种政体中，哪些人适宜选取哪种政体。在对上述问题进行研究前还要考察，人们要建立自己所向往的各类政体应该采取什么样的方式。亚里士多德在尽可能地概述了以上所有问题之后，还一一指明了就共同情况或者就个别情况而论，各种政体是如何毁灭和如何延续的问题。

（五）重经验、重归纳的研究方法

亚里士多德基于城邦成败的实际经验来考察政体类型与城邦成败之间的关系。他收集了158个古希腊城邦政治与法律制度资料，不仅撰写了有关每一个城邦的研究笔记，厘清了各个城邦政治法律制度发生发展的历史，尤其是它们产生、衰亡的历史，还将它们作为对现实各城邦政体和政治问题研究的重要依据。④ 马基雅维利主张从人性、历史及现实经验出发观察和研究政治问题，摒弃了中世纪的自然法理论，用一种新的方法来研究政治问题，即用人的眼光来观察国家，从理性和经验中而不是从神学中引出国家的自然规律，强调："人们实际上怎样生活同人们应当怎样生活，其距离如此之大，以致一个人要是为了应该怎么办而把实际上是怎么回事置诸脑后，那么他不但不能保存自

①③ （古希腊）亚里士多德. 政治学［M］. 颜一，秦典华译. 北京：中国人民大学出版社，2003：122+169.
② ［法］孟德斯鸠. 罗马盛衰原因论［M］. 婉玲译. 北京：商务印书馆，2011：48-51.
④ 王乐理. 西方政治思想史（第一卷）［M］. 天津：天津人民出版社，2006：257.

己，反而会导致自我毁灭。"①

二、近现代阶段

随着社会学学科的日益成熟，一些思想家，如莫斯卡、托克维尔、韦伯、帕累托等，开始运用社会学的理论和方法研究政治现象与社会现象之间的关系，对当代政治社会学的形成产生了重要影响。其影响主要表现在他们的研究方法、概念和研究主题上，尤其是他们提出和阐述了政治社会学的一些重要概念，如"阶层""集团""权威""合法性"等，这些概念后来成为当代政治社会学最基本的概念范畴。

（一）政治的阶层和阶级分析

早在古希腊时期，亚里士多德就把阶层作为分析工具引入政体类型和政体变迁的分析中，但到了近代这一研究视角才得以系统地展现。托克维尔在法国大革命产生的原因探究中，把阶层作为重要视角分析当时的法国社会情境，例如，三级会议停开，使第三等级（主要指资产阶级）与贵族在公共生活中的联系减少；中央集权制给予贵族种种免税特权的同时又剥夺了其政治权力；资产者设法住进城市并在城市中获得职位，从而导致资产者和农民的分离；农民背负各种捐税徭役，又被其他阶层所遗弃；等等。并认为上述社会情境导致的阶级间的隔阂和仇视是大革命发生的最重要原因。②

马克思以阶级作为工具分析社会秩序和政治秩序，认为阶级斗争是政治斗争的基本形式，也是社会发展的主要推动力。马克思认为资本主义社会主要划分为资产阶级和无产阶级，资产阶级和无产阶级的关系是内在对立关系，并用这种关系来解释资本主义社会一切制度的主要特征。他认为："资产阶级……它在现代的代议制国家里夺得了独占的政治统治。现代的国家政权不过是管理整个资产阶级共同事务的委员会罢了。"③ 马克思也从阶级角度阐释国家的本质，认为国家就是阶级统治的工具，在资本主义社会，国家就是资产阶级压迫无产阶级的工具。国家和社会处于对立状态，统治者阻挡着上层建筑的变革。在这种条件下，历史进步只能求助于社会力量。在政治变迁的解释中，马克思的历史唯物主义是一种以社会为中心的理论，主张在资本主义社会，以无产阶级为主体的社会力量以革命的方式来推动上层建筑的变革和社会进步。

（二）经济对政治的决定性作用

马克思提出两个决定论，即生产力决定生产关系，经济基础决定上层建筑。马克思认为政治是一个社会系统过程，研究政治不能就政治论政治，更应该看到政治背后的因素，尤其是经济的影响，这样才能真正认识到政治的本质。"人们在自己生活的社会生产中发生一定的、必然的、不以他们的意志为转移的关系，即同他们的物质生产力的一

---

① ［意］尼科洛·马基雅维里. 君主论［M］. 潘汉典译. 北京：商务印书馆，1985：73.

② ［法］托克维尔. 旧制度与大革命［M］. 冯棠译. 商务印书馆，2013：92-108.

③ 中共中央马克思恩格斯列宁斯大林著作编译局. 马克思恩格斯选集（第1卷）［M］. 北京：人民出版社，1995：402.

定发展阶段相适合的生产关系。这些生产关系的总和构成社会的经济结构，即有法律的和政治的上层建筑竖立其上，并有一定的社会意识形式和与之相适应的现实基础。物质生活的生产方式制约着整个社会生活、政治生活和精神生活的过程。不是人们的意识决定人们的存在，相反，是人们的社会存在决定人们的意识。社会的物质生产力发展到一定阶段，便同其中运动的现存生产关系或财产关系发生矛盾。"①

（三）权力合法性来源理论

韦伯认为，权力是指在社会关系中的行动者不论基于何种原因都可以排除抗拒执行其意志的可能性。韦伯把其中一种特定的权力施用关系，即通过具有特殊含义的命令而使一部分人服从的可能性，称为统治。"统治"是指被统治者服从于任何一种命令的可能性。韦伯认为，构成统治关系必须有两个基本要素：一是人们的自愿服从，二是对合法性的信仰。韦伯运用丰富的世界史资料，通过比较分析，把人类社会的统治（权力）关系区分为三个"纯粹的"类型，即传统型权力、个人魅力型权力和法理型权力，并把人类社会发展过程描绘成权力的合法性或统治形式的合法性的变迁过程。在韦伯看来，这三种权力类型都基于不同的原则和理由而具有各自的合法性，它们作为不同的统治形式都在不同的时间和空间上发挥其作用。

三、当代阶段

1959 年 9 月，在斯特雷萨召开的第四届社会学世界大会上，政治社会学委员会成立，成为政治社会学正式诞生的标志。该委员会在首任主席李普塞特与秘书长 S. 罗坎的组织和领导下，举行了多次学术研讨会并出版了大量书刊，为政治社会学独立学科地位的形成作出重大贡献。

这一时期，行为主义政治学的发展对当代政治社会学产生了重要影响。行为主义政治学主张研究者应摒除价值判断，保持价值中立，以对普通公民的政治行为做出科学解释为主要研究目标。为此，既要分析人的外在行为，还要分析人的心理活动和影响人们行为的外在环境及社会因素。行为主义政治学在研究对象上从"政府和正式制度"拓展为"政治体系、非正式制度和政治行为"，在理论层次上发展出了"结构功能主义"的元理论和利益集团、政治结构、政党、官僚等中层理论，极大地提高了方法论的科学性和理论化水平（臧雷振和黄建军，2014）。② 同时，行为主义政治学大量运用现代科学技术手段和社会学、心理学、统计学以及自然科学的一些方法和成果，使政治学与其他学科相互渗透和融合，由此产生许多边缘学科，当代政治社会学就是其中之一。

---

① 中共中央马克思恩格斯列宁斯大林著作编译局．马克思恩格斯选集（第 2 卷）［M］．北京：人民出版社，1995：22-23.

② 臧雷振，黄建军．美国政治学研究方法发展现状及趋势——新世纪初的新争论、挑战与反思［J］．政治学研究，2014（4）：89.

政治社会学的形成与发展也受到西方社会学发展的影响。其中，以帕森斯为代表的结构-功能主义具有重要地位。帕森斯的社会学强调价值观在社会结构中的作用。他认为，每一个有序的社会都有其在共同的标准和价值基础上逐渐发展起来的价值观，这种共同的价值观构成社会价值体系的核心，它是组织和改变社会制度的决定因素。同时，众多的政治学学者和社会学学者运用各种社会学的理论与方法，围绕社会结构与政治制度之间的关系进行了大量研究，涉及的研究领域和问题相当广泛，极大地推动了政治社会学的发展。

这一时期，政治社会学的内容体系得到完善和发展。以英国的 T. 博托摩尔、法国的 M. 迪韦尔热和美国的 A. 奥罗姆为代表的政治社会学家出版的政治社会学教材和专著，致力于政治社会学学科体系的建构。此外，政治社会学的研究主题不断丰富和发展。一些社会政治问题，如民主制度的基础、政党制度与选举行为、现代国家的建构、社会冲突与利益整合、政府与社会组织关系、社会资本与公共治理、政治参与等受到政治社会学家们的广泛关注，逐渐成为政治社会学研究的经典主题，同时，一些有影响力的宏观理论也已成熟，被广泛运用于政治社会学研究中。

（一）政治的结构功能主义分析

帕森斯提出，社会系统类似于一个生命机体，功能是理解所有生命机体的中心概念，并提出社会系统的结构功能与演化进程理论分析框架。其核心思想体现在 AGIL 理论分析框架中，这一框架尝试以多因素同时相互作用的复杂模式解决社会过程的动力学分析难题。在 AGIL 理论分析框架中，A（Adaptation）是指适应，即社会系统对环境所强加的"现实要求"有一种"顺应"和"积极的情境改造"。适应功能主要由社会系统中的经济子系统承担。G（Goal Attainment）是指达成，即社会系统谋求实现自身目标的能力，主要由政党、政府和各种有组织的利益集团所构成的政治子系统来体现。I（Integration）是指整合，即社会系统协同内部各种关系的功能，主要由各种类别社区共同体承担。L（Latency Pattern Maintenance）是指维模，即社会系统维持自身独特模式的功能，通常体现为制度化的价值规范，这部分主要由文化领域承担。帕森斯提出以下四个问题：①任何制度都必须适应周围环境，即外部各种体系；②一个制度必须实现自身的目标，即确定这些目标是什么，并动员一切必要的资源来达成这些目标；③任何制度都必须保证使其成员融为一体，保持协调和团结一致；④任何制度都必须保持随时能动员其成员去完成自己的目标，即使其成员热爱本制度的规范和价值观。

在 AGIL 理论中，政治体系的功能是根据其与社会制度整体需要的关系而明确或含蓄地确定下来的。政治功能从属于人们所说的"功能需要"或"功能的前提需要"，即一个社会要生存和维持下去所必须履行的那些基本功能。具体而言，政治体系是社会体系中唯一与实现目标功能有关的部分，政治体系的核心是权力，而权力是整个社会体系所具有的可以动用资源达到集体目标的能力。^① 同时，帕森斯认为政治体系进而也成为一个系统，有自身的结构，其结构要素有价值观、规范、集合体和角色。政治体系为了自身的存在而与其他子系统进行资源交换。

（二）政治系统论

伊斯顿（2012）把系统理论运用于政治分析中,^② 把政治视作系统，政治过程则是政治系统内外部的信息交换过程。他把政治系统比喻为"黑箱"，认为黑箱内部发生的一切无法探悉，但是（可以）通过系统与环境之间输入和输出信息来了解政治系统。其中，政治系统与外部"环境"的关系是其分析的重点。伊斯顿认为政治系统的环境包括三个层次：①社会中的其他系统，如经济系统、文化系统、宗教系统等，这些系统与政治系统构成了社会整体；②整体社会，除了社会方面之外的其他各个方面，如生态系统、生物系统、心理系统等；③作为整体的社会以外的系统，如国际系统。"输入"和"输出"两个环节描述了政治系统与环境的关系，其中，输入是指来源于环境并给系统以刺激的信息过程，输出是作为对输入的回应，是系统对环境的反作用过程。

政治系统的输入分为需求与支持两种。"需求"要求系统提供某些有价值的物体，例如，高收入者要求减税，低收入者要求提升社会福利水平，一些地区要求解决公共基础设施，另一些地区要求解决环境污染。任何要求都会增加政治系统的负担。如果要求过多或过于复杂，就会造成超额负担，因此，政府往往不可能满足所有的利益要求。在需求维度上，政治系统具备三项基本功能：表达需求的功能、调节需求的功能以及压缩或凝聚需求的功能。表达需求的功能主要由压力集团或各种协会、社会政治团体来承担。调节需求的功能由结构调解和文化调解两个机制来完成。结构调节由议员、知名人士以及工会、政党等机构对各种需求进行筛选和控制，它们其实既是表达需求的机构，也是调节机构。政治系统也可能主动提出社会需求，并满足其支持者，以改善自己的形象。所以，表达需求或输入的内容除了来自环境的输入之外，还可以来自系统内部。文化调节则是靠价值观体系、规范和信仰来阻止或限制提出某些需求。原始社会中存在的大量禁忌就是为了严格调节需求，其中只有极少的需求能够得到满足。结构调节与文化调节是相辅相成的：如果结构不能对大量的需求表达进行适当的筛选，那么文化抑制也将变得无能为力。压缩或凝聚需求的功能，一方面把各种近似的需求汇集和凝聚在一起，概括为一种总需求，例如，总工会把不同地区和不同部门提出的有关退休年龄的要求归纳为一个总要求；另一方面把各种个别的、特殊的要求综合为一个协调的和系统的完整要求，例如，政党的纲领。

"支持"同"需求"同样重要。支持是社会其他系统对政治系统的认同，"支持"信息的输入给予政治系统资源分配的权威。主要有三种类型的支持：①对共同政治体系

---

① ［美］安东尼·奥罗姆. 政治社会学：主体政治的社会剖析［M］. 张华青，孙嘉明译. 上海：上海人民出版社，1989：105.

② ［美］戴维·伊斯顿. 政治生活的系统分析［M］. 王浦劬译. 北京：人民出版社，2012：213.

的支持；②对制度的支持，即对一整套竞赛规则、标准和角色分配的支持；③对掌权者即担任各种角色者的支持。政治社会化在这一点上起着主要作用，它培育热爱国家、承认制度的合法性和尊重权力机构的感情。如果没有支持，一旦需求造成额外负担，系统就会垮台。

政治系统在利用调节和压缩机构对需求进行筛选之后，依靠它所得到的支持，做出决定，这些决定便成为系统的输出。它们既是对需求和支持的反馈，也是一种新的需求和各种变相支持的源泉。这些新的需求和变相支持的规模大小及内容如何，主要取决于一种反馈机制。反馈就是通过失误来调节系统的一种机制。如果输出不完全适应输入，就会引起新的输入，后者又造成新的输出，新的输出可能比较适应，也可能相去更远。系统在不停地运转，就是因为它永远不会在输入和输出之间达到完全的平衡。伊斯顿认为，政治系统不可能做到恰如其分地调节，同时系统的环境也在不断地变化，从而政治系统和环境之间时刻处于"输入""输出"过程中。要认识政治系统，就需要认识输入和输出的环节，需要认识各个环节中不同政治子系统和政治主体的表达、调节和凝聚需求的功能，对政治系统的支持功能，以及输入输出功能。

（三）社会学制度主义

社会学制度主义是新制度主义的主要流派。新制度主义批判行为主义，反对把个体行为作为政治学研究的中心，重新把制度带回到政治学分析的核心议题中。社会学制度主义以"社会人"来替代"理性经济人"，对传统组织理论忽视文化的缺陷进行了批判，提出了"社会适宜性逻辑"，将文化视为制度，以文化对行动者的建构为进路，强调意义体系的"文化"路径。在制度界定上，社会学制度主义将非正式制度和文化纳入制度分析框架，认为制度不仅包括正式的规范、规则、程序，还包括象征系统、认知模式和道德模板等。在制度作用上，社会学制度主义认为制度不仅具有约束作用，还有教化与塑造作用，认为要发挥组织文化对人的教育和塑造作用，主张人是满意的人而非利益最大化实现者，强调在"社会适宜性逻辑"指导下平衡行动效率与社会合法性之间的张力。在制度变迁上，认为新制度的形成往往需要从既有制度世界中借用模板，而制度变迁则是个体对文化、价值理念和制度环境等认知性框架获得充分认同进而内化后形成的制度化产物，强调规范的整合性和制度认同的作用（丁志刚和李天云，2021）。① 在政治社会学研究中，社会学制度主义与行为主义研究形成互补，使政治社会学研究有了中观层面的理论关怀。

（四）对实证研究方法和不同学科研究方法的广泛借鉴和运用

实证研究方法的运用是政治社会学区别于传统政治学的重要特征。与古典和近代时期的经验研究方法不同，实证研究方法更重视研究方法的科学性和严谨性，并强调综合

---

① 丁志刚，李天云. 新制度主义政治学的理论缘起、发展脉络与创新路径［J］. 国外社会科学前沿，2021（3）：62.

运用定量和定性的数据材料分析政治现象。李普塞特利用定量数据，考察民主政治体制得以稳定的社会条件。他以财富、城市化、工业化、教育作为经济发展的指标，计算出各个国家在这些指标上的平均值，经过比较，得出结论认为民主国家与非民主国家相比较，经济发展平均值要高。他的研究在民主国家的界定、平均值的选择以及统计分析方法方面存在诸多问题，但是在对政治现象的分析中，以实证研究方法从社会视角提供解释，成为当代政治社会学初期的代表性研究。20世纪70年代以后，行为主义政治学向后行为主义发展，引发政治学科学化、实证化的进一步深入。经济学的理性选择理论和方法、博弈论、心理学研究方法、数量统计以及从大数据发展形成的政治行为大数据分析也开始被广泛运用于政治现象研究中。混合研究方法在政治社会学中也被广泛应用，即将定性和定量研究方法的元素（如定性和定量的观点、数据收集、分析、推断技巧的运用）结合起来，以达成对研究问题兼具广度和深度的理解，以及保证研究方法的协作性（臧雷振，2016）。[①] 不同研究方法在政治社会学中的科学运用体现出政治社会学对政治现象进行事实解释、因果探索、发展预测等方面的更多潜能。

第四节　中国政治社会学研究进展与新趋势

一、中国政治社会学研究进展

中国政治社会学研究起始于20世纪80年代政治学、社会学得以恢复以后。1988年11月9~12日，中国政治学界政治学新兴学科第三次学术研讨会在昆明召开，会上探讨了中国政治社会学的对象和体系、政治社会学在中国的应用、中国政治社会学研究面临的若干难题等问题，并专门探讨了中国政治社会化的问题（刘锋和甄明达，1989），[②] 标志着中国政治社会学研究正式启动。除了政治学学者、社会学学者开展政治社会学研究之外，政治社会学的教学和培养也逐步推进。政治社会学被《本科专业类教学质量国家标准》（2020年版）列入政治学专业选修课程和社会学专业的专业核心课程，同时也被多所高校确定为政治学专业或社会学专业的研究生招生方向。

中国政治社会学研究最初从引进西方著作和编写本土教材两个方面起步，逐渐形成了诸多本土化研究成果。

（一）著作引进

含有政治社会学研究内容的政治学著作的翻译和引进，如柏拉图的《理想国》和

① 臧雷振.政治社会学中的混合研究方法［J］.国外社会科学，2016（4）：140.
② 刘锋，甄明达.政治学新兴学科第三次学术讨论会综述［J］.政治学研究，1989（2）：73-78.

《政治家》、亚里士多德的《政治学》、马基亚维利的《君主论》、孟德斯鸠的《论法的精神》、卢梭的《社会契约论》和《论人类不平等的起源》、霍布斯的《利维坦》、洛克的《政府论》、托克维尔的《论美国的民主》和《旧制度与大革命》等均已经翻译成中文。

许多重要的当代政治社会学著作也陆续有了中译本，如《布莱克维尔政治社会学指南》、李普塞特的《政治人》和《一致与冲突》、B. 摩尔的《民主与专制的社会起源》、彼德·布劳的《社会生活中的交换与权力》、亨廷顿和纳尔逊的《难以抉择》、亨廷顿的《变革社会中的政治秩序》、马丁的《权力社会学》、艾森斯塔特的《现代化抗拒与变迁》和《帝国的政治体系》、阿尔蒙德和维巴的《公民文化：五国的政治态度和民主》、阿尔蒙德和鲍威尔的《比较政治学》、帕特南的《使民主运转起来》、安东尼·吉登斯的《社会的构成：结构化理论纲要》、乔尔·S. 米格代尔的《强社会与弱国家》和《社会中的国家》、西达·斯考切波的《国家与社会革命：对法国、俄国和中国的比较分析》、英格尔哈特的《现代化与后现代化》等。

教材类译著有莫里斯·迪韦尔热的《政治社会学：政治学要素》、安东尼·奥罗姆的《政治社会学导论：对政治实体的社会剖析》、基思·福克斯的《政治社会学》等。

（二）本土教材的出版

早期的教材有王振海和刘京希的《社会场域中的政治——政治社会学的视角》（河南人民出版社，2005 年）、毛寿龙的《政治社会学》（吉林出版社，2007 年）、梁丽萍的《政治社会学》（中央编译出版社，2009 年）、孔德元等的《政治社会学》（高等教育出版社，2011 年）。上述教材对政治社会学的学科属性、研究内容、理论发展、研究方法进行了梳理，并围绕政治权力、政治合法性、政治文化、政治制度、政治组织、社会和政治分层、公共事务治理、国家与社会、政治认同、政治参与、政治决策等政治学经典问题，阐述了政治社会学理论。还有部分政治学教材专门介绍了政治社会学的内容。《西方政治思想史》（第五卷）[①] 多维视野中的政治理论中专门有一章介绍了政治社会学研究及理论发展。王沪宁（1988）在《当代西方政治学分析》[②] 一书中介绍了西方政治社会学的沿革、研究范围、研究方法以及基本内容，在《比较政治分析》[③] 一书中，从历史、社会、文化角度，通过纵向和横向比较，分析了政治国家、政治形式、政治过程、政治决策、政治文化、政治思维、政治发展、政治世界以及政治科学十大领域的核心问题。

（三）本土研究型学术成果的涌现

学科本土化是中国政治社会学研究的重要议题。中国政治社会学研究关注中国政治发展、政策和治理实践，研究内容涉及组织结构、人员网络、财政过程、组织技术、组织机制等多个方面，如央地关系、部门关系、条块关系、官员网络中的社会互动、社会

---

① 徐大同. 西方政治思想史［M］. 天津：天津人民出版社，1985：579-615.
② 王沪宁. 当代西方政治学分析［M］. 成都：四川人民出版社，1988：251-275.
③ 王沪宁. 比较政治分析［M］. 上海：上海人民出版社，1987：251-275.

网络与政府行为、社会资本与政府治理、新型组织技术、组织机制创新与变革等问题，涌现大量研究成果。① 研究成果不仅分析政府与社会关系，也分析政府内在运行逻辑中的多重维度，包括广义和狭义社会维度的影响，并不断构建中国政治话语。

徐勇（1992）的《非均衡的中国政治：城市与乡村比较》② 运用政治社会学的方法，从政治与社会两个层面以及它们之间的互动关系出发，从社会分层与政治关系、社会结构与权力体系、社会秩序与政治控制、社会意识与政治文化、社会矛盾与政治运动五个角度，考察和比较了中国古代、近代、现代城市和乡村政治社会的状况、特点和变迁。张明澍（1994）的《中国"政治人"：中国公民政治素质调查报告》③ 以调查报告的形式，分析了中国政治人眼中的政治，中国政治人的政治意识、选举行为、参与行为，中国政治人对参与方式的偏好，中国政治人的政治知识、基本政治态度、政治素质等问题。

王颖、折晓叶和孙炳耀（1993）的《社会中间层改革与中国的社团组织》④ 研究了中国改革开放过程中大量涌现的社团组织，在典型社区调查的基础上，运用社会学理论，系统探讨了中国社团组织的崛起、社团的功能、社团的组织模式、社团组织体系变革、社团与政府和企事业组织之间的互动关系等问题，深刻分析了社团在社会组织体系整合中的作用，明确指出了社团发展的新动态和新趋势。

黄宗智（2019）研究中国传统中的"国家"政权——从皇帝和中央的六部到省、县等层级的官僚体系和"社会"——包括村庄和城镇社区关系，提出二元互动合一的概念来概括国家和社会互动中所产生的政法和政经体系，包括其治理体系，成文法律中道德化的"律"和实用性的"例"，国家正式法律体系和社会非正式民间调解体系两者间的互动和相互塑造，以及国家和经济体系之间的二元合一的形态。⑤ 黄宗智（2019）认为，中国"二元互动合一"实际上比西方现代主流社科理论更好地解释中国的国家与社会间的关系，更能掌握其全貌，而不是像西方两大理论那样，偏向其单一维度的"理想类型"理论建构。虽然国家与社会的"二元合一"源于集权的皇朝国家与小农社会之间的结合，但伴随社会组织的成长，未来的中国也许能够走出一条国家和社会间权力更为均衡、更为良性互动的新道路，既能够约束国家采用脱离实际的或压制性的政策，也能够形成更大能量的现代国家—社会二元合一的治理体系。

赵鼎新（2022）的《儒法国家：中国历史新论》⑥ 分析了"中国如何以及为何在公元前221年秦王朝一统下发展出官僚制帝国"的问题。在考察这一政治体制时，赵鼎新以一种新的方式来审视中国历史，即强调结构性力量与社会机制在塑造历史动力方

① 陈家建. 社会学视野中的政府研究：学术议题与学科传承［J］，社会学研究，2023（6）：18-39.
② 徐勇. 非均衡的中国政治：城市与乡村比较［M］. 北京：中国广播电视出版社，1992：112.
③ 张明澍. 中国"政治人"：中国公民政治素质调查报告［M］. 北京：中国社会科学出版社，1994：46.
④ 王颖，折晓叶，孙炳耀. 社会中间层改革与中国的社团组织［M］. 北京：中国发展出版社，1993：68.
⑤ 黄宗智. 重新思考"第三领域"：中国古今国家与社会的二元合一［J］. 开放时代，2019（3）：12-36+5.
⑥ 赵鼎新. 儒法国家：中国历史新论［M］. 杭州：浙江大学出版社，2022：43.

面的重要性，即中国的历史形态被给定历史时期中社会行动者们的意义性行为，而非某种单一的社会力量所塑造，尽管这些行为要受到社会中政治、经济、军事以及意识形态力量构成之格局的限制，并且，社会行动者们的行为也改变着这些社会力量本身。

孟天广（2022）的《过程导向的国家治理：政府质量的生成、效应与机制》植根于中国治理实践语境，阐述过程导向的国家治理运行机制和政治逻辑，从公众、精英、政治互动过程三个视角采集抽样调查数据和网络问政大数据，评估了我国地方政府质量的现状，并从公众参与、政治价值与政府质量角度深入分析了过程导向治理的政治行为微观基础。[①]

总体而言，中国政治社会学研究在短短20多年的时间里产出了不菲的研究成果，获得了一定的成绩。不同于西方国家政治社会学研究，中国政治社会学研究有自身的研究侧重点，研究主题相对集中。政治社会学现有研究可简单归类为三种研究志趣：一是侧重于社会学研究，意在考察政治问题的社会基础，如社会利益分化、社会分层、政治文化、科学技术发展、教育等；二是偏重于政治学研究，立足"国家在社会发展中扮演关键性角色"这一点，认为国家作为一个重要行动者，具有能动性或自主性；三是强调政治和社会之间的双向互动。中国政治社会学研究侧重于后两种。其原因是在国家治理、社会治理、基层治理等众多领域中政府发挥着重要作用，相较于西方国家的政治语境，也体现为更强的自主性和能动性，同时，随着政府职能改革以及政府从"管理"向"治理"的转型，社会在各治理领域中比以往更加活跃，在治理领域，与政府形成了合作、共治、协同等各种互动关系。基于这一现实，后面两种研究类型受到了学界更多的关注，研究成果也相对更集中。

虽然中国政治社会学获得了不小的成就，但当前许多研究尚未充分深入，还有许多空白尚待填补。从学术共同体角度来看，中国的政治社会学依然只是不同学科中有共同研究兴趣的学者在一个共同的研究领域从事研究，研究人员尚未形成一个学术共同体。中国政治社会学的研究依然任重道远。

二、中国政治社会学研究新趋势

政治社会学作为独立的学科在中国的发展稍显滞后，但从政治社会学角度进行的学术研究不断问世，并在学科融合交叉发展的驱动下，探讨中国政治发展和治理实践的新问题，呈现出新趋势。

（一）研究关切点鲜明地回应中国政治发展和国家治理中的学术需求

一是社会转型背景下的当代中国政治发展研究，如分析中国政治发展的动力、研究中国政治发展的制度特征和社会结构背景、政治发展的路径和模式、稳定与发展之间的关系等。二是基层政治研究，如乡村基层治理、城市社区治理中权力结构的变化，多主

---

① 孟天广. 过程导向的国家治理：政府质量的生成、效应与机制［M］. 北京：商务印书馆，2022：10-50.

体及多主体间的关系变迁等。三是国家和社会关系研究。党是我国政治体系运转的中枢力量，也是理解国家和社会关系的重要变量。因此，在不同的治理语境中，国家与社会关系的分析同时也包含了对党的重要角色以及党在治理当中发挥作用的机制研究。这些研究关切点呈现出中观层面的研究活跃，微观和宏观层面的研究仍薄弱的特征。

（二）中国丰富的治理实践成为政治社会学主要研究对象

政治社会学研究领域多集中于政府治理、社会治理、基层治理、环境治理、技术治理等治理领域。党的十八大以来，随着国家治理现代化的持续推进，中国在诸如放管服改革、基层民主实践、服务型政府建设、精准扶贫、乡村振兴、生态文明建设、社会治理与矛盾化解等领域进行了大量治理创新，政治学的研究重心也逐步从求变转向求治、从社会转向国家、从民主转向民生。治理实践为政治社会学研究提供了众多的研究问题和素材，在对治理模式的机制和经验的理论提炼中进行了大量关于党、政府、社会、市场主体之间关系的研究以及治理的地方性社会情境分析。

（三）学术研究自觉和本土理论建构成为重要学术增长点

中国政治社会学研究一直坚持以马克思主义基本原理为理论基础。马克思主义政治学理论中关于政治关系、国家和政治体制、社会解放和革命等的学说，长期引导着中国政治社会学的价值取向、话语体系、研究范式和议题选择。党的十八大以来，政治社会学研究的"自觉"特征更加凸显，超越了照搬西方的概念、模式、理论、方法对中国政治现象进行泛泛分析的初期阶段。随着当代中国治理中的"中国经验"不断产生，对中国政治问题的思考逐步深入，形成了系统、科学的理论成果。总体来看，经过"补课""取经"阶段后，中国政治社会学开启了"自觉"的历程，对本土资源的开发更加全面，本土化意识更为突出，注重对中国经验和中国故事进行理论提升，构建中国政治社会学话语。

（四）与时俱进，及时发现新时代背景下新的政治社会变量

以问题为导向，关注包括数字政府、"互联网+"政务服务、智慧城市、大数据政务应用、数据共享体制机制等议题，分析信息社会中的权力变动、获取、分配以及权力运行和监督的流程体系，及时更新学术话语，尝试构建技术驱动的政治系统要素变动和关系重构的理论分析框架，探究技术与政治、技术与治理之间的关系。同时，利用大数据分析等新的研究工具，为政治社会学研究的拓展和深入注入了活力。

 思考题

1. 政治社会学是一门什么样的学科？它的特点是什么？

2. 政治社会学的研究方法有哪些？经历了哪些研究阶段？

3. 政治社会学的研究意义是什么？

4. 我国政治社会学的研究趋势如何？

第二章　权力

第一节　权力与权威

一、权力

（一）概念解释

权力有着许多不同的定义。从能力论角度出发，塞缪尔·亨廷顿认为权力是影响和控制的能力和力量，丹尼斯·朗则认为权力是某些人对他人产生预期效果的能力。从关系论角度出发，安德鲁·海伍德认为权力是一种关系，是以非他人选择的方式对其施加影响的能力。詹姆斯·麦格雷戈·伯恩斯认为，权力是人与人之间的一种关系，不能把权力仅仅理解为财产、实体或占有物，而应把它看作是两个或更多的人去开发另一个人的动机基础的关系，并在运用权力过程中带来更多的资源，把大多数人的行为引向自己的轨道。小 G. 宾厄姆·鲍威尔（2023）归纳了三种对于权力的不同定义[①]：①权力是实现集体目标的能力；②权力是根据自己的意愿反对他人的能力；③权力是使得他人违背利益而行事的影响力。以上所述的②和③侧重于将权力视为一种关系，从而体现为对他人的一种"控制力"，因此，如果存在 A 想让 B 做 A 不做的事情，那么就存在着权力。

总体而言，权力有广义和狭义之分，广义上的权力是指达到所期望结果的能力，狭义上的权力则是指一个人或者组织在社会关系中能够影响、控制或者改变他人行为、决策或者观念的能力，这种能力可以来自于不同的渠道，例如，物质财富、组织规则、社会地位、暴力、意识形态、社会舆论、专业知识和道德。

在政治学研究中，权力往往等同于国家权力。这是一种政治性权力，由国家所掌

---

① ［美］小 G. 宾厄姆·鲍威尔，卡雷·W. 斯特罗姆，梅勒妮·马尼恩，拉塞尔·J. 多尔顿作. 当今比较政治学世界视角（第 12 版）［M］. 顾肃，吕建高，向青山译. 北京：中国人民大学出版社，2023：15.

握，但其来源和本质属性却与社会具有深层的联系。这一点非常典型地体现在马克思的权力观念中。马克思认为国家权力是按照统治阶级的意志，在一定地域范围内管辖政治和社会公共事务，对内对外正式代表国家并以国家机构保障实施的权力。马克思认为国家权力是根源于社会经济基础的政治权力。国家产生于社会，社会的生产关系构成了国家的经济基础。特定的社会经济基础产生不同的社会阶级结构，在社会经济基础中占据支配地位的阶级在政治上往往占据统治地位，掌握着全国权力，并借助国家权力维护既有的经济结构和政治秩序。① 因此，国家权力承担社会管理职能，具有公共权力属性，但同时也是阶级统治的工具，是具有阶级属性的政治权力，在不同的社会形态下呈现出特定的阶级属性，服务于不同的统治阶级利益。

（二）权力的特征

1. 支配性

权力是一种支配力量，谁掌握了权力，谁就掌握了支配力量，意味着在利益社会价值分配中处于有利地位。由此，权力成为了各方角逐和争斗的中心。权力的运用和支配对于个人和社会的影响至关重要，权力的正确支配能够推动社会的发展和进步，促进公共利益的实现，而权力的滥用和误用则会导致社会的不公平和不和谐，损害公共利益和个体权益。因此，对于权力的监督和制约是维护社会稳定和公共利益的重要手段。

2. 强制性

权力以强制力为核心，通过法律法规和政策加以实施。权力常常以国家机器的手段保证其执行力，并使服从者按照权力者的意愿行动，即使面对反抗也可以强行实施，完成任务，达其目标。

3. 扩张性（动态性）

权力的运行是一个动态的过程，会随着社会环境的变化而变化，并且具有自我扩张和膨胀的能力。人类的欲望漫无边际，权力则是欲望的产物，并且会随着欲望而存在和扩张。

4. 排他性（垄断性）

在一个权力范围之内，一般只有一个权力中心，掌握权力的人往往排斥其他权力的介入，权力被特定的社会集团或个人垄断，从而形成权力集中，如无节制，权力必然走向专权，故合理的制度设计是对达成权力之间的制约和平衡以及防止专权具有非常重要的意义。当然也有例外，合作和妥协往往是权力资源不足或能力不足时更容易发生。

5. 社会性

权力作用的对象是整个社会，涉及社会的各个方面，如政治、经济、文化、教育等，从而对社会产生广泛的影响。权力的运用可以促进社会的发展和进步，同时也可能造成社会的不公和矛盾。在我国，党和政府始终高度重视权力的正确行使，积极推进依

---

① 政治学概论（第二版）[M]. 北京：高等教育出版社，2020：67.

法治国，加强对权力的监督和制约，以确保国家权力始终用来为人民谋利益，推动社会和谐稳定发展。

6. 阶级性

权力总是与特定的社会阶级联系在一起，反映统治阶级的意志并维护其利益和地位。

（三）权力的类型

权力可以从不同角度进行分类，不同类型的权力在不同场景下会发挥不同的作用，在现实生活中也会相互转化、相互影响。

1. 根据权力强制性划分

（1）硬权力。是指对人形成的硬性约束的权力，让人们服从，否则会受到强制。硬权力的形式主要包括合法权力、奖赏权力和强制权力。合法权力是指由领导者拥有的正式职位或头衔而产生的权力；奖赏权力是指领导者给予或撤销奖赏的权力；强制权力是指领导者惩罚或建议惩罚的权力。

（2）软权力。与硬权力相反，是指对人并不构成硬性约束的权力，是以人的知情同意和自主选择为前提的权力形态。软权力的形式主要包括专家权力、参照权力和信息权力。专家权力基于领导者的专业知识或技能；参照权力基于领导者的个人品质；信息权力则是通过说服力来影响他人。

2. 根据权力所有者属性划分

（1）公权力。公权力是指集体赋予领导主体（领导者个人或领导团体）支配属于集体或其他成员价值的权力。它是基于社会公众的意志而由国家机关行使的强制力量，其本质是处于社会统治地位的公共意志的制度化和法律化。

（2）私权力。私权力是指个人在社会生活中通过自身努力，依靠自身资源所获得的影响力或为实现个人利益而拥有自由生存和活动的权力。在这里值得注意的是，私"权力"并不等同于私"权利"，私"权力"根据其来源可分为法定私权力、意定私权力和事实私权力。

3. 根据政治权力行使方式划分

（1）强制型权力。政治权力主体要求权力受体做某种事情，后者因受到前者的威胁，尽管并不愿意做却不得不去做。

（2）功利型权力。政治权力主体承诺给权力受体一定的好处，其条件就是权力受体必须服从权力主体的意志。

（3）操纵型权力。权力主体以灌输、宣传、政治社会化等方式预先改变权力受体的政治价值观，从而让权力受体自觉去做权力主体希望他们做的事情。

（4）人格型权力。权力主体用来保障政治权力的实施，能够对权力受体发生作用的条件既不是威胁或好处，也不是改变其政治价值观，而是来自权力受体对权力主体的崇拜和尊敬。

4. 根据权力作用领域划分

（1）政治权力。政治权力通常指是国家政权机关以国家或政府的名义所行使的权力。与社会权力和经济权力相比，政治权力有两个鲜明的特征：第一个是它的公共性。这种权力不是对局部的，而是对整个社会的公共生活进行组织、调节和治理。第二个是它的强制性。政治权力以暴力作为后盾，借助国家权力机构以及法律法规、政策等加以行使。

（2）经济权力。经济权力是由经济组织行使的权力，如分配利润的权力、决定投资和指导生产的权力、制定价格和决定工资的权力、招募或解聘的权力、处置资源和财产的权力等。

（3）社会权力。社会权力是经济权力以外的各种非政府性社会组织的权力，如政党、利益群体、宗教组织、家庭、自治基层社区等社会组织中的权力。中国封建社会的族权、父权、夫权都属于狭义的社会权力的范畴。社会权力对社会整体不具有普遍性，也不具有强制力。

二、权威

（一）概念解释

世界之所以运转，是因为存在着引导其运转的整套社会安排和制度安排。这些安排就代表着权威，它是制度化的行动指南，由它来规定一个人可以公平地要求另一个人遵从其意愿。霍布斯在《利维坦》中认为权威像一种机制，这个机制就许多问题做出有约束的规定。[①]《布莱克维尔政治制度百科全书》指出，在任何社会中，总存在必须服从的人和规则，这些人就是权威，这些规则就是法律。规则之所以成为法律，是因为它们通过了合法性的程序上升为法律。[②] 耶夫·西蒙（2015）认为，权威是一种属于一个人并通过一种命令而得到实施的作用力，该作用力通过被另一个拥有自由意志的人看作是行动规则的实践判断而得到实施[③]。

权威观念不同于强制观念，两者是两种不同的社会规范和行为准则的概念。权威观念是指人们认为某些人或者机构具有更高的权力和地位，并且应该受到尊重和服从。这种观念通常基于传统的社会结构和文化价值观，如家庭、宗教、政治和经济机构等。在权威观念的影响下，人们通常会遵守规则和法律，尊重权威人士的意见和决策，并且认为服从权威是正确的和必要的。而强制观念是指人们认为某些规则和法律是必须遵守的，不遵守将会受到惩罚。这种观念通常基于社会契约理论和公共利益原则，即社会成员应该遵守一些共同的规则和法律，以维护社会秩序和公共利益。在强制观念的影响

---

① 高永辉.《利维坦》导读［M］.天津：天津人民出版社，2009：50，66.

② ［英］韦农·波格丹诺. 布莱克维尔政治制度百科全书新修订版［M］. 邓来译. 北京：中国政治大学出版社，2011：37-38.

③ ［法］耶夫·西蒙. 权威的性质与功能［M］. 吴彦译. 北京：商务印书馆，2015：35，87.

下，人们通常也会遵守规则和法律，认为违法行为是不道德和不可接受的，而且应该受到惩罚。

权威观念强调尊重和服从权威人士，强调权威者运用自身力量，而强制观念强调遵守规则和法律，主要是借助物理性的外部力量，以维护社会秩序和公共利益。在不同的社会和文化背景下，这两种观念的重要性和表达方式可能有所不同。

（二）权威与权力的区别及联系

权力是指一个人或组织在某种程度上影响或控制其他人或组织的能力，它通常与职位、职责和组织结构相关联，并且可以通过法律法规或组织规章条例的规定获得。权力可以通过职权、决策权、奖励和惩罚等方式表现出来，具有一定的强制性。

权威则是指一个人或组织在某个领域或群体中被广泛认可和尊重的地位或声望。它是基于领导者的个人素质、表现和成就，以及他们对于被领导者和周围人的影响力。权威通常不需要强制性手段来维持，而是通过领导者的魅力、信誉和能力来赢得人们的尊重和信任，是基于被认可的服从义务。

总的来说，权力和权威的区别主要体现在以下四个方面：

（1）来源不同。权力通常来源于法律法规或组织规章条例的规定，而权威则主要来源于领导者的个人影响力。

（2）表现形式不同。权力主要通过职权、决策权、奖励和惩罚等方式表现出来，具有一定的强制性；而权威则主要表现为领导者自身的良好素质，通过一种非强制性的影响力来统御被领导者与周围的人。

（3）本质不同。权力是一种强制性的支配力和控制力，而权威则是一种非强制性的影响力。

（4）效果不同。权力通常会引起反抗和抵触，而权威则更容易被人们接受和尊重。

权力和权威在实际运作中往往相互影响、相互作用。一个有效的领导者需要同时具备权力和权威，以便更好地推动组织的发展。两者之间的联系主要体现在以下三个方面：

（1）权威强化权力。权威的存在可以加强和巩固权力。当一个领导者具有较高的权威时，下属或团队成员更愿意服从其指挥和安排，从而使领导者的权力更加稳定和有效。

（2）权力与权威相互影响。权力和权威之间可以相互影响和转化。拥有权力的人或组织，如果表现得具有高度的专业素养、道德品质和领导能力，可以获得更多的信任和尊重，从而提高其权威。反之，具有较高权威的人或组织，通过其影响力和号召力，也可以在一定程度上影响和改变权力的运作和分配。

（3）合法性和稳定性。有权威的权力往往具有更高的合法性和稳定性。当一个领导者或组织拥有权威时，其权力运作更容易得到认可和支持，从而具有更稳定的地位和影响力。

总之，权力和权威之间存在密切的联系，权力是影响他人行为的一种能力，权威是权力的重要表现形式和支持基础。权力和权威的相互作用和影响，对于个人和组织的领导和管理具有重要意义。

（三）权威的特征

1. 普遍实施性

权威在整个社会范围内得到实施和执行，具有广泛的覆盖性和适用性。权威的普遍实施性是指某个权威机构或组织所制定的规则、政策或决策具有广泛的适用性和约束力，能够在其管辖范围内得到普遍执行。这种普遍实施性是建立在公正、公平和民主原则基础之上的，有助于维护社会秩序、促进公共利益和保障人民权益。

在我国，权威的普遍实施性主要体现在以下四个方面：

（1）法律法规。国家制定的法律法规具有普遍实施性，所有公民、企事业单位和社会团体都必须遵守。对于违法行为，国家将依法追究责任，确保法律法规得到全面执行。

（2）政策决策。国家政策和决策的制定通常经过广泛地征求意见和民主程序，具有普遍实施性。各级政府部门和企事业单位都需按照国家政策和决策来开展工作，确保其贯彻执行。

（3）行业规范。各个行业的权威组织或协会制定的行业规范也具有普遍实施性，对行业内的企业和个人具有约束力。这些规范有助于维护行业秩序，促进行业健康发展。

（4）公共道德。社会公认的公共道德和价值观也是权威的普遍实施性的体现。人们应当遵循社会公德、职业道德和个人道德，共同维护社会和谐稳定。

总之，权威的普遍实施性是维护社会秩序、保障人民权益和推动国家发展的重要基础。只有当权威具有普遍实施性时，才能确保社会治理的有效性和公平性。

2. 本源性

权威应该是某种权力或规范的起源，具有原创性和主导性。权威的本源性可以分为以下五个方面：

（1）传统和历史。许多权威的来源可以追溯到历史和传统。例如，皇权、宗教领袖的地位等，这些权威往往具有深厚的历史渊源，为社会所接受和尊重。

（2）法律和制度。法律和制度是权威的重要来源之一。政府、法院等国家机关依据法律和制度行使权力，这种权威性得到了广泛的认可。

（3）知识和技能。在某些领域，专业知识和技能可以赋予人们权威地位。如科学家、医生、教授等专业人士，他们的权威来源于他们在特定领域的专业知识和实践经验。

（4）社会认同。当社会成员普遍认为某个个体或组织具有权威性时，这种权威就会形成并产生影响。

（5）个人魅力和领导力。个人强烈的感染力和号召力，能够吸引他人追随和信服。

3. 崇高威望性

权威应该具有崇高的社会地位和声望，得到人们的广泛尊重和认可。可以从以下五个角度对其进一步理解：

（1）专业与技能。权威在特定领域拥有丰富的专业知识和技能，他们的观点和建议往往具有很高的参考价值，能够为该领域的发展提供指导。

（2）经验与成就。权威往往拥有丰富的实践经验和显著的成就，这使他们的意见和建议更具说服力，能够得到广泛的认同。

（3）声望与声誉。权威在社会或行业内具有较高的声望和声誉，这使得他们的观点和主张更容易受到关注和尊重。

（4）影响力。权威能够影响和改变其他人的观念和行为，他们的言论和行动往往会引起广泛关注，并对相关领域产生重要影响。

（5）公正性与客观性。权威在处理问题和发表观点时，往往能够保持公正和客观的立场，这使他们的意见更具公信力和权威性

4. 至高无上性

权威在社会规范体系中居于最高地位，具有最终的决策权和裁决权，可以从以下三个领域进一步理解：

（1）在政治领域，国家主权是权威至高无上性的体现。国家主权具有对内最高性和对外独立性两个特征。对内，国家主权表现为国家权力机关在法律范围内拥有最终决策权和最高执行力，任何其他组织和个人都必须遵守国家法律。对外，国家主权体现为国家的独立自主权，即国家拥有按照自己的意志处理国内外事务而不受他国干涉的权利。

（2）在法律领域，法律至高无上的权威性是指法律在国家和社会生活中具有最高的地位，所有的公民、法人和其他组织都必须遵守法律，法律对所有人都具有约束力。法律至高无上的权威性是法治社会的基石，确保了社会秩序的稳定和公平正义的实现。

（3）在文化和社会生活领域，某些核心价值或规范也可以被视为具有至高无上的权威性。例如，在儒家文化影响深远的中国地区，孝道常常被视为家庭和社会关系中的最高伦理原则。

三、权力合法性

合法性是指某个政权或政权的代表为什么应该获得其成员的忠诚的问题。合法性是一种特性，这种特性不是来自正式的法律或命令，而是来自人们的心理认同，合法性理论主要是回答人们为什么会有心理认同或自愿服从。权力合法性要解决的是政府或政权怎样及能否在社会成员的心理认同的基础上进行有效运行。

在权力合法性中，关键是权威。权威是与权力密切相关的一个概念。权力是迫使人服从的一种力量，这就意味着，无论是个人的权力还是国家的权力，其行使都是以强制

力为后盾的，成本很高。因此，掌握权力者要很好地保持权力，就不能满足于赤裸裸的强制性权力，必须追求更高一级的权力概念，即权威。如果安全通过暴力获得，秩序通过权力建构，那么正义就需要依靠权威来确立。权威不同于权力之处就在于它被认为是正当的权力。权威被所有人当作正当的法则接受，权威的行使既为同意者所认可，也为反对者所容忍。面对权力，人们反对或者支持；面对权威，服从则是每个人义不容辞的责任。从权力到权威的进一步演变中，合法性成为关键性要素。原因在于，合法性在本质上是一种信任感，是社会和政治制度得以构建和恒久运行的基础，只要有合法性存在的地方，制度及其权威也得以存在，合法性失败之处，权威及其各种规则也必将失败。合法性赋予一种秩序或者命令权威性和约束力的特征，权力拥有了合法性即构成了权威。

那么就政府权力而言，如何将权力转化为权威，从而实现权力的合法化？下面从四个方面论述：

第一，政府必须提供人民依赖的安全保障，使人民获得安全感。与安全感相关的是"法治"，实行法治的政府，是现代社会发展的重要标志，它有助于维护社会公平正义，保障人民权益，促进社会和谐稳定。

我国一直致力于建设法治政府，积极推进政府职能转变，强化政府法治意识，提高政府依法行政能力。坚持依法治国，推进科学决策、民主决策、依法决策，保证政策的合理性、公正性和透明度。此外，我国政府还加强了对行政权力的制约和监督，建立了行政执法责任制、行政审批制度、行政复议制度等一系列制度，以规范政府行为，防止滥用权力。同时，政府还加强了对公民权益的保护，通过建立健全法律援助、司法救济等制度，为公民提供法律安全保障，从而进一步帮助政府获得合法性且存续时间比较长。

第二，政府还可以从良好的政绩中获得合法性。政绩是政府在治理国家和服务民众过程中所取得的成绩和效果，主要体现在经济增长、社会稳定、民生改善、国家安全等方面。在中国，政府的合法性来源于中国共产党的领导和中国特色社会主义制度。政府通过实施有效的政策和措施，推动社会发展和进步，为民众提供更好的生活条件和服务，保证经济增长和就业率提升，从而获得民众的认可和支持，提高政府的合法性。

第三，政府通过历史、传统文化或族群认同获得合法性。政府和民众之间的纽带可以增强政府的合法性。这种纽带的建立，源于政府首脑过去的成就（或其历史角色），或者源于人们和领导者之间在传统文化和族群认同上的共同点。很多情况下，政府难以仅仅通过政绩或者习惯来获得合法性，或者是因为一个政府存在的时间还不够长，以至于人们尚未形成对其合法性的认可，或者是因为新兴国家面临着很多经济与社会问题，政府取得政绩很困难。在这种情况下，传统文化及族群认同就会发挥十分重要的作用。

第四，政府通过程序获得合法性。即政府可以通过遵照某种程序来强化其合法地位。这种程序在民众看来是值得信任的，因此，按照这种程序建立的政府也能获得人们的信任。在民主制度中，政府通过选举产生，通过选举产生的政府，可以赢得更广泛的支持，获得更坚实的合法性基础，即"人民的政府"。民主选举的程序为政府提供了较强的合法性。

第二节　国家政治权力结构

国家的政治权力结构是指组织和安排政府及其各个部门的方式。它是确保一个国家在政治决策和治理方面正常运作的基础。政治权力结构决定了国家内部权力的分配和运行方式，并规定了各个部门的职责和权限。通过建立合理的政治权力结构，可以实现政府的有效运作、民主决策和公正执政，从而保障国家的稳定和发展。不同国家的政治权力结构因其历史、文化和制度背景的不同而各具特色。

一、西方国家政治权力结构

分权制衡思想是西方政治学说中最古老的观念之一。直到现在，分权制衡依然是西方国家政治制度的一项重要原则。西方国家政治制度中的分权制衡一般指立法、行政、司法之间的制衡。另外，除国家三种权力的制衡外，还包括一些非国家权力与国家权力之间的制衡，如利益集团、政党、媒体等社会力量对国家权力的制衡。但在不同的国家，分权制衡的模式仍有所差异，典型的分权制衡模式有美国的"三权分立"模式、英国的"议会—内阁"模式和法国的"总统—内阁"混合模式。

（一）美国政治权力结构："三权分立"

美国是典型的三权分立国家，是资本主义国家政治权力结构的典型和缩影。了解美国三权分立制衡的模式，可以在很大程度上了解分权制衡原则的基本特点。

1. 三权完全分立

美国宪法规定：国会是立法机关，享有立法权。它由参众两院组成，参议院代表美国各州，参议员由各州选出；众议院代表美国人民，众议员由在全国依据相同人口划分出的选区选出，美国的一切重大活动都必须经国会以法律的形式加以确认和许可。国会有财政权，负责税收、预算、拨款、贸易、借贷、铸币等事务；有设立邮政局和开辟邮政道路的权力；有宣战、媾和、缔约的权力；有征兵和组织民兵的权力；国会还有设立最高法院以下的联邦法院的权力。

总统掌握国家最高行政权。总统既是国家元首，又是政府首脑和海陆空三军总司令。对外代表国家，与外国签订条约和行政协定，任命大使和驻外使节；对内是政府首脑，有权制定政治、经济、文化、科技、军事等领域的政策，有权任命各部部长、各行政机关首长和联邦法院法官；同时他也是全国武装力量的最高统帅。他直接对选民负责，国会不得干涉其政治活动。

司法权由联邦最高法院掌握。联邦最高法院有权监督立法和解释宪法，联邦法院和州法院均独立行使审判权，负责审理美国发生的所有案件。法院所做的判决和裁定，特别是联邦最高法院的判决和裁定，任何部门和个人都必须执行。联邦政府和州政府的法令若被最高法院认定为违宪，则均被视为无效。

2. 三权密切制衡

虽然美国宪法对立法、行政、司法三权的职责范围做了明确的划分，但在实际运行过程中，三权呈现出交错重叠的特征。

首先，立法权与行政权相互制衡。国会通过的法案经总统签署后才能生效。总统若不同意国会通过的法案，便可行使否决权。总统行使否决权后，国会只有以2/3的票数通过才能重新通过该法案。总统的行政命令与法律有同等效力，总统作为立法创议人可以参与国会的立法。反过来，国会握有对总统的弹劾权，且总统任命高级官员须经参议院同意，总统与外国签订的条约，也须要参议院2/3多数通过才能生效。

其次，从行政与司法的关系来看，行政权与司法权也是相互制衡的。总统拥有行政裁判权，可以任命联邦最高法院法官，有权赦免罪犯。联邦最高法院法官虽由总统任命，但一经任命便终身任职，并不依附总统。另外，法院掌握司法审查权，可以宣布总统的法令违宪，还可以对违反法律的行政官员进行法律追究。

最后，立法权和司法权相互制约。总统任命最高法院法官必须由参议院同意，参议院还有权弹劾最高法院法官。国会通过的法律一旦生效，除非违宪，否则法院必须执行。同时，法院也有权审查国会的立法，一旦某项法律被宣布违宪，则不再被执行。图2-1反映的是美国三权分立与制衡的原则，可以看出美国立法、司法、行政三权分立完全分立，密切制衡的特点。

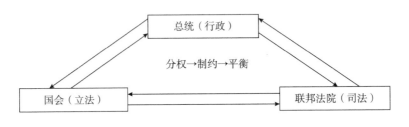

图2-1　美国政治权力结构

3. 其他分权制衡的体现

美国的分权制衡原则除了体现在立法、行政、司法三权之上，还广泛地存在于联邦制的各个领域。例如：联邦政府与州政府以及地方政府的分权；国会参众两院的分权；州政府内的分权；联邦法院与州法院系统的分权；国会与州议会的分权；乃至民主党与共和党的分权；政党、利益集团和民众与政府的分权制衡关系；等等。

当然，分权制衡并没有否定协调合作。总的来说，在和平时期，制衡多于合作，在动乱年代或紧急状态中，合作多于制衡，例如"二战"前大萧条时期的罗斯福新政，"二战"后的柏林事件、朝鲜战争、越南战争，20世纪80年代的格林纳达事件、90年代的海湾战争。何时凸显分权制衡，何时强调协调合作，主要取决于美国统治集团对自身利益和国家利益的认知与考虑。

（二）英国政治权力结构："议会—内阁制"

现代西方国家政治制度中的分权制衡以立法权、行政权、司法权之间的制衡为基础，英国议会制也体现了三权分立的原则，但由于发展道路和历史文化传统不同，英国不像美国那样具有明显的分权特征。

1. 制度安排

英国的内阁由议会产生。内阁首相通常是在议会中占多数席位的政党或政党联盟的领导人。首相从具有相同政治观点或共同政治利益的议员中挑选内阁成员，提交国家元首任命后组成内阁。

英国君主即国家元首，名义上代表国家，没有实权。内阁代表国家元首对议会负责。国家元首颁布法律、法令和公告时，必须由首相或内阁相关主管官员签署。内阁由议会监督，如果议会不信任内阁，那么其阁员必须集体辞职，内阁政府可以要求国家元首解散议会并重新选举。如果新议会仍然对内阁不信任，那么内阁全体成员包括首相必须辞职，由国家元首任命新首相组建新的内阁政府。

内阁既参与立法，又负责行政，实际控制着下院立法程序及决策权，从而操控立法权。内阁首脑也是政府首脑，掌握国家的行政大权，同时通过议会掌握立法权，内阁成员与首相在政治上共进退。图2-2清晰地反映了英国政治权力结构以及内阁首相、内阁政府的产生过程。

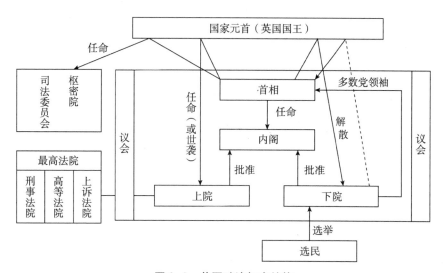

图2-2 英国政治权力结构

2. 英国政治权力关系

在行政与立法的关系上，这两种权力几乎是融合的，内阁政府成员（包括首相）同时也是议会成员。议会授权政府立法，制定法律法规、命令、规则等。下院依据法律控制着行政机关，但是执政党领袖可以控制本党议员的投票，只要政府得到议会的信任，它就能在立法中控制议会。

在司法和立法的关系上，英国司法独立，所有的法官都由大法官和首相推荐。司法大法官可以参加议会的立法事务，但不得以政党的身份参加，在议会辩论中，其发言仅限于法律事务。

从英国实际政治过程来看，议会中政党之间的权力角逐也对政治权力构成有效制约。两党有大致相同的阶级基础，两党的政策也有大致相同的政治基础，也正因为两党制的存在，它们的政治博弈对政府的权力构成了有效的制约和监督，执政党依靠其在议会中的多数地位，把议会和行政的权力结合为一体。

（三）法国政治权力结构："总统—内阁混合制"

法兰西第五共和国创造了一种集总统制和内阁制特点于一身的混合制，学术界也有人把这种体制称为"半总统制"，甚至"家长制"。这种体制在非洲的一些国家有一定的影响力。

"二战"前的法国实行的是内阁制，"二战"结束后，由于社会环境复杂多变，法国政党数量越来越多，且主要政党的力量分散，一个政党很难在大选中获得半数以上的选票，因此经常出现"倒阁"现象，仅仅在1945~1957年，换了25届内阁，政局难以稳固。为了解决这一问题，在戴高乐的领导下，法国于1958年通过了法兰西第五共和国宪法，即"戴高乐宪法"，开始实行总统—内阁混合制。

总统成为国家权力的中心，由大选举团直接选举产生。宪法赋予总统一系列重大职权，如赦免权、军事权和外交权，还有权任命各级文武官员，主持部长会议，签署法令，颁布法律，发布咨文，总统还可以就重大政策举行全民公决。当政府与议会发生冲突时，总统有权解散议会，重新进行选举。

法国的立法权和行政权也是相互交融的，内阁也要对议会负责。当议会以不信任案的方式追究内阁的责任时，总理必须向总统提出政府辞职，而总统则继续他的任期，以保证政局的稳定。

由于法国是一个多党并存且各党派势均力敌的国家，因此国内外理论界都认为，法国在坚持内阁制传统的前提下，缩减议会的权力，通过设置实权化的总统来分解政府首脑的权力，是为了从结构上抵消多党竞争导致的不稳定因素，以确保国内和平和社会安定。这一体制对于那些政治力量此消彼长，既不想放弃民主程序和政治多元化，又想要保持政治稳定的国家，有一定的参考价值。

综上所述，尽管大多数国家机构的构成有立法、行政、司法之分，但不同国家的权力配置却不尽相同。要想厘清不同国家的政治权力结构，关键在于如何界定立法、行政及司法之间的关系。

二、中国政治权力结构

当代中国政府的权力结构是由中国共产党组织、人民代表大会、中央人民政府及地方人民政府、纪检监察机关、检察机关及审判机关、国家主席、军事机关组成。为与上述西方国家立法、行政、司法三权配置进行对比，在此重点讲述我国政治权力结构中党的领导以及立法、行政、司法之间的关系。

（一）中国共产党的领导地位、组织体系和领导体制

我国宪法规定，中国共产党的领导是中国特色社会主义最本质的特征。党章规定，中国共产党是工人阶级的先锋队，是中国人民和中华民族的先锋队，是中国特色社会主义事业的领导核心，代表中国先进生产力的发展要求，代表中国先进文化的前进方向，代表中国最广大人民的根本利益。历史充分证明，党的领导是新中国取得一切发展进步的根本政治前提和根本政治保证。

1. 中国共产党的组织体系

2018 年 7 月，习近平总书记在全国组织工作会议上首次提出"党的组织体系"这一概念，并深刻指出："我们党是按照马克思主义建党原则建立起来的，形成了包括党的中央组织、地方组织、基层组织在内的严密组织体系。"① 党的二十大报告强调："严密的组织体系是党的优势所在、力量所在。"② 历经百年的不懈奋斗，中国共产党组织从零星的、分散的状态发展为如今庞大的、纵横交错的严密的组织体系。

党的中央组织主要包括党的全国代表大会、中央委员会、中央政治局及其常务委员会、中央委员会总书记、中央书记处、中央纪律检查委员会和中央军事委员会。

党的全国代表大会是党的最高领导机关，每五年举行一次，其职权包括听取和审查中央委员会和中央纪律检查委员会的报告、选举中央委员会和中央纪律监察委员会、讨论并决定党的重大问题、修改党章。

在党的全国代表大会期间中央委员会领导党的全部工作，对外代表中国共产党，中央委员会每年至少举行一次会议，就某个议题作出决定或决议；中央政治局及其常委会由中央委员会选举产生，是中央委员会闭会期间党的最高领导机关；中央书记处是中央政治局及其常委会的办事机构，成员组成需经中央委员会通过；中央委员会总书记由中央委员会从中央政治局常委中选举产生，是党中央最高负责人；中央纪律检查委员会简称中纪委，是党内监督专责机关，由党的代表大会选举产生，在其闭会期间接受中央委员会领导；中央军事委员会是党的最高军事领导机关，统一领导全国武装力量，成员由中央委员会决定。

---

① 习近平在全国组织工作会议上的讲话 [EB/OL]. 共产党员网，[2018-07-03].
② 中国共产党第二十次全国代表大会文件汇编 [M]. 北京：人民出版社，2022：65.

党的地方组织有党的省、自治区、直辖市、设区的市、自治州、县（旗）、自治县、不设区的市和市辖区的代表大会、委员会及其常务委员会、纪律检查委员会。党的地方各级代表大会是党的地方各级领导机关，由选举产生的党的代表组成，每五年举行一次，选举同级党的委员会和党的纪律检查委员会；党的地方各级委员会是同级党的代表大会闭会期间党的地方领导机关，定期向上级党的委员会报告工作；党的地方各级委员会的常务委员会和书记、副书记，由同级委员会全体会议选举，由上级党的委员会批准后产生，处理日常党务政务；党的地方各级纪律检查委员会，在同级党的委员会和上级纪律检查委员的双重领导下开展工作。

党的基层组织是指中国共产党在基层单位建立的组织。依据党章规定，企业、农村、机关、学校、科研院所、街道社区、社会组织、人民解放军连队和其他基层单位，凡是有正式党员三人以上的，都应当报立党的基层组织；根据工作需要和党员人数，经上级党组织批准，分别设立党的基层委员会、总支部委员会、支部委员会。另外，在中央和地方国家机关、人民团体、经济组织、文化组织和其他非党组织的领导机关可以成立党组，作为派出机关。

中国共产党高度严密且科学的组织体系是"政党组织机构、上下级关系和意志执行系统的整体构造"（齐卫平，2020）①，体现出我国独特的组织优势。正是有了贯通上下、自成体系的中央组织、地方组织、基层组织，中国共产党才能成为一个具有统一意志和统一行动的整体。

需要注意的是，民主集中制是党的根本组织制度和领导制度，对于如何处理个体和集体、少数和多数、下级和上级、中央和地方的关系，民主集中制都有具体明确的规定，从而为党的组织体系的实体构建和实践运行提供了基本准绳和制度保障。实践证明，民主集中制是科学合理且有效率的制度，它实现了充分发扬民主和正确实行集中的有机统一，能最大限度激发各级党组织和广大党员的创造活力。

2. 中国共产党对国家政权的领导体制

根据党章和宪法，中国共产党领导是中国特色社会主义最本质的特征，是中国特色社会主义制度的最大优势，党是最高政治领导力量。必须坚持党政军民学、东西南北中，党是领导一切的。

党对于国家政权、对于国家事务、对于各个国家机构的领导是全面的、系统的、直接的、现实的，党的领导权既是全方位的，也是独一无二的，党对国家机构、军队和社会团体实行统一而有分工的领导，在国家和社会政治生活中拥有不容挑战的政治权威，由此形成了一个完整而独立的党政体制。

党的领导是全面的、系统的、整体的，必须全面、系统、整体加以落实。健全总揽

① 齐卫平. 新时代党的组织路线研究：政党组织化与组织路线化［J］. 江苏行政学院学报，2020（6）：61-66.

全局、协调各方的党的领导制度体系，坚决维护党中央权威。完善党中央重大决策部署，加强党中央对重大工作的集中统一领导。提高党把方向、谋大局、定政策、促改革能力，调动各方面积极性，把党的领导落实到国家治理各领域各方面各环节。

3. 中国共产党领导的多党合作和政治协商制度

中国共产党领导的多党合作和政治协商制度是中国的一项基本政治制度，是在中国土壤中生长出来的新型政党制度。在长期的革命、建设、改革实践中，中国共产党历经重重考验，成为中国工人阶级的先锋队、中国人民和中华民族的先锋队，成为中国特色社会主义事业的领导核心。各民主党派逐步发展成为各自所联系的一部分社会主义劳动者、社会主义事业建设者和拥护社会主义爱国者的政治联盟，成为中国特色社会主义参政党。

中国新型政党制度的特点可以概括为以下四种：①一党领导，多党合作；②一党执政，多党参政；③平等独立，协商监督；④结构多元，目标一致。中国共产党处于领导地位，中国共产党是中国特色社会主义事业的坚强领导核心，各民主党派与中国共产党是亲密友党，自觉接受共产党的领导，拥护共产党的领导和执政地位；各民主党派是在共产党领导下参与国家治理的参政党，共产党与各民主党派开展政治协商，广泛实行政治合作，自觉接受各民主党派的监督。

4. 党与其他国家政权机关的关系

党章规定：党按照总揽全局、协调各方的原则，在同级各组织中发挥领导核心作用，同时党保证国家的立法、司法、行政、监察机关，经济、文化组织和人民团体积极主动地、独立负责地、协调一致地工作。"党的领导核心作用"和国家机关社会政治团体各方的"职能作用"，是党政体制运行的关键所在。

党通过向国家权力机关提出建议，把党的主张经法定程序变成国家意志，以实现党的路线、方针和政策；党通过向国家权力机关推荐重要干部，确保党的政治路线贯彻执行。人大及其常委行使选举和任免权，必须坚持党管干部的原则，尊重党组织的提名推荐权，贯彻党组织的意见和主张。

中国共产党通过全国人大及其常委会将党的主张上升为法律和决定，再由国务院执行。同时在法律允许的范围内，党就某些较为具体的政治、政策或经济社会问题提出指导性的意见或作出决定，国务院组成人选由中共中央推荐，国务院干部接受中央组织部考核和中纪委监察委监督。

基于此，中国共产党与政府形成了具有中国特色的党政体制，由此产生了具有中国特色的政党关系。党的十九届三中全会通过的《中共中央关于深化党和国家机构改革的决定》指出，"以加强党的全面领导为统领，推进国家治理体系和治理能力现代化为导向，以推进党和国家机构职能优化协同、高效为着力点，改革机构设置，优化职能配置，深化转职能、转方式、转作风，提高效率效能"[①]，为中国特色党政关系构建指明

---

① 中共中央关于深化党和国家机构改革的决定 [EB/OL]. 中国共产党新闻网，[2018-03-05].

了方向。

其中，深化党中央机构改革，着眼于加强党的全面领导，优化党的组织机构，建立健全党对重大工作的领导机制，更好发挥党的职能部门作用，推进职责相近的党政机关合并设立或合署办公，党政合署合设是加强党的全面领导，优化党政机构职能体系的具体方式，是当代中国一种重要的机构组织形态和制度安排。2018 年党和国家机构改革组建了若干委员会和领导小组，作为党中央的决策议事协调机构，对于国务院相关业务实施"归口管理"。例如，设立中央全面依法治国委员会，办公室设在国务院司法部；组建中央审计委员会，办公室设在国务院审计署；组建中央教育工作领导小组，秘书组设在教育部。还将中央全面深化改革领导小组、中央网络安全和信息化领导小组、中央财经领导小组、中央外事工作领导小组改为委员会。

2023 年党和国家机构改革在巩固党和国家机构改革成果的基础上继续深化改革，对体制机制和机构职责进行调整和完善。例如，组建中央金融委员会，取代了过去的国务院金融稳定发展委员会及其办事机构；组建中央科技委员会，办事机构职责由国务院科学技术部整体承担；组建中央社会工作部，统一领导国务院直属机构——国家信访局；组建中央港澳工作办公室，取代过去的国务院港澳事务办公室。

两次机构改革，不仅使机构设置更加科学、职能配置更加优化、体制机制更加完善、运行管理更加高效、党对社会主义现代化建设的领导更加有力，而且也使中国特色社会主义党政体制的构建更加完善。中国特色社会主义党政关系是我国国家治理的重要构件，是新时代党治国理政面临的重大课题。

（二）民主集中制下的国家政权结构

民主集中制是党和国家的根本组织制度。习近平（2016）指出："民主集中制，是领导班子的根本工作制度，是党的根本组织制度和领导制度，也是中国特色社会主义民主政治的鲜明特点。"[1] 党和国家的组织与运作，归根到底是在民主集中制原则下进行的。民主集中制包括民主和集中两个方面，两者密切相关，缺一不可。民主是集中的基础，只有充分发扬民主，才能达到正确的集中；集中是民主的指导，只有实行有效的集中，才能实现真正的民主。民主集中制使民主和集中二者辩证地统一起来。

在民主集中制原则指导下，包括全国人民代表大会及其常务委员会在内的各级国家权力机关，都由民主选举产生，对人民负责，受人民监督；各级国家行政机关、各级监察机关以及各级司法机关都由国家权力机关产生，由它领导，对它负责，受它监督；各级各方面的国家机关实行集体领导、个人分工和首长负责相结合的制度。

1. 人民代表大会制度和代议机制

我国宪法规定，一切权力属于人民，由人民选出的代表组成全国人民代表大会和地方各级人民代表大会，代表人民行使国家权力。全国人民代表大会是我国的最高国家权

① 中共中央文献研究室. 习近平关于全面从严治党论述摘编［M］. 北京：中央文献出版社，2016.

力机关，在国家政治权力结构中居于首要地位。

人民代表大会制度是我国的根本政治制度，在我国政治制度体系中居于核心地位，其他制度都由人民代表大会通过立法创制，都要受其统领和制约。这一制度从根本上实现了人民当家作主，它意味着国家权力来源于人民，人民通过代议的方式来行使权力。按照宪法和法律，人民代表大会及其常务委员会的职权分为四类：立法权、决定权、任免权和监督权。

在实际政治运作过程中，全国人民代表大会处于国家纵向权力体系的最高级，同时居于国家横向权力体系的核心。其地位是通过它与其他权利主体的关系来确定的。一方面，人民代表大会要接受党的领导；另一方面，"一府一委两院"的权力由人大授予，因此"一府一委两院"需对人大负责，并受它监督。

人民代表大会制度的组织体制可以从纵向结构和横向结构两个方面来观察：从纵向结构来看，从中央到地方，人民代表大会共有五级可以分为三个层次：全国人民代表大会、县以上地方各级人民代表大会和乡镇人民代表大会，其产生和运作均有一定的差别。人民代表大会的上下级之间不是领导与被领导的关系，而是相对独立、平等的关系。具体而言，它们之间是法律上的监督关系、业务上的指导关系和工作上的联系关系。从横向结构来看，各级人民代表大会的内部结构有所差异，层级越高，组织越完善。省、市以上的人民代表大会均设立常委会和专门委员会；县、市辖区人民代表大会设有常委会，但未设置专门委员会；乡、镇人民代表大会两者都未设立。图2-3即我国人民代表大会组织的简要图示。

人民代表大会制度是适合我国国情的根本政治制度，是最能保障最广大人民根本利益的政体，最能反映全国各族人民共同意志的政体，最便于人民群众管理国家和社会事务的政体；人民代表大会制度有利于加强和改善党对国家事务的领导，依据法定程序使党的主张上升成为国家意志，组织和动员全国人民一起行动，有效加强和改善党的领导，巩固党的执政地位，人民代表大会制度有利于保障人民当家作主，保证全国各族人民依法管理国家和社会事务、经济和文化事业，把全国人民的力量凝聚起来，有领导、有秩序地朝着国家的发展目标前进。

2. 国家行政机关组织体系及其运行

按照宪法和中央人民政府组织法，国务院即中央人民政府是国家最高权力机关的执行机关，是最高国家行政机关。国务院由全国人民代表大会产生，对它负责，受它监督，对全国人民代表大会及其常务委员会负责并报告工作。国务院作为国家最高行政机关，有权统一领导全国地方各级国家行政机关的工作。

国务院实行总理负责制，总理是国家行政机关的最高首长，全权领导国务院的各项工作，并有权对国务院工作中的重大问题作最后决定，同时对这些决定及其所领导的全部工作负有全面责任。

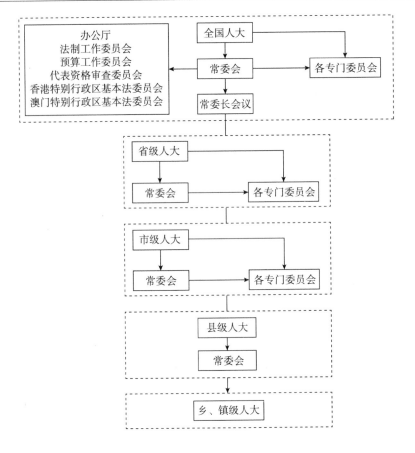

图 2-3　我国人民代表大会组织结构

　　国务院行政机构根据职能可分为国务院办公厅、国务院职能机构、国务院直属机构、国务院办事机构、国务院直属事业单位以及国务院非常设机构。办公厅是国务院的事务中枢，主要负责中央日常事务，密切国务院领导与国务院各部门和各个省、自治区、直辖市的工作联系；国务院最主要的职能机构是部、委、行、署，它们是国务院的组成部门，由国务院直接领导，负责某方面的国家行政事务；国务院直属机构是在国务院领导下主管各项专业业务的机构，这些机构不便划归各部委管理，但由于工作需要必须按照行业划分进行管理；国务院办事机构是指国务院可根据工作需要和精简原则，为协助总理办理专门事项而设立的办事机构，具有一定的行政职权；国务院直属事业单位是以增进社会福利，满足社会文化、教育、科学、卫生等方面需要，提供各种社会服务为直接目的由国务院直接领导的社会组织。

　　在我国，地方各级人民政府是地方各级人民代表大会的执行机关，是地方各级国家行政机关。同时，地方各级人民政府都是国务院统一领导下的国家行政机关，都必须服从国务院的统一领导，因此地方各级人民政府对本级人民代表大会和上一级国家行政机关负责并报告工作。

地方各级人民政府必须依法行使行政职权。地方各级人民政府每届任期五年。基本上分为省（自治区、直辖市）、县（自治县、市）、乡（民族乡、镇）三级。地方各级人民政府既是国家的，也是地方的；既是国家机构的重要组成部分，也是地方单位，民族自治地方的自治机关还享有自治权。

3. 监察委员会组织体系及其职能

中国共产党历来重视对腐败的打击，反腐败斗争压倒性态势已经形成并巩固发展，但形势依然严峻复杂。习近平总书记曾明确指出："增强党自我净化能力，根本靠强化党的自我监督和群众监督；自我监督是世界性难题，是国家治理的'哥德巴赫猜想'，中国共产党下定决心，练就'绝世武功'，建设廉洁政治。"（王少伟，2018）①

监察委员会是反腐败工作机构，党的十三届全国人大一次会议通过的宪法修正案，明确规定监察委员会作为国家机构的法律地位，并明确其性质定位和职能职责。监察委员会的主要职责是对公职人员依法履职、秉公用权、廉洁从政以及道德操守情况进行监督检查，对涉嫌职务违法和职务犯罪的行为进行调查并作出政务处分决定，对履行职责不力、失职失责的领导人员进行问责，负责组织协调党风廉政建设和反腐败宣传等。②

中华人民共和国国家监察委员会是最高监察机关，主任由全国人民代表大会选举产生。根据监察法，监察委员会实行的是双重领导体制，监察委员会由人民代表大会产生，对人民代表大会及其常务委员会负责，并接受监督。国家监察委员会负责全国的监察工作，领导地方各级监察委员会的工作。上级监察委员会领导下级监察委员会工作，同时向同级人大及其常务委员会负责。

监察委员会的地位同政府、法院、检察院是并列的，监察权独立于行政权、审判权与监察权，不受其他部门权力的干预。同时，监察委员会不能超越人大，其由人大产生，应受到人大的监督。同时监察委员会与中纪委合署办公，要接受党的领导，这种领导和监督是宏观上组织与功能的领导与监督。

4. 司法机关组织架构及其运行

司法机关是行使司法权的国家机关，是国家机构的基本组成部分，是依法成立的行使相关国家职权的司法组织。

宪法和人民法院组织法规定：人民法院是国家审判机关，负责行使审判权。人民法院的设置分别为最高人民法院，地方各级人民法院以及专门人民法院，实行四级两审制。最高人民法院对全国人民代表大会及其常务委员会负责，地方各级人民法院对产生它的地方国家权力机关负责。

需要特别注意的是，为及时公正审理跨行政区域重大行政和民商事等案件，推动人

---

① 王少伟. 赋予监察委员会宪法地位意义重大 [N]. 中国纪检监察报，2018-03-09（第4版：两会特刊）.
② 中共中央印发《深化党和国家机构改革方案》[EB/OL]. 新华社，[2018-03-21].

民法院审判工作重心下移、就地解决纠纷、方便当事人诉讼，最高人民法院根据中央精神及有关法律、司法解释，结合审判工作实际，设立巡回法庭，受理巡回区内相关案件，巡回法庭是最高法派出的常设审判机构，巡回法庭作出的判决、裁定和决定，是最高法院的判决、裁定和决定。

我国宪法与人民法院组织法规定，人民法院依照法律规定独立行使审判权，不受行政机关、社会团体和个人的干涉。人民法院审判案件对一切公民不分民族、种族、性别、职业、社会出身、宗教信仰、教育程度、财产状况、居住期限，在适用法律上一律平等，不允许有任何特权。

我国宪法规定，中华人民共和国人民检察院是国家的法律监督机关，人民检察院设置分为最高人民检察院，地方各级人民检察院和军事检察院等专门检察院。最高人民检察院对全国人民代表大会及其常务委员会负责，地方各级人民检察院对产生它的国家权力机关即地方人民代表大会和上级人民检察院负责，上级人民检察院领导下级人民检察院的工作。

人民检察院依照法律规定独立行使监察权，不受行政机关、社会团体和个人干涉。人民检察院组织法规定各级人民检察院行使监察权对于任何公民，在适用法律上一律平等，不允许有任何特权。人民检察院主要行使侦查权、监督权、审查起诉权和抗诉权。

综上所述，民主集中制是党和国家研究制定、贯彻执行路线方针政策的组织原则，也是国家机构有效组织各项事业的根本制度保障。在民主集中制原则的指导下，人民代表大会、人民政府、监察委员会、法院和检察院有机协调，共同构成中国特色的国家治理体系。

第三节　权力的制约和监督

公共权力是社会和政治生活的核心，同时也是最重要的支配性力量。虽然公共权力具有公共性、人民性，但在实际实施过程中，可能也会产生异化，导致"权力腐败"。合理地制约和监督权力是保障权力规范运行，维持国家秩序、维护社会公平正义、促进社会发展的关键。

权力腐败不仅是公共权力和公共职位的滥用，也是违反法律和社会公认的行为规范，背离合理性和合法性社会规范的行为（岳磊，2013）①，是权力出轨和越轨的问题。权力腐败的成因不仅有政治根源，也有社会根源。同样，权力的制约和监督不仅仅是权

----

① 岳磊. 腐败行为的概念界定及其对我国的适用——基于社会学视野的探析［J］. 郑州大学学报（哲学社会科学版），2013（3）：20.

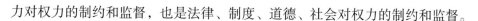

力对权力的制约和监督，也是法律、制度、道德、社会对权力的制约和监督。

一、权力腐败的成因

权力腐败的成因有个人和社会的，有心理和制度的，也有经济、政治、社会、文化的。其中，一些因素不仅催生腐败，也会影响腐败的形式和腐败产生的机制。

（一）制度性因素

制度为个体和集体行为提供规范，定义可接受的行为边界，还为行为者提供了期望和指引。制度具有显著的约束力，能够塑造和引导个体和集体的行为。制度的不完善，如政府行为和决策缺乏透明度、权力实施的法律规范不完备、问责制不健全等问题，使腐败有了可乘之机。

（二）寻租行为

腐败不仅是一个政治概念，而且具有经济学的意义。腐败中的交换活动与市场中的交易行为类似，腐败等同于市场的契约和交易（沃伦，2005）[1]。腐败的官员把公共职位视为一种经营，尽量扩大它的收益，公职成为一个收益"最大化的单位"（王沪宁，1990）[2]，而行贿者则利用较低的贿赂成本以获取较高的收益或超额利润（胡鞍钢和康晓光，1994）[3]。

（三）人情因素

与经济理性不同，"人情"更侧重于感性和文化性因素。"人情"对腐败同样具有重要影响（翟学伟，2013），[4] 其影响机制表现为腐败当事人被动涉入，即完全被动地由难以违逆的"人情关系"所规训、主宰和推动，甚至是无意识地陷入人情关系而行动（阮极，2018）。[5] 这一现象也被称为"过度社会化"。此时，礼物、平常往来等作为贿赂工具便带有了"道德化"的外衣，用社会互动仪式表演来促进社会资本的获得，进而方便行贿受贿。

（四）社会关系网络

腐败不是单一的个体行为，也不仅是简单的经济交换过程，而是呈现复杂的网络化结构特征的集体行为，是非法的且超越双方的社会交换。社会关系网络对腐败的发生和扩散起着决定性作用，依托于社会关系网络，行贿者、受贿者和其他腐败行为人结成一个相互依赖的利益共同体，并嵌入到社会结构之中，运用公共权力整合社会资源，为个

---

① ［美］大卫·柯兰德（David C. Colander）. 新古典政治经济学寻租和 DUP 行动分析 ［M］. 马春文，宋春艳译. 长春：长春出版社，2005：116.

② 王沪宁. 腐败与反腐败：当代国外腐败问题研究 ［M］. 上海：上海人民出版社，1990：6.

③ 胡鞍钢，康晓光. 以制度创新根治腐败 ［J］. 改革与理论，1994（3）：3.

④ 翟学伟. 人情、面子与权力的再生产 ［M］. 北京：北京大学出版社，2013：103.

⑤ 阮极. 人情对贿赂及其"道德化"的影响——基于找关系入学的民族志研究 ［J］. 社会学研究，2018（2）：201.

人及其所属团体牟取非法利益（周冬和廖冲绪，2019）。① 在社会关系网络中，腐败行为主体通过利益吸引、人情吸纳和利益交换三大环节完成非正式交换要素，完成腐败的非法利益交换。腐败当事人往往注重时空、方式和中间人选择，持续性的腐败社会交换最终形成交换规范秩序（董石桃和彭雪灵，2022）。②

（五）角色冲突

权力主体兼具政府意志执行者、公共利益维护者、家庭利益实现者三种重要社会角色，而如果没有完善的制度、正确的角色认知和角色协调策略，三种角色之间的冲突易带来腐败行为（李永洪和杜俊霖，2020）。③

（六）心理因素

权力主体掌握一定公共权力并存在腐败机会的前提下，由于思想意识的松懈和不健康的心理，例如，特权心里、攀比心理、贪欲心理、侥幸心理、投机心理、从众心理、失衡心理、补偿心理等，产生腐败动机，做出腐败行为。

二、权力制约与监督

制约与监督是保障权力规范运作的基本途径。制约强调通过制度化的程序和规则，划定权力主体之间的权力分工和职责分配，对权力的运行设置边界。制约的功能是使权力遵循正当程序和规范，而监督则是指对权力行使情况进行监视、督察，对违规行为进行纠正和惩罚（陈国权和周鲁耀，2013）。④ 监督的前提是制约的制度化，即公共权力机构必须依据一定的法律和程序在一定的范围内行动。而切实实现制约则需要对权力主体及其行为进行监督。

（一）权力制约

权力制约是指对所有的权力行使者的行为和决策进行规范和约束，以确保权力不被滥用，并促进权力的合理、公正和有效行使的措施。权力制约是现代民主法治国家的基石，它主要涉及三种类型的措施：

1. 法律制约

以公共利益为出发点和归宿，权力的内容、适用范围、幅度、时效以及与权力伴随的责任等由法律进行明确规定，各种权力必须具有法律上的可操作性。强化权力运行的组织规则和流程控制，建立科学的决策程序，压缩自由裁量空间，杜绝各种暗箱操作，把权力运行置于制度规范约束下，最大限度地减少权力寻租的空间。通过法律保障权利免受权力侵犯。权力监督也要法律化，监督的主体、监督对象、监督范围、监督方式等

---

① 周冬，廖冲绪. 社会资本视角下的腐败网络：理论框架与实证分析 [J]. 廉政学研究，2019（2）：19.
② 董石桃，彭雪灵. 利益吸纳人情：城市基层腐败的社会交换逻辑 [J]. 政治学研究，2022（2）：40-41.
③ 李永洪，杜俊霖. 社会角色冲突视角下村干部腐败的发生机理与治理对策 [J]. 中州学刊，2020（8）：13-14.
④ 陈国权，周鲁耀. 制约与监督——两种不同的权力逻辑 [J]. 浙江大学学报，2013（6）：47.

由法律设定，监督的权利由法律保障，对越权者、滥用权力者，以法律追究责任（杨建军，2022）。①法律以其权威性、严肃性、强制性、普遍性、人民性而成为权力运行、监督和制约的唯一依据和基础。

2. 权力分工和配置

在国家机构或不同政府层级之间分散权力，设置相互制衡的机制，以防止权力过度集中和滥用。合理分解权力，科学配置权力，不同性质的权力由不同部门、单位、个人行使，形成科学的权力结构和运行机制（习近平，2014）。②围绕授权、用权、制权等环节，合理确定权力归属，划清权力边界，厘清权力清单，明确权责关系。现代国家的权力一般分化为立法、行政、监察和司法等更加专业的权力。分化的权力各有其目的、职责和边界，从而以其鲜明的整体性制度设计，形成明确的权力分工和相互制衡的权力格局。鉴于不同的分工，分立后各种权力的明确边界既是对自身运行空间的宣示和捍卫，又是对其他权力越界冲动的警示，进而以动态变化、相对平衡的结构和过程性控权机制，为规范权力运行奠定制度基础。权力制约更多在于维护自身的权力边界和权力关系的动态平衡，体现的是一种结构性特征，而不是对其他权力的评判和纠偏。权力制约主体来自体制内力量，因而能够在制度内的分工合作中形成相互制衡的结构，对可能存在的权力失范进行制度性预防，以至于任一权力膨胀越界的冲动都会因制约力量的存在而有所收敛。基于上述机制，权力分工和配置一直是权力制约得以实现的重中之重。

3. 道德制约

道德是一种以自我约束为核心内容的社会规范，也是为社会成员普遍接受的社会规范，是社会通过约束个体行为进而达到社会总体自我约束目标的重要途径。道德通过直接约束普遍社会成员进而间接产生了约束权力掌控者的作用，发挥了监督制约权力的功能。因道德的引导和约束功能，即使人有私欲和腐败冲动，道德规范也可以将这种欲望和动机引导到有益于社会的方向，制止腐败行为。道德对权力的约束还建立在道德的宏观社会治理作用上。德治无论在古代还是现代都是与法治同样重要的治理方式。任何法律和制度都不是绝对完善和完备的。因此，制约权力，不仅要坚持完善法规制度，还要增强公务员的职业道德和行政伦理，"坚持加强思想教育、形成不想腐的自律意识和思想道德防线"（习近平，2015），③对权力运作形成有效的软性约束。

（二）权力监督

"监"有监视、督察之意，"督"有察看、监管之意。因此，按照《辞海》的释义，"监督"一词原指督察军事，如《后汉书·荀传》有云："古之遣将，上设监督之重，下建副二之任"。此后则逐渐定义为对人和事的监察督促④。在古代，监督与权力

---

① 杨建军. 权力监督制约的第三种模式 [J]. 法学论坛，2022（4）：63.
② 习近平在第十八届中央纪律检查委员会第三次全体会议上的讲话 [EB/OL].［2014-01-14］.
③ 习近平在十八届中央政治局第二十四次集体学习时的讲话 [EB/OL].［2015-06-26］.
④ 辞海编辑委员会. 辞海 [K]. 上海：上海辞书出版社，1979：369.

就有天然联系，并集中指向对权力进行察看、督促并予以纠偏的政治行为，即"一切监督都是对权力执掌者的监督"（张康之，2004）。①

广义的监督包括对所有国家机关工作人员和国家机关作为一个整体的监督。狭义的监督主要指对行政机关的监督，即以全社会包括行政机关在内作为监督的主体对行政机关及其公务员进行的监察督导活动。总体而言，权力监督就是为了维护公共利益，对监督客体进行督促、纠偏或惩戒的活动。一般意义上的权力监督主要有以下三种：

1. 人民群众的监督

权力来源于人民，因此，权力运行首先接受人民的监督。马克思、恩格斯在谈到巴黎公社时说："公社可不像一切旧政府那样自诩决不会犯错误。它把自己的所言所行一律公布出来，把自己的一切缺点都让公众知道。"② 为此，马克思和恩格斯提出了防止社会公仆变为社会主人的措施，即赋予工人选举权、罢免权，取消公职人员的特权。③ 在当代，线上线下的社情民意表达，公共决策中的公众参与，人民群众批评建议、控告检举、申诉等都是人民群众实施监督的主要形式。随着大众媒体的兴起和互联网时代的到来，新的监督形式应运而生，新闻媒体和公众通过报道、评论、网络讨论等形式监督政府工作和政府工作人员的行为。为了保障人民群众的监督权利，一方面通过法律形式确认监督权利，使监督渠道制度化；另一方面推行政府及其工作部门权力清单制度，也强化政务公开，依法公开权力运行流程，让权力在阳光下运行，让人民群众在公开中监督，保证权力规范行使。

2. 国家机构体系内部的监督

国家机构体系内部的监督属于权力对权力的监督，其监督遵循国家机构结构及职责关系。一方面，国家权力机构之间存在产生与被产生、领导与被领导关系，这一关系也转换为监督关系，形成立法机关对行政机关的监督，上级政府对下级政府的监督，上级职能部门对下级职能部门的监督。例如，我国人民代表大会及其常务委员会对行政机关、司法机关进行监督，包括听取和审议政府工作报告、法院和检察院工作报告，以及开展执法检查等。④ 另一方面，平行国家机构之间的监督，法院和检察院等司法机关行使审判权和检察权，对国家机关及其工作人员的违法行为进行司法监督。

3. 专门机构的监督

现代国家的特征是国家机构的分化和职能的专门化，专门的监督机构就是其表现之一。列宁指出："有必要成立一个同中央委员会平行的监察委员会，由受党的培养最

---

① 张康之. 公共行政中的哲学与伦理［M］. 北京：中国人民大学出版社，2004：67.
② 中共中央马克思恩格斯列宁斯大林著作编译局. 马克思恩格斯全集（第3卷第3册）［M］. 北京：人民出版社，1974：164.
③ 中共中央马克思恩格斯列宁斯大林著作编译局. 马克思恩格斯全集（第3卷第3册）［M］. 北京：人民出版社，1974：110-111.
④ 阳平，蔡志强. 中国共产党权力监督思想的内涵、成就与创新［J］. 福建师范大学学报（哲学社会科学版），2022（2）：7.

多、最有经验、最大公无私并最能严格执行党的监督的同志组成。党的代表大会选出的监察委员会应有权接受一切申诉和审理（经与中央委员会协商）一切申诉，必要时可以同中央委员会举行联席会议或把问题提交党代表大会。"① 专门机构形式多样。例如，我国的监察部门就是国家行政组织内专司监察职能，对其他行政机关及其工作人员实行的监督、纠举和惩戒活动，属于行政机关内部的一种专门监督。又如，审计监督，即专门的审计机关和其他受委托的人员依法对有关国家机关、企事业单位的财政及经济活动进行审核检查，以判断其合法性、合理性。审计监督是一项专门的财政、经济、法律监督制度，主要目的是维护国家财政经济秩序，严肃财经纪律，加强经济管理，提高经济效益，为打击违法犯罪活动提供事实依据，促进廉政建设，保障国民经济健康发展。

三、我国政党引领的权力监督制约

我国已经建立了法律制约、权力分工与配置、道德制约相辅相成的权力制约制度和包含人民群众监督、国家机构体系内部的监督、专门机构监督的多层次监督体系，其最显著的特征是政党引领下的权力监督制约。共产党引领权力监督制约是党政治实践的经验成果。党的十八大以来，以习近平同志为核心的党中央领导集体更是坚定不移自我革命，全面推进从严治党，反腐倡廉，将权力的制约和监督作为党"纯洁血液"的重要保障，使党在新时代新征程中迸发出强大的生机与活力。在党的十九届四中全会中重申进一步坚持和完善党和国家的监督体系，加强对权力的制约和监督，形成决策科学、执行坚决、监督有力的权力运行机制。党的二十大报告则提出要健全党统一领导、全面覆盖、权威高效的监督体系。

党引领权力监督制约是从我国政治社会系统和权威结构的自身特征出发，依托党的执政理念和党的角色潜能，充分发挥党的权威，将党引入权力制约监督中，开创了权力监督制约新模式。其主要特征体现在以下四个方面：

（一）党是权力监督制约的核心领导

坚持党中央集中统一领导，是构建党和国家监督体系的出发点和根本保证。党对权力监督制约的领导核心地位表现在以下三个方面：

（1）坚持以上率下、以身作则。中央政治局不断细化完善中央八项规定内容，持续改进作风，加强自身建设；增强对直接分管部门、地方、领域党组织和领导班子成员的监督，定期同地方和部门主要负责人就其履行全面从严治党主体责任、廉洁自律等情况进行谈话，为全党作出示范。

（2）坚持党中央对监督工作的集中统一领导。中央政治局会议、中央政治局常委会会议定期研究党内监督工作，部署加强党内监督的重大任务；组建国家监察委员会、中央全面依法治国委员会、中央审计委员会等，着力解决监督机构庞杂分散、监督职能

---

① 中共中央马克思恩格斯列宁斯大林著作编译局.列宁全集（第39卷）[M].北京：人民出版社，2017：323.

缺位或重合等问题。

（3）加强对中央巡视工作的领导，明确中央巡视工作方针，听取每一轮巡视情况汇报，修订《中国共产党巡视工作条例》，将中央纪委国家监委机关、中央办公厅、中央组织部等纳入中央巡视范围。

（二）党推动权力监督制约制度的整合优化

（1）机构和职能的整合。从组织形态上，结束原有反腐败机构分立的局面，以制度化方式实现权力监督机构的深度融合和监督资源的高度整合。组建监察委员会，并与同级纪委合署办公，实行"一套工作机构、两个机关名称"的工作模式；梳理整合行政监察部门、预防腐败机构和检察机关反腐败相关职责，将国家监察权作为相对独立的复合性权力（徐汉明，2018），[①] 实现了从原行政监察机关的从属地位到当前国家监察机关独立地位的转变。

（2）拓宽权力监督的覆盖范围。改革之前，行政监察难以覆盖政府以外的机构和人员。例如，国有企业掌握稀缺市场资源，其腐败问题有着极其严重的经济危害性，尤其是国企主要领导人的违规决策经常造成大量国有资产损失；基层群众性自治组织覆盖面广，其管理人员往往通过征地拆迁、侵吞集体资产等手段直接侵害群众切身利益，而传统的监察体制对此类问题往往鞭长莫及。监察体制改革后，《中华人民共和国监察法》明确了六类监察对象，把监督对象从党员干部拓展到所有公职人员，弥补了过去党规党纪和行政监察的空白地带，将监督向基层、企事业单位延伸，实现了全覆盖。

（3）创新使用多种监督方式，并将这些创新做法制度化。纪检监察机关对于金融、项目审批、公共资源交易等重点领域进行专项监督，对"三重一大"事项（重大事项决策、重要干部任免、重大项目投资决策、大额资金使用）开展监督，综合运用巡视巡察、派驻监督、述责述廉、个人事项报告等方式，发挥威力。各地积极探索"互联网+监督"的工作模式，利用大数据、云计算、人工智能等信息化手段，充分挖掘财政、金融、审计、人力资源、民政、卫生等信息平台的信息，更精准地发现问题。四是建立执纪执法贯通并有效衔接司法的工作机制。通过国家监察体制改革，监察权实质上整合了原隶属于政府的行政监察权、原隶属于检察院的职务犯罪侦查权。纪委监委合署办公后，成为党内监督和国家监察的专责机关，同时行使执纪权和执法权，融通监督执纪问责和监督调查处置的双重职责，形成纪检监察机关与司法机关、执法部门相互配合、相互制约的新机制。

（三）党的执政理念保障权力监督制约中的社会参与

公众作为政府服务的对象，对政府权力运行拥有更多、更直接的信息，具有更强的监督动机。执政为民、以人民为中心是党的执政理念。党在权力监督制约中保护并鼓励公众参与。党章和宪法赋予公众民主权利，使其对党员、党组织和行政监察对象的违纪

---

① 徐汉明. 国家监察权的属性探究［J］. 法学评论，2018（1）：13.

行为提出检举，甚至控告。纪检监察机关通过受理信访举报来获取信息和案件线索。党在开展自我革命的同时，也积极融入社会，发挥群众的自主性。其中，群众路线是中国共产党独有的传统和优势，它发挥着政治代表、利益聚合、政治参与和政治沟通的功能。此外，通过国家和执政党的制度建设，保障公众的知情权和监督权，可以对国家权力进行有效监督。

（四）以党规党纪引领权力监督制约

以党规党纪制约监督权力，是中国共产党开创的权力监督制约的新路径（杨建军，2022）。① 以党规党纪引领权力制约监督，在其主体、规范依据、惩戒方式、责任方式等诸多方面，都与以往的权力制约监督模式存在较大不同。

1. 执政党即中国共产党为权力监督制约的主体

既往的权力监督制约模式中，法律的权力监督制约主体是国家，权力监督制约的对象是国家公职人员，权力监督制约的实现方式主要通过对违法者施加行政处分或刑事责任惩戒的方式来实现；道德的权力监督制约，主要是权力掌控者的自我约束和社会舆论对违反道德者的谴责。而中国共产党建立的权力监督制约机制中权力监督制约的主体是执政党，权力监督制约的对象主要是党员，权力监督制约的实现方式既包括教育也包括依据党内法规对违纪者的惩戒等。党纪对党员提出的要求、标准相比国家法律来说更严。普通公民通常只服从法律义务即可，而中国共产党党员除负有公民负有的遵守法律的义务外，还具有遵守党规党纪的义务，即负有守法、守纪的双重义务。

2. 党内法规规范体系是权力监督制约的重要依据

国外执政党鲜见通过制定系统化、规范化的制度加强自我监督制约的例子。中国共产党不仅提出了从严管党和从严治党的理念，而且制定了以监督执政党为目标的系统化的党内法规，建立了覆盖全体党员、对党员和公权力享有者具有较强约束力的党内法规体系。众多的党内法规制度和国家法律一道，形成了各级党组织和全体党员必须遵守的行为规范体系。

3. 权力监督制约对象的全覆盖性和"关键少数"的重要性

中国共产党的权力监督理论坚持权力制约中的"系统论"与"少数论"。这"两手论"既强调对公权力享有者全面监督制约，又强调要抓住"关键少数"。一方面是权力制约监督对象全覆盖。党内法规监督的对象，以党员等公权力掌控者为主，同时包括了非党员公权力享有者。从监督的事项范围上来看，不仅直接约束公权力的行使行为，而且注重约束个人日常生活行为。党内法规还辐射到被监督对象的家庭成员，强调党员干部要约束家庭成员，因为党内法规注重家风建设，强调领导干部要加强对配偶子女的约束。另一方面是抓住关键少数。实践证明，领导干部违法违纪问题大多发生在担任一把手期间，而一把手位高权重，一旦出问题，最容易带坏班子，搞乱风纪。因此，官员权

---

① 杨建军. 权力监督制约的第三种模式［J］. 法学论坛，2022，37（4）：61-74.

力越大，越要接受治理、规范和监督。即以刚性的制度将一把手管住，保证一把手正确用权、廉洁用权。

4. 专业化的党内监督执纪机构和监督机制

（1）纪委是党内监督专责机关，具体职责包括对党员的监督、执纪、问责，以及对党的组织和党员领导干部履行职责、行使权力进行监督。

（2）监察制度。强化国家监察，增强对公权力和公职人员的监督全覆盖，消除权力监督的真空地带，压缩权力行使的任性空间，建立完善的监督管理机制、有效的权力制约机制、严肃的责任追究机制，保障监督的有效性。

（3）党委负主体责任、纪委负监督责任的责任追究制度。规定处办腐败案件以上级纪委领导为主体现强化上级纪委对下级纪委的领导，规定线索处置和案件查办在向同级党委报告的同时必须向上级纪委报告。中央纪委派驻纪检机构，实施中央和省区市巡视制度，实现对地方、部门、企事业单位全覆盖。

5. 依据党内法规建立的权力监督制约体系与国家法律权力监督制约体系相衔接

一方面，党内法规体系是全面依法治国和法治体系的组成部分。"国家法治体系"包括五大体系：完备的法治规范体系、高效的法治实施体系、严密的法治监督体系、有力的法治监督体系、完善的党内法规体系。党内法规体系是法治的五大体系之一。另一方面，从权力监督制约的后果及责任方式来看，对违反党内法规的行为，通过党内法规予以惩戒；情节严重者，同时给予党纪政纪处分；对违反党内法规同时又触犯刑事法律的行为，移交司法机关追责，从而实现党内法规和国家法律权力监督制约的衔接。

基于党内法规而构建的权力监督制约模式来源于中国共产党百年的管党治党实践。制定系统化的党内法规并建立有别于国家法律的执政党科层制的权力监督制约体系，确保"从严管党""从严治党"目标的实现，是权力监督制约的新模式。这一模式下，权力监督的主体是中国共产党，权力监督制约的规范是党内法规；党内法规将所有行使公权力的主体都纳入监督制约的范围，监督的领域覆盖了法律未覆盖的领域；抓细、抓早、抓小，从严管理，将纪律挺在法律前面。这是权力监督制约的新模式。这一模式既有对"通过法律的权力监督模式"和"通过道德的权力监督模式"的理念承继，也有对其理念的超越。未来，这一权力监督制约模式与通过国家法律的权力监督制约模式进行更加有效的衔接和协调，不断走向完善、不断获得制度优势。

思考题

1. 简述权力与权威的区别。
2. 简述权力、权威与合法性的关系。
3. 如何克服权力制度化？
4. 简述权力监督的意义。

第三章　政治文化

政治文化是政治生活得以维系和持续的文化基础。国家和政治权力之所以能够成为凌驾于社会之上的强制性力量，在很大程度上依赖于政治文化所提供的支持。政治文化与政治社会化是具有逻辑关联的两个概念。政治社会化是政治文化的存在方式，政治文化是政治社会化的核心内容，政治文化的功能通过政治社会化的过程而实现。在当代中国社会，随着社会结构的转型，政治文化的发展呈现出新的取向和特征。

第一节　政治文化的含义和功能

政治文化是政治社会学的重要概念。从个体层面来看，政治文化是个人认知取向、情感取向和评价取向的综合；从社会层面来看，政治文化是社会共同体成员在长期政治历史经验中积淀形成的政治心理和政治价值结构。政治文化在政治生活中起着非常重要的作用，是社会政治秩序得以连续和持久的基础。

在中国特色社会主义现代化建设中，政治文化建设发挥着重要的支撑作用。中国特色社会主义政治实践赋予中国特色社会主义政治文化最本质的特征，社会主义核心价值体系是中国特色社会主义政治文化的核心内容。

一、政治文化的含义及特征

（一）政治文化的含义

要了解政治文化的含义，首先要了解什么是文化。

从汉语词源上来看，"文"原指纹理，"化"指变化、生成。"观乎天文，以察时变；观乎人文，以化成天下。"在这里，"天文"是指天道自然规律，"人文"是指人与人之间的人伦关系。通过观察人与人之间的人伦关系，以文教化，使天下人达到文明状态，是汉语中"文化"一词的最初含义。在西方语言中，"文化"一词起源于拉丁语，意指对土地耕耘、加工和改良。由此可以得知，无论是在古代中国，还是在古代西方，

"文化"一词都突出了"教化的"或"人为的"特征，是指人类为改造自然、提升人类文明状态而创造的成果。

综上所述，文化指人类创造的不同于自在自然和自身生物本能的东西，如生产工具、社会制度、观念习俗等，这些进一步细化为物质文化、制度文化和精神文化三种基本形态。其中物质文化涵盖了人类文化的所有物化形式，主要是指满足人的生存需要、维持个体生命再生产和社会再生产的产品，包括经过加工的自然物品以及加工这些产品的生产工具。制度文化是指调整个体与个体、个体与群体、个体与社会之间交往方式，规范各种主体行为方式的成文或不成文的规则规范。精神文化，是个体、群体和社会所有精神活动及其成果的总称，包括价值观、态度、信仰、情感、心理等。总结起来，广义文化包含了物质、制度和精神三种形态，而狭义的文化是指其中的精神文化。

政治文化就是与政治相关的文化，或在政治生活中体现出的文化。根据文化的广义理解，政治文化主要体现为制度和精神两个层面。制度层面体现为政体、组织、法律方面的内容，精神层面体现为人们在社会政治生活中形成的关于政治生活的风俗习惯、政治情感、政治态度、政治价值等自发的政治心理和自觉反映政治实践和政治关系的系统的政治意识。广义的政治文化是制度和精神层面的政治文化，狭义的政治文化只涉及精神层面的内容。

马克思主义经典作家一贯重视政治文化现象，且对意识形态进行了系统研究。马克思、恩格斯深刻阐述了意识形态的社会政治特性，揭示了其作为观念体系为一定阶级利益服务的本质，并深刻分析了法国小农生活方式所表现出的阶级特性和政治文化特点。列宁则明确地使用了政治文化这一概念。《在全俄省、县国民教育局政治教育委员会工作会议上的讲话》中，列宁指出，"政治文化、政治教育的目的是培养真正的共产主义者"（韦建桦，2009）①，从政治教育层面论述了政治文化对于培养共产主义者的重要意义。

马克思主义认为，社会结构由经济基础与上层建筑两部分构成，上层建筑不仅包括政治法律等制度和组织形态，还包括政治、法律、哲学、宗教、文学、艺术等文化观念形态。与此对应，政治文化是文化观念形态中有关政治的部分，是社会政治实践在社会成员意识和心理层面的体现和反映，是政治生活的精神内容。

需要注意的是，上述政治文化的含义有以下六个要点：

（1）政治文化是集体的精神状态，其主体是阶级、国家、民族或社会群体等。政治文化的研究虽然也关注个体成员的政治心理、政治意识和行为方式，但其着眼点通常是一定社会群体的政治文化，是一个国家和群体由世世代代的经验和知识长期积累而成的精神成果。

（2）政治文化的核心问题是"被普遍接受的有关人类群体秩序和权力关系安排的

① 韦建桦．列宁专题文集论社会主义［M］．北京：人民出版社，2009：174．

意义系统"。怎么去理解这句话呢？首先我们要看政治是什么，政治涉及人与人之间的关系安排，比如平等以及在什么意义上的平等，也涉及资源的分配和使用，最终涉及公共生活的意义和目的问题。对这些问题的理解需要一个关于正当性的信念以及这一信念带来的"义务感"。也就是说是，在政治领域，关于正义的信念体系具有关键作用，它决定什么是合法或非合法。国家的存在最终取决于被支配者必须服从支配者声称具有的权威及其权威的正当性。因此，政治文化即关注现实中的政治正当性问题，也就是说"被普遍接受的有关人类群体秩序和权力关系安排的意义系统"。

（3）政治文化具有结构性。一方面，政治文化是由政治心理、政治价值观、政治思想等要素构成的有机整体。它们相互区别，但又相互影响和联系，形成一个群体的政治文化内容。另一方面，一个政治文化内部存在各种亚文化。在特定的政治体系中，其成员由于出身背景、社会地位、受教育程度以及年龄、职业等方面的差异，对政治体系各层面的认知、情感和评价并不完全相同。这就导致了政治文化的非同质性。在政治文化的内部，根据政治文化的主体、功能等可以划分出各种不同的亚政治文化，例如，主流文化和非主流文化、精英文化与大众文化等。这些亚政治文化有可能相互和谐，也可能相互冲突，它们之间不同的相互关系模式形成了政治文化的复杂结构。

（4）政治文化形成和发展的基础是以社会生产关系为主要内容的经济基础和以政治制度为主要内容的上层建筑。同时，就其对于政治文化形成和发展的直接影响来看，社会政治实践也具有更直接的意义。人们在政治实践中形成了关于政治的认知、意识、价值观、态度等。

（5）政治文化的形成是一个长期的积累过程。一个国家、民族的政治文化的形成和发展通常都具有长期的历史过程，其政治心理经过长期的积淀而形成特定的心理定式和心理习惯，其政治思想经过长期的发展而形成政治思想传统，其政治价值观经过长期的发育养成，形成特定国家和民族的核心价值理念。

（6）政治文化具有相对的稳定性。政治文化是长期积累而形成的一种心理定式，一旦形成，便不易改变。随着社会生产方式的变更，旧的政治制度会因失去其赖以存在的经济基础而瓦解，但是原来的政治文化不会一下子消失，它还会在一段相当长的时间里滞留在人们的头脑中。当然，这种稳定性并不是绝对的。事实上，政治文化主要以人们的直接的政治感受为基础，政治体系的任何变化都会在社会成员的心理上有所投射。政治文化一直处在一个缓慢的、动态的变化过程之中。社会经济基础的变更以及由此引发的政治环境，特别是社会政治制度和政治意识形态的改变，将会使社会成员的一些新的心理感受和心理特征渗透进原有政治文化的有机体中，不断取代其原有的心理反应倾向，逐渐形成稳定的结构，最终完成政治文化的嬗变。

（二）政治文化的特征

政治文化具有鲜明的阶级性、历史继承性和相对独立性等特征。

1. 鲜明的阶级性

在阶级社会中，每一个人都在一定的阶级地位中生活，各种思想无不打上阶级的烙印（毛泽东，1991）。① 任何一种政治文化都不会与其相应的阶级利益相分离，变成抽象的概念、原则、口号和心理。在阶级社会中，阶级和阶级关系是经济基础的社会体现，因此，在阶级和阶级关系基础上形成和发展起来的政治上层建筑和社会意识形态，必然具有鲜明的阶级属性。政治文化作为社会意识形态的重要组成部分，更是如此。

首先，政治文化由一定的阶级利益决定，并反映一定的阶级利益。这表现为政治文化和阶级利益之间不可割裂，"'思想'一旦离开'利益'，就一定会使自己出丑"②。其次，在阶级社会中，统治阶级的政治文化占据主导地位。"统治阶级的思想在每一时代都是占统治地位的思想。这就是说，一个阶级是社会上占统治地位的物质力量，同时也是社会上占统治地位的精神力量。"③ 最后，新旧社会形态更替的过程也是新旧政治文化交锋的过程。新的阶级统治取代旧的阶级统治，总是预先进行政治思想舆论的准备，在文化更替意义上，政治文化发展的历史，就是基于生产力和生产关系的矛盾运动，体现先进政治关系和政治制度的新政治文化代替旧政治文化的历史。

2. 历史继承性

任何一个国家或民族的政治文化都不是凭空产生的，而是在已有的政治文化基础上，通过政治实践不断发展、创新和创造出来的。马克思指出："人们自己创造自己的历史，但是他们并不是随心所欲地创造，并不是在他们自己选定的条件下创造，而是在直接碰到的、既定的、从过去承继下来的条件下创造。"④ 这种"承继"既包括本国和本民族的历史传承，也包括吸收其他国家、民族政治文化的成果。政治文化的历史继承性不仅使政治文化发展呈现历史延续性，而且使不同国家、民族的政治文化具有鲜明的个性特征。当然，任何社会政治意识都是"历史的、暂时的产物"，也就必然随着现实社会的变化而变化、发展而发展。

3. 相对独立性

政治文化的发展水平与经济社会发展水平之间并非简单的对应关系。从社会历史和政治文化的发展状况来看，政治文化可以具有超前性，也可能具有滞后性。一方面，当历史上的思想积累把握了时代发展提供的可能，政治文化超前也就成为可能。恩格斯指出："经济上落后的国家在哲学上仍然能够演奏第一小提琴：18世纪的法国对英国来说是如此（法国人是以英国哲学为依据的），后来的德国对英法两国来说也是如此。"⑤ 18

---

① 毛泽东. 毛泽东选集（第1卷）[M]. 北京：人民出版社，1991：283.
② 中共中央马克思恩格斯列宁斯大林著作编译局. 马克思恩格斯文集（第1卷）[M]. 北京：人民出版社，2007：286.
③④ 中共中央马克思恩格斯列宁斯大林著作编译局. 马克思恩格斯文集（第1卷）[M]. 北京：人民出版社，2009：550.
⑤ 中共中央马克思恩格斯列宁斯大林著作编译局. 马克思恩格斯文集（第10卷）[M]. 北京：人民出版社，2009：599.

世纪末，法国的政治思想就超越了当时经济上更为发达的英国，19 世纪中叶，经济上相对落后的德国产生了先进的马克思主义思想，这些都是政治文化先进发展的体现。另一方面，文化生产由于历史传统等因素的作用，往往受到旧思想、旧观念残余的影响，这使政治文化具有特定时空意义上的滞后性，"因为在一切意识形态领域内传统都是一种巨大的保守力量"。

二、政治文化的构成要素

由于政治文化研究的不同的立足及分析视角，导致对政治文化的构成要素的分析亦有一些差异。有学者将政治文化的构成要素分为政治意识形态、政治心理和政治价值评价三个部分；有学者则将政治文化的构成要素分为政治思想、政治心理和政治价值取向三个层次；还有学者将政治文化的构成要素分为政治认知、政治评价和政治选择三个部分。本书倾向于把政治文化的构成要素分为政治意识形态、政治心理和政治价值评价三个部分的观点。

第一，政治意识形态。政治意识形态是一定阶级的人们关于政治生活、政治制度、政治关系以及政治行为主体包括阶级、国家、政党、政治集团、民族、社团、公民等在政治体系中的地位、作用及其相互关系的观点的总和。一个政治上成熟的阶级，必定有自己的政治意识形态体系。政治意识形态是对国家政治生活的基本看法和价值界定，它决定了政治文化的阶级本质。

第二，政治心理。政治心理是人们在政治意识形态传播过程中形成的一种对政治的现实存在、发展趋势以及政治环境等方面的直观感受，并且在这种直观感受的基础上产生的政治认知、政治态度、政治情感、政治动机。在政治文化的形成过程中，首先是政治意识物化为政治制度，然后通过政治统治和政治管理使政治社会化，从而使政治意识形态转化为大众的政治心理，最终汇聚为政治文化。在现实生活中，人的心理因素是比思想、意识形态的内容更为丰富、形式更为多样、作用范围更为广泛的精神因素。政治心理具体包括以下四个方面：

（1）政治认知是政治主体对于政治生活中各种人物、事件、活动及其规律等方面的认识、判断和评价，即对各种政治现象的认识和理解。

（2）政治情感即政治主体在政治生活中对政治体系、政治活动、政治事件和政治人物等方面所产生的内心体验和感受，是伴随人的政治认知过程所形成的对于各种政治客体的好恶感、爱憎感、美丑感、亲疏感等心理反应的统称。政治情感具有复杂性、价值性和易变性。

（3）政治动机是指激励并维持政治主体的政治活动以达到一定的政治目的的内在动力，是隐藏在人们政治行为的背后，驱动政治主体的需求向政治目标的实现转化的心理因素，表现为政治欲望、政治兴趣、政治目标、政治抱负、政治理想等。

（4）政治态度，表现为政治主体对政治客体相对稳定的综合性心理反应倾向，从肯定到否定、从赞成到反对的连续状态，体现了人们看待和反映政治现象的方式，要受到价值取向、政治认知、政治评价、政治情感以及政治动机的综合影响和制约。

第三，政治价值评价。政治价值评价包含着人们看待、评价政治系统及其活动的标准，可以确定或影响政治行为主体生存样式和行为模式的选取，直接决定政治行为主体的信念、情感和态度。政治价值评价具体包括以下三个方面：①政治价值观是人们以自己的需要为尺度，对于各种政治对象的评价与认识，它是人们的政治观念内在尺度的体现，决定了个体对政治问题的价值判断；②政治行为准则是政治行为主体从事政治活动必须遵守的以法律法规形式存在的政治行为规范，要求人们参与政治要在法律规定的范围内，使人们的政治行为合法化；③政治行为是人的行为的重要组成部分，是由政治动机体系、政治行动体系和政治结果体系组成的统一体，表现为发表政治意见、制造舆论、集会游行、政治协商到参加选举、外交纠纷、党派斗争乃至爆发战争等。在政治文化的构成要素中，政治意识形态是政治文化的灵魂，政治心理是政治意识形态存在的基础，政治价值评价则是个人或群体对政治过程和公共政策的一种价值判断。

三、政治文化的功能

有学者指出，政治文化影响着政治体系中每一个政治角色的行动。同时，由现存的政治机构所造成的机会和压力也影响着那种政治文化。当人们边学习边行动并通过行动来学习时，文化和结构、态度和行动之间就不断地发生相互作用。[①] 政治文化几乎作用于政治体系的方方面面。在一定意义上，政治体系中政治文化的特征决定着该体系存在的状态、运作的方式以及发展演变的道路和方向。

（一）政治文化与政治制度的建立

政治制度是指政治体系内各种结构之间相对稳定的政治关系，是政治体系的核心部分。

首先，政治文化深刻地影响着政治制度建立的模式。文化是制度的土壤，政治、经济、社会制度的形成要与其政治文化相适应。不同的文化决定着不同的政治制度选择。例如，英国和美国是两个较早建立资本主义政治制度的国家。不同的是，英国至今仍保留着世袭的君主作为国家元首，而美国的国家元首则是民选的总统。其中一个重要的原因在于，在英国人的政治文化中，对君主有着一种特殊的情感和价值取向。在英国人的心目中，君主是英国国民性的象征，是国家的精神支柱，君主的存在赋予了政府尊严和正统性，并能保证英国政治制度的延续和稳定。而对于曾经饱受英王专制统治之苦的北美殖民地的人民来说，英王却是残暴统治的象征，因此，在独立战争胜利后，美国没有效法它的宗主国实行君主立宪制，而是建立了总统制共和政体。

其次，政治文化的影响还表现在各种政治机构在政治体系中的地位以及它们之间的

---

① ［美］阿尔蒙德，鲍威尔. 比较政治学体系、过程和政策［M］. 曹沛林译. 北京：东方出版社，2007.

相互关系上。同样是作为国家元首的总统，德国的总统在国家的内政外交上没有实权，是一个"虚位元首"；而美国的总统不仅掌握着国家的行政大权，还可以通过否决法案或任命大法官来对国会和最高法院进行制约。两者形成了鲜明的对照。这反映了两个国家的国民对于总统这个政治角色认知上的不同。德国历史上的魏玛宪法中曾经设置了一个与议会处于平行地位的拥有实权的民选总统，但这一体制却为后来希特勒上台推行法西斯专政提供了便利条件。出于对重蹈法西斯独裁统治覆辙的恐惧，波恩制宪会议的代表竭力主张削减总统的权力，以议会内阁制取代总统制。而对于费城制宪会议的代表来说，一个强有力的总统是他们改变邦联体制下中央政府的软弱地位、加强中央政府的权威、保证国家统一的必然选择。

另外，与政治文化不相适应的政治制度的框架即使建构起来，也终究不能持久，辛亥革命就是典型的例证。

（二）政治文化与政治稳定

来自政治文化的认同是奠定政治系统持续和政治稳定的基础。所谓政治认同，就是人民对于政治状态的一种理解和赞同的意向。政治认同是政治秩序的合法化的前提。当人们认为政治系统及运作符合他们所选择的价值标准时，则对其具有认同感，并支持和维护政治系统及其运作过程；当他们认为政治系统及运作不符合他们的价值标准时，他们就可能采取某种不利于政治系统的行为。

由于政治文化在政治思想、政治意识形态的熏陶下形成，它是政治心理的积淀，因此从政治思想、政治意识形态到政治心理再到政治文化，都是政治文化形成的合理途径，政治文化来源于政治思想、政治意识形态和政治心理，但并不是政治思想、政治意识形态和政治心理的简单汇总，而是这三者在更高层次上的精神升华。当政治思想、政治意识形态和政治心理转化为政治文化时，必须经过政治文化主体的检验、筛选，并在主体间进行长期的"磨合"，最终才能获得政治文化主体的认同而定型为某种政治文化。所以，政治文化是政治思想、政治意识形态和政治心理在更高层次上的精神升华，政治文化是政治的灵魂。一种政治文化一旦形成，就会贯穿于政治生活的各个方面，体现在政治活动的每个具体的行为中，并稳定地发挥作用。因此，政治文化在维护现有的政治制度和政治统治方面，能够表现出强大的功能，而且会以隐蔽的形式发挥作用。

（三）政治文化与政治发展

所谓政治发展是指特定的政治体所在的大众文化随着教育和大众传播工具的普及化而出现的世俗化和科学化取向，这导致了更深的结构高度分化而出现了更为专门化和自主化的政治角色和相应的刺激结构以及它们之间的新的互动关系。政治文化不仅能够维持现存政治体系的各层政治关系，使之稳定运行；而且在政治系统的变迁过程中，政治文化亦具有某种导向和促进的作用。

当政治系统赖以存在的环境（包括政治文化）发生改变，并提出新的要求时，政治系统就要进行改革，以保持政治文化与政治系统的互动平衡关系。政治改革就是在保持基本的政治延续性的前提下进行的变革。政治变革的另一种形式就是革命。当一个社会的体系外的政治力量产生并形成一定规模时，这个社会的政治稳定将面临挑战。而体系外政治力量的产生过程，必然同时伴随着非主流意识形态的创设和传播过程。

列宁的著名论断"没有革命的理论，就不会有革命的运动"说的就是这种情况。通观政治历史的变迁又可以发现，每一次伟大的历史政治发展都伴随着一场政治文化的变革。20世纪初，中国结束了2000多年封建政治制度，爆发了辛亥革命，开辟了中国政治历史的现代纪元。事实上，在这场革命成熟和爆发之前，一种与中国传统封建文化截然不同的政治文化已经有了半个多世纪的酝酿和发展。从魏源的"师夷之技"、梁启超的"开民权"、谭嗣同的"民本君末"到孙中山的"五权分立"，展示了一种新政治文化在中国传统社会中逐渐成长的历史。正因为有了这些政治文化上的先行运动，辛亥革命才能以磅礴之势改变了旧中国的封建政治。所以，虽然政治如何发展是由多种因素共同促成的，但在其中，政治文化是政治发展的一种极其重要的无形力量，它一方面引导着人们政治活动的价值取向，另一方面更为人们追求理想政治的政治实践提供强大的精神动力。

(四) 政治文化与民主政治

在现代社会，民主所要解决的核心问题是少数人行使权力与多数人的利益和权利的保障问题。政治民主化的实现依赖于多重因素的相互配合，而政治文化对政治民主化进程有着巨大的影响。阿尔蒙德曾指出，当我们提到一个社会的政治文化时，我们所指的是其国民的认知、情感和评价中被内化了的政治制度。[①] 阿尔蒙德和维巴认为政治文化连接了个体政治与总体政治，因此为个人的行为与系统的行为搭建了一座桥梁。政治文化在很大程度上塑造了人们的政治价值和政治倾向，成为一种内化的政治行为规范，从而影响人们对政治的关心程度和争取或行使民主政治权利的行为。

政治文化对政治成员政治行为的影响可以概括为以下三个方面：①导向功能。一个社会普遍认同并提倡的政治文化，具有指导和规范各种政治行为的功能。一方面通过与之相适应的政治、法律制度以及政党、政府等力量规定人们的政治行为；另一方面通过引导政治成员的价值取向和价值判断标准影响政治行为选择。②规范功能。政治文化指导和规范各种政治行为，政治文化作为观念的上层建筑，通过政治价值取向和政治评价活动来影响人们政治行为的性质、类型和倾向，把人们控制在一定的秩序之内。③调节功能。当个人的行为不符合他们所隶属的政治系统所应有的政治信念时，系统的共同取向将实际地产生对个人的压力，要求适当地调整其行为，使各种主观选择达到更大一致性。

---

① ［美］阿尔蒙德，维巴. 公民文化五国的政治态度和民主 ［M］. 马殿君等译. 杭州：浙江人民出版社，1989.

四、政治文化的类型

政治文化本身是由多种因素构成的，由于各个国家或一个国家内部影响政治文化形成与发展的因素纷繁复杂、千差万别，因而必然会出现各具特色、不同类型、多种多样的政治文化。不同的政治文化形成于不同的社会历史背景下，同时它本身又构成了一个社会政治系统运作的环境条件。具体而言，政治文化同一个社会的政治体制及其运作模式之间有着内在的、必然的联系。由于人们分析问题的角度不同，所持标准不同，对政治文化的类型划分也各不相同。以下我们所介绍的是当今几种主要的、较为流行的划分方法。

（一）民主的政治文化与权威的政治文化

"民主"始终是政治学研究的一个核心概念，有关民主的研究成果和著述可谓汗牛充栋，数不胜数，但对"民主"的理解却见仁见智，论说不一。尽管如此，民主本身的价值还是得到了人们的一致肯定与认同。在当今时代，即便是内心敌视民主的人或团体，也不敢公开举起反民主的旗帜，相反，还会以种种手法粉饰自己，标榜民主。民主政治的建立和发展，乃是一个社会政治体系现代化的核心内容和根本标志。然而，民主并不仅仅是一个政治字眼，也绝不只是一种制度安排，它也是一种修养、行为及文化。如果说，民主制度是民主的躯壳的话，民主的政治文化则是它的灵魂。稳定健康的民主政治，绝对离不开民主文化的支撑。有的学者分析：为什么有些国家，民主制度能够经受危机的考验，而另一些国家却不能？其中的一个重要条件是公民和领导人是否对民主的观念、价值和实践给予了足够的支持。"如果这些信念和倾向落实到国家的文化中，并且大部分能够在代际之间传承，这就是最可靠的支持。换言之，就是国家拥有一种民主的政治文化。"① 民主的政治文化就是指有利于民主政治形成、巩固和健康发展的一系列观念、态度、习惯和价值观。其主要内容包括宽容、温和、愿意妥协、尊重不同观点、崇尚自由平等、服从公共权威等观念和意识。

与民主的政治文化相对应的是权威的政治文化。权威的政治文化在前资本主义时代曾经盛行一时，时至今日，它在一些国家和地区仍有相当的影响力。权威的政治文化最典型的特征是权威崇拜。子女不应当挑战父母的权威，妻子应当绝对地服从丈夫。反映在政治生活中，国家的领袖拥有巨大的个人魅力和权威，其地位和权力不容挑战。权威的政治文化尤其强调稳定与秩序的价值，将国家对普通民众政治参与和表达的限制视为正常的事情。在权威的政治文化中，民主竞争所带来的混乱被认为是对社会既定秩序的严重威胁，求稳怕乱的心理使人们将秩序与稳定的价值置于民主、自由之上。

（二）地区的、依附的、参与的政治文化

这一划分是由阿尔蒙德和维巴在《公民文化五国的政治态度和民主》一书中首先

---

① ［美］罗伯特·A. 达尔. 当代资本主义研究丛书论民主［M］. 李风华译. 北京：中国人民大学出版社，2013：165.

提出的，他们的着眼点在于何种政治文化更有利于民主体制的运作。其判断的依据是：一个社会的公民在多大程度上感到自己有能力参与并影响政治，在多大程度上认为自己有义务这样做，测量的标准有以下五个：①人们关心政治争论和事件的程度。②人们对他们的政治制度的自豪程度。③选举对大多数公民的重要程度。④公民对选举所带来的变化的期望值。⑤人们对公民义务的认识。阿尔蒙德和维巴通过调查发现，不同国家的人对政治有着不同的看法，从而反映出深刻的文化方面的差异。据此，他们将政治文化分为以下三种类型：

1. 地域型政治文化

这种类型的文化主要存在于不发达国家偏远的乡村地区或部落社会。在这些地区或部落中，政治对人们几乎没有什么意义，人们既不关心政治，也没有多少政治知识，同时，他们也很少谈论政治。对他们来说，国家或政治制度的概念几乎是不存在的。他们既不渴望，也没有能力参与政治，更不指望从政府那里得到什么。他们所认同的是直接所在的地区或部落，在这个范围之外的事情与他们无关。由此可见，地域性政治文化属于一种较为原始、古朴、落后的政治文化。在这样的文化土壤上，要想长出民主的果实是非常困难的，它不仅要求进行制度的建构，而且还需要培养基本的公民意识。

2. 依附型政治文化

与地域型政治文化相比，依附型政治文化对于政治系统本身及系统的输出方面有较高的服从取向，但是对于输入过程和作为个体的自我取向几乎没有。也就是说，在这种政治文化中，人们意识到了自己的公民身份，也关心政治，关心政府的政策对他们生活的影响，但几乎没有向政治系统提出要求，缺乏作为个体的自我主动的参与取向。他们对自己的政治制度不存在感情方面的认同，也不愿意谈论政治。人们在政治系统面前感到无能为力，因而对政治基本上没有热情，持一种消极的态度。总之，在依附的政治文化中，人们的参与意识几乎为零，政治取向则完全是被动的、消极的、依附的。当人们习惯地认为自己是服从的臣民而非积极的参与者时，民主之树要想在这样的文化土壤中扎根，也会有较大的困难。

3. 参与型政治文化

在这类文化中，社会成员对自己在国家政治生活中的身份、角色、权利、义务有着充分的了解。他们既知道政府的政策对他们生活的影响，也知道如何去影响政府的政策制定。也就是说，人们对政治系统的各个方面都有明确的取向，不仅关注政治系统的输出方面，也关注它的输入。在这种文化中，人们对政治系统抱有信心，承认参与的价值和意义，因而，他们不仅有主动的参与意识，而且也有较高的参与能力，在任何层次上都存在对政治系统的评价和批评。在参与型政治文化中，人们更倾向于结成各种志愿性团体来提升参与的效果和质量，维护自身和公共利益，同那些他们认为不合理、不公平的现象进行抗争。毫无疑问，参与型政治文化是支撑民主政体的理想土壤。按一般的发展规律，以上三种政治文化是依次递进的。但在某个具体社会中，政治文化的演进往往会有两种或两种以上文化重叠存在的时期。因而，任何社会的政治文化其实都是上述三种次文化构成的混合体，区别在于，不同的社会共同体中，属于某种文化的人数比例不同，从而形成总体的政治文化的不同类型。

（三）体系的、过程的、政策的政治文化

在《比较政治学》一书中，阿尔蒙德和鲍威尔依据公民政治取向目标的不同，将政治文化又划分为体系文化、过程文化和政策文化三种。

1. 体系文化

体系文化是指一个国家的公民对其政治权威合法性和政治共同体的认同。如果某一社会中的公民愿意遵守当权者制定和实施的法规，而且还不仅是因为若不遵守就会受到惩处，而是因为他们确信遵守是应该的，那么，这个政治权威就是合法的（阿尔蒙德，2007）。[1] 如果政治权威的合法性能得到社会大多数成员的认同，法律就能比较容易和有效地实施，并且可以减少实施法律所需的人力物力成本。

政治合法性可以有许多不同的基础。在传统社会中，政治合法性可能取决于统治者的世袭地位等因素；而在现代民主政治体系中，当权者的合法性则取决于他们在竞争性的选举中是否获胜等；在其他政治文化中，领导人可能会依靠他们特有的魅力、智慧和意识形态去谋取合法性。

合法性的基础是非常重要的，因为它们为权威人物和公民间的某种交换确立了规则。一个政治体系一旦发展到足够高的分化程度，从而产生了担任决策者的专门角色，这些决策者的合法性问题便会变得格外重要。合法性影响和制约着统治当局提取资源、管制行为和分配产品与服务的能力。"一般说来，如果合法性下降，即使可以用强制手段来迫使许多人服从，政府的作为也会受到妨碍。"

体系文化的另一个内容是对政治共同体的认同问题。阿尔蒙德等（2007）认为，政治共同体其实就是结合在同一政治过程中的许多个人所组成的群体。"用政治发展理论的语言来表示，对政治共同体的支持问题常常被称为'国家的认同意识'问题。"[2] 公民对国家的认同意识，在任何情况下都是一个国家维持国家统一、民族团结的重要的心理基础。然而，在许多国家则缺乏这种认同意识。造成这种情况的原因有两个：①一些新兴的国家由于是从种族的、政治的、地理的准国家单位中产生的，这些单位之间过去又没有共同的政治联系，或只知道效忠于地方单位。②在一定历史时刻，当对传统的准国家单位的忠诚同对国家的忠诚和国家的目标发生冲突时，全国政治共同体的合法性，即它能否名正言顺地使人服从，就成了问题。

在政治共同体中，政权与权威人物是有区别的，公民和社会精英可能仅支持政权中

---

①② ［美］阿尔蒙德，鲍威尔．比较政治学体系、过程和政策［M］.曹沛林译．北京：东方出版社，2007：32+5.

的某个或某些个人，而不支持政权的结构，或者反过来。如何把合法性从个人身上转移到政权上来，则是解决国家认同问题的关键。

2. 过程文化

过程文化是指对于政治过程的一整套倾向，它包括两个方面的基本内容：一是个人对自己在政治过程中影响力的看法；二是个人对自己同其他活动者之间关系的看法。

阿尔蒙德等（2007）认为，公民对政治过程及自己潜在影响力的认识有三种不同类型：即狭隘观念者、顺从者和参与者。狭隘观念者的一般概念主要是指那些在生活中只关心非政治性事务，而且对自己与国家政治过程的关系毫无意识的公民。虽然在经济发达的国家中，纯粹的狭隘观念者已经罕见，但他们仍然是传统和过渡社会的共同特征。顺从者是指那些已成为政治体系组成部分的，并对政治体系施加于他们生活的影响或潜在的影响有所认识的公民。他们的一般表现是受政府行动的影响而不是积极地去影响政府的行动。顺从者会有各种政策选择，甚至还可能对政权和权威人物产生某种合法感或疏远感，但是他们对政治参与则始终报以被动的态度。参与者对那些促使他们介入政治的过程有一定的认识，并形成了鼓励自己利用各种参与机会的态度，也就是相信自己只要努力去做，就能够影响国家的政治事务。

过程文化的另一个内容是公民对其他政治活动者的看法，它包括一整套认识、信念、感情和判断。这方面的看法主要有两种倾向：政治信任和政治敌视。

政治信任问题影响公民为实现政治目标而同他人通力合作的意愿，也影响领导人同其他集团结成联盟的意愿。国家层次上的有效参与要求公民与他人合作。参政策略的运用既取决于社会和政治集团的结构，也取决于对其他活动者寄予多大的信任。对精英人物来说，信任和疏远的问题影响个人的和集团间谈判的性质。精英人物之间联盟的形成一方面取决于各个不同的集团对重大政治问题所持的立场，另一方面也取决于各集团之间对能否信守政治交易以及在谈判中能否真诚无欺的信任程度。

与信任相对应的厌恶和敌视问题，这也是社会中集团与集团、人与人之间感情方面的问题。如果各个集团都注重彼此间的意见分歧，并因实际的冲突和不公正而加剧，这些集团就可能产生一种强烈的互相敌视感。这种集团间的敌视会因不断的冲突而加剧，成为政治文化的一部分。

集团间的疏远和敌视不仅会造成政治冲突，甚至会使相对来说是例行的政治决策过程难以进行。厌恶和不信任对方的精英分子很可能让他们避开通常使用的讨论和友好协商渠道，转而采取更富攻击性的行动，并把他人的行动视为威胁。在许多国家我们都曾看到过因集团间的敌视而引发的悲剧（阿尔蒙德等，2007）。[1]

3. 政策文化

政策文化主要是指公民对公共政策的倾向模式。要了解一个社会的政治，就必须了

---

[1] ［美］阿尔蒙德，鲍威尔. 比较政治学体系、过程和政策［M］. 曹沛林译. 北京：东方出版社，2007：42.

解那些对有关者来说意义重大的问题和各种倾向的分布。当然，这类倾向的具体内容是在不断变化的，因为不同的行动者和日常发生的事件使人们对各种可能采取的选择的想法发生改变，但是，在不同的政策领域中，我们还是能够辨别出对于能使全体人民团结或分裂的政治问题所采取的态度。

政策倾向模式的核心是人民对美好社会的想象。然而，对于究竟什么是理想社会的结果，例如，到底应该是福利平等还是机会平等，不同社会和文化背景下的人们，可能会有不同的看法。另外，人们对当今的社会如何评价，对个人通过政治行动影响自己命运的能力抱怎样的信念，也会对公共政策产生重大影响。一些西方学者的实证调查表明，如果大多数社会成员都对现存的社会体系感到满意，那么政治进程就可能发展平稳。

公共政策的倾向实际上就是对政治体系作为的选择，即对社会资源的提取和分配以及对行为管制的选择。这些选择倾向是为了通过各种类型的政治行为来实现社会所要达到的意图或战略目标。国家内部或国家间选择倾向的不同可能来自不同的理想社会结果，或来自有关怎样实现这些结果的不同理论，也来自现实社会中对现有社会条件的不同认识。当然，随着条件的变化，通过学习和仿效其他国家的经验，人们对公共政策的看法和设想也会发生变化。

（四）精英的和大众的政治文化

一个国家的政治文化并非铁板一块的统一体系，人们通常会看到，一个社会中主流的政治文化与政治次文化的区别，也会发现精英和大众之间在态度、价值、观念等方面的区别，于是，又有了精英的政治文化与大众的政治文化的划分。何谓精英，人们有不同的看法：有的人认为精英就是指统治阶级；也有的人认为精英是指社会集团中权力最多的那部分人；还有的人认为精英是指在社会和政治事务中扮演特别有影响力的典型角色的少数人。一般而言，精英应当是指那些受过良好教育、有较高收入、对社会影响较大的人。

反映在政治文化中，精英和大众的态度和取向有明显的区别。精英对政治有着更大的热情和兴趣，他们关心政治并且态度积极。而大众则相对对政治较为冷淡和疏远。精英更倾向于参加投票、抵抗不公正、组成团体甚至竞选官职。许多西方学者的实证调查反复证明：一个人受教育程度越高，参与政治的积极性也就越高。精英对政治有着持久的兴趣和一贯的积极态度，而大众的政治兴趣则随政治形势和问题本身性质的变化而变化。精英对所在政治体系的认知也往往不同于大众。在政治信仰方面，精英有着较为确定、恒久的信仰，而大众的政治信仰则往往不甚明确，且漂浮不定。精英对政治问题和政治变化更为敏感，而大众的反应则相对较为迟钝。

精英论者认为，精英是政治文化研究的焦点。分析一个国家中政治精英的价值取向及其与大众的区别，我们就可以了解这个国家政治文化的大致轮廓。罗森堡姆曾指出，政治精英的政治价值、态度和行为最可能决定一个国家市民生活的主要政治风格和社会

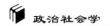

风气，决定系统对内外压力的反应，界定一国的重要价值，以及形成大众未来的取向和经验。当精英和大众的政治文化缺乏一致性时，它们之间的差异和潜在紧张的本质，将成为文化分析的重要面向。而在稳定的政治秩序中，精英则是文化的传递者，是形成一个国家市民生活之本质的最重要的主角（高洪涛，1990）。①

第二节　政治社会化

政治文化与政治社会化是具有逻辑关联的两个概念。政治社会化是社会的政治文化传播、学习、保持乃至改变的途径，政治社会化过程实质上就是社会对社会成员的政治教化和社会成员接受这种政治教化的双向互动过程，任何政治体系要维护并巩固其政治秩序就必须设法提高其社会成员的政治社会化水平。

一、政治社会化的含义

政治文化具有延续性，需要通过政治社会化予以传承。政治文化的延续性使政治文化具有代际和人际相传的必要性和可能性，从而使政治文化呈现长期的发展性和历史的差异性。

"社会化"是社会学和文化人类学提出的概念，进入政治学领域之后，成为政治社会学的基本概念。简单来说，"社会化"就是指人从"自然人"转变为"社会人"的过程，政治社会化则指公民获得本国政治文化，包括政治信念、政治倾向和政治价值的发展过程。阿尔蒙德等认为，执行社会化功能的机构可以分为两层：一是初级团体，包括家庭（父母、兄弟姐妹）和同辈团体（伙伴、朋友、同学、同事）。例如，孩子受父母、老师等的影响，形成对一般权威的态度，这种态度很容易影响他们对政治权威的态度。不过和下一个阶段相比，由于初级团体复杂多样，还难以形成整齐划一的态度。二是次级团体，例如，政党、工会、教育机构、公共宣传机构等。次级团体具有广泛的社会性、高度的组织性，执行社会化功能更自觉、更深入。同时政府也利用它们向社会成员进行系统的教育、培养和训练。

派伊把社会化过程分为三个阶段：一是基本的社会化过程，指个人在青少年时期所受的教育和影响；二是政治社会化，指个人自觉地了解和认识政治世界，开始有了自己的政治认知；三是进入政治系统的政治录用过程，指个人从消极的旁观者转变为积极的参与者。他还认为，在一个稳定的社会里，这三个阶段是前后联结、相互增强的。但是在一个过渡性社会里，三个阶段会呈现前后不一致的现象。

---

① 高洪涛. 政治文化论［M］. 北京：中国广播电视出版社，1990：152.

国内外学者有关政治社会化的定义很多，比较有代表性的观点有五个：

（1）社会教化论。社会教化论是对"社会化"的社会学观点的直接继承。持这种观点的人，视政治社会化为社会组织、群体对该社会的个体成员进行政治教育和灌输的过程。如赫斯和托尼指出，政治社会化是社会团体或机构教导幼年成员或新成员学习、掌握有关的价值、态度和行为的过程（马起华，1985）。[①] 社会教化论在一定程度上揭示了政治社会化的本质。但是，政治社会化是社会教化和个人内化的统一。只有通过个体的学习、内化，社会教化的内容才能被个体吸收和转化，从而实现个体的政治社会化。因此，过分强调社会组织和群体的重要性的社会教化论是有失偏颇的。

（2）个体学习论。个体学习论强调作为客体的社会个体在政治社会化过程中的地位和作用，政治社会化是个人学习为现行政治体系所接受和实施的规范、价值、态度和行为的过程。如中国台湾学者马起华（1985）指出，政治社会化是公民习得关于政治世界知识的历程。[②] 当然，个体学习论在强调社会个体在政治社会化过程中能动性的同时，却忽视了社会的作用，同样是不全面的。

（3）文化传承论。文化传承论认为，政治社会化是政治文化的形成、维持和改变的过程（阿尔蒙德等，2007）。[③] 文化传承论的独特之处在于，强调了政治文化是政治社会化的核心内容，政治文化的传承是政治社会化的目标之一。同时，把政治文化与政治社会化联系起来，有利于人们进一步探究政治社会化在政治体系中的地位和作用。当然，文化传承论也有不足，把政治文化视为政治社会化的全部内容，缩小了政治社会化的功能范围，不足以理解和把握其全部内涵。

（4）政治传播论。美国学者弗雷德·雷格斯蒂（Fred Raigstill）在《政治社会化》一文中，把政治社会化理解为政治信息的传播和交流过程，并用拉斯维尔的信息传播"五W"模式来解释政治社会化过程。这一观点有助于人们正确地把握政治社会化内部结构各要素的相互关系，但对政治传播和政治社会化不加区分，把两者等同起来，混淆了两者之间的区别。

（5）社会环境论。随着系统论作为一种科学的方法论引进到社会科学研究中来，一些学者开始用"社会环境论"的观点解释政治社会化。如政治学者露斯和阿尔托弗将政治社会化置于广阔的社会、政治环境当中加以考察，认为政治社会化是社会的政治、经济、文化和历史传统等因素共同作用的结果。政治系统理论也把政治社会化同政治体系的结构、过程和功能实现联系起来，视政治社会化为政治体系的重要机制。但社会环境论对政治社会化的分析忽略了政治社会化过程中的质的规定性。

综上所述，政治社会化实质上包含两个相互依存的内容。一方面，从社会成员个体

①② 马起华．政治社会学［M］．台湾：大中国图书公司，1985：135+147.

③ ［美］阿尔蒙德，鲍威尔．比较政治学体系、过程和政策［M］．曹沛林译．北京：东方出版社，2007：85.

的角度讲，政治社会化是一个人通过学习和实践获得有关政治体系的知识、价值、规则和规范的过程，通过这种学习和实践，一个自然的人转变成为一个具有一定政治认知、政治情感、政治态度和政治倾向的社会政治人；另一方面，从社会整体的角度讲，政治社会化是一个社会将其主流的政治认知、政治情感、政治态度和政治倾向通过适当的途径传授给新一代社会成员的过程。

因此，政治社会化就是社会成员通过政治生活与实践能动地获取社会政治知识和思想，从而逐渐成为"政治人"的过程，也是社会按照其发展的要求，通过各种途径传播政治文化，塑造社会成员政治心理、政治意识与政治价值观，实现政治文化在代际的继承与变迁的过程。

马克思主义经典作家十分注重政治人格养成和政治教育。在恩格斯看来，共产主义必然实现的三大措施之中，教育是第一位的。显而易见，社会成员中受过教育的人会比愚昧无知的没有文化的人给社会带来更多的好处（马克思和恩格斯，1957）。[①]"教育"可以克服"根深蒂固的习惯和风气"，从而培育社会主义新人，使工人阶级从自发阶级转变为自为、自觉的阶级。列宁则进一步指出：政治文化、政治教育的目的是培养真正的共产主义者，使他们有本领战胜谎言和偏见，能够帮助劳动群众战胜旧秩序，建设一个没有资本家、没有剥削者、没有地主的国家（韦建桦，2009）。[②]此外，政治教育要取得真正的效果，就必须坚持在结合群众利益的基础上，历史地、联系地、辩证地、发展地进行思想政治教育，提高思想政治教育的针对性、有效性等。

二、政治文化和政治社会化的关系

政治文化与政治社会化是具有逻辑关联的两个概念。政治社会化是政治文化的存在方式，政治文化是政治社会化的核心内容，政治文化的功能通过政治社会化的过程来实现。

第一，政治社会化是政治文化的存在方式，政治文化的功能通过政治社会化过程来实现。政治文化是一个民族、国家的社会成员在长期政治实践中所形成的关于国家政治生活的政治心理倾向和政治价值取向的总和。政治文化赋予政治制度以规则，给予个人行为以社会意义，使政治体系具有价值取向，维护和保证政治体系的运转。但是，政治文化的巨大作用是通过政治社会化方式来实现的。只有通过政治社会化，政治文化才能得以维持、传播、继承、发展和改造。正如马克思所讲，政治文化是政治社会化运行过程的目标，政治社会化是政治文化的形成和传播过程；政治文化是政治社会化的目的，

---

① 马克思，恩格斯. 马克思恩格斯全集（第2卷）[M]. 北京：人民出版社，1957：614.
② 韦建桦. 列宁专题文集论社会主义 [M]. 北京：人民出版社，2009：174.

政治社会化是传播政治文化的手段。①

第二，政治文化是政治社会化的核心内容。政治社会化所要传输的不是全人类普遍意义上的知识技能、行为规范和道德准则，而是有关政治制度的信仰系统以及关系政治活动和政治运转模式的认识体系，是一个以政治心理、政治思想、政治价值为核心所组成的系统。政治社会化是一个过程，而这个过程正是使政治文化在社会成员中建立、传播、继承并不断内化的过程。

一个社会主流的政治文化是对社会个体进行政治社会化的核心内容和依据。具体而言，政治社会化过程首先要灌输政治知识，政治知识是个体形成一定的政治态度和政治能力的基础；其次要培养政治态度，所谓政治态度是社会个体对政治所持有的评价和行为倾向，政治态度一旦形成，就具有相对的稳定性；最后要塑造政治人格，所谓政治人格是指一个人相对稳定的政治价值心理结构和政治行为特征，政治人格正是个人内化政治文化的结果。当然，政治社会化对政治文化的内化需要借助很多途径来实现。

三、政治社会化的类型

政治社会化是一个复杂而多维的过程，它涉及个体和社会之间的相互作用，以及政治文化、社会价值观和政治制度的传播和接受。在不同的社会政治形态中，政治社会化具有不同的特点，因此可以将政治社会化划分为不同的类型。

（一）按照不同社会政治形态来划分

迄今为止，人类社会经历了原始社会、奴隶社会、封建社会、资本主义社会和社会主义社会形态，相应地，政治社会化也可以划分为原始社会的政治社会化、奴隶社会的政治社会化、封建社会的政治社会化、资本主义社会的政治社会化和社会主义社会的政治社会化。

（1）在原始社会后期，人们开始进行以学习、模仿为主要方式的简单政治社会化。这个时期的政治社会化还处于萌芽状态，人们通过观察和模仿来了解政治行为和规范。

（2）奴隶社会的人们第一次有意识、有目的地开展政治社会化。奴隶主阶级为了维护自己的统治，开始通过教育、宣传等手段向奴隶们灌输自己的政治观念和价值观。这个时期的政治社会化开始具有明确的目的性和针对性。

（3）在封建社会，封建统治阶级以维护封建专制合法性为价值取向开展政治社会化。他们通过各种手段，如法律、教育、宗教等，来加强封建专制的统治。这个时期的政治社会化更加注重维护阶级利益和政治秩序。

（4）到了资本主义社会，资产阶级将社会成员纳入资本主义政治秩序，塑造掩盖

---

① 中共中央马克思恩格斯列宁斯大林著作编译局．马克思恩格斯全集（第 1 卷）［M］．北京：人民出版社，1956：65.

资产阶级政治统治的政治文化。他们通过宣传、教育等手段，使自己的价值观和政治观念成为社会的主流思想。这个时期的政治社会化更加注重维护资产阶级的利益和资本主义制度。[1]

（5）社会主义社会以"人民当家作主"为社会主义民主政治的本质特征，以人民利益为最大价值取向，努力培养担负社会主义建设重任的时代新人。社会主义社会强调人民的主体地位，通过各种手段来保障人民的权利和利益。同时，社会主义社会还大力完善公共文化服务体系，为政治社会化提供充分的物质保障和制度环境。这个时期的政治社会化更加注重人民的利益和社会的整体发展。

总之，不同社会形态下的政治社会化具有不同的特点和发展趋势。但无论在哪个社会形态下，政治社会化都是维护社会稳定和发展的重要手段。

（二）按照人的年龄阶段来划分

政治社会化的过程伴随着人的一生，由于人在不同年龄阶段知识积累与认识能力的差别，其政治社会化的方式和内容也具有不同的特征。根据这一维度，可将政治社会化划分为儿童时期的政治社会化、青年时期的政治社会化和成年时期的政治社会化。这种划分实际上也可视为个体政治社会化的成长过程。

1. 儿童时期的政治社会化

由于这一时期人的生理、心理发育特点，儿童时期的政治社会化以家庭和学校为主要途径，以直观、感性、形象的政治行为和政治事务为学习对象，以模仿和服从为主要学习方式，以政治服从、政治忠诚等感性色彩的政治认知和情感养成为主要内容。在儿童时期，人的政治知识和政治行为有限，处于政治文化形成发展的初期，但这一时期的政治社会化过程对人未来政治人格的形成具有奠基作用。

2. 青年时期的政治社会化

青年时期是人的生理、心理快速成长发展的时期。这一时期，人的政治认知能力快速发展，政治社会化以学校和社会为主要途径，以学习政治思想、政治规范，形成政治人格，成为社会政治角色为主要内容，以理论学习与社会实践为主要方式。青年时期，人们会树立政治理想、政治价值观，形成政治人格与政治行为特征，是政治社会化的关键时期。

3. 成年时期的政治社会化

成年时期是前两个时期的继续。这一时期，随着生理、心理的不断成熟，虽然学习还是重要任务，但人主要是通过各种传媒获取信息，社会实践已成为主要政治活动。由于成年人的政治理念、政治价值观与政治人格已经基本成型，政治社会化的内容主要是丰富政治知识、提高政治技能、完善政治人格。更为重要的变化是，成年人已不再仅仅

---

[1] 中共中央马克思恩格斯列宁斯大林著作编译局. 马克思恩格斯全集（第1卷）[M]. 北京：人民出版社，2009：552.

是政治社会化的客体，由于社会地位与社会责任的变化，他们也会以自身的政治理想、政治价值观和政治行为影响他人。

（三）按照政治社会化的方式来划分

按照政治社会化的方式，政治社会化可以划分为直接的政治社会化和间接的政治社会化。

1. 直接的政治社会化

直接的政治社会化是指人们通过公开、直接、明确的方式接受政治训练，获得政治认知，并形成政治人格。主要包括政治模仿、政治教育和政治训练等形式。

2. 间接的政治社会化

间接的政治社会化是指人们通过间接的，甚至非政治性的方式，把其他社会心理、思想和价值行为转移到政治生活的过程。主要包括人际转移、价值转移、规则转移等形式。

四、政治社会化的媒介

在社会成员的政治社会化过程中，政治信息的传递、政治文化的传播都需要一定的渠道和媒介。随着社会政治结构分化的日益加深，承担政治社会化功能的正式和非正式结构越来越多，概括起来主要有七种。

（一）家庭

家庭是社会成员最初的、影响最为直接的政治社会化的媒介。一个人从出生到成为社会的一员，最主要的生活场所就是家庭。与其他媒介相比，家庭在对儿童人格的塑造、基本人生观的形成以及政治常识的启蒙等方面起着特别重要的作用。在一般的家庭中，前辈在养育后代的同时，也把他们对世界和社会的看法，对政治共同体、政治权威的态度，对政治事件的评价，以及他们的政治价值观念等直接或间接地传授给后代。另外，家庭生活的模式、家庭的社会背景以及家庭的社会交往关系等，也都会在儿童的心理上打上烙印，这是他们认识社会及自身社会地位的基础。研究表明，儿童时代的经历和所受到的影响对一个人一生的政治态度和政治选择十分重要。虽然在其成长到一定的阶段会接受再社会化教育，但早期所受到的影响往往会在他们的潜意识中积淀下来，成为影响他们政治行为的心理因素。

（二）学校

一般而言，学校是儿童脱离家庭后所进入的第一个专门的社会化机构。目前，世界上大多数国家的大部分儿童都有接受义务教育的机会，这表明学校教育的影响力是十分强大的。学校实施政治社会化的方式很多，可以分为正规教育和非正规教育两种。正规教育是指通过学校的正式课程和有组织的政治活动对学生进行的系统的政治教育；非正规教育是指学校中存在的政治文化环境对学生的潜移默化的熏陶和影响。学校通过各种活动向学生灌输特定的政治价值和政治态度，强化其对政治体系的情感，并对学生进行各种政治知识和政治技能的培训，支持、扩大或改变青少年最初在家庭生活中所确立的政治认识、政治态度、政治价值取向。正是因为学校具有这样的功能，所以教育制度和教育政策历来是统治者关注的焦点，学校教育也成为政治体系培训公民的重要手段。

（三）同辈团体

同辈团体是具有大体相同的受教育程度、社会经济背景或某种意识形态背景、兴趣爱好的人们的自愿组合。这是一种非正式的社会结构，但在一个人的政治社会化过程中，对青年时期的观念、态度的形成影响重大。在亲密频繁的交往中，同辈团体形成一种独特的微观文化单位，传递所属团体的政治文化。有许多同辈团体，尤其是青少年团体并不是有意识地谈论政治，然而，同辈团体中的氛围对于青少年的个性乃至基本人生观都会发生影响，从而间接地影响到青少年对政治的看法。

（四）工作场所

工作场所是政治社会化的正式媒介体。工作场所实施政治社会化的特点是定向选择。例如，个人要想获得某种职业或较高的社会地位时，就会有意识地采纳与这个职业和地位有关的价值和行为。而工作场所一般都有关于这方面的明确规定和规范。在工作场所中，个人对自己的地位、权利、利益均有明确的认识，其政治态度、政治立场和政治行为也趋于确定化。工作场所还存在各种社会政治集团的基层组织，个人可以根据自己的利益和愿望加入这种或那种团体组织，正式承担起一定的政治责任。

（五）大众传播媒介

大众传播是一些专业化机构通过技术手段向分布广泛、为数众多的社会公众传递信息的过程。大众传播媒介主要包括广播、报纸、电视、书刊、电影、互联网等。这些媒介也是现代社会政治社会化的重要渠道。在现代社会，大众传播是社会公众获取信息的主要来源。各种传播媒介持续地向公众输送着某种经过选择的资料和观点，以及对这些资料和观点的分析与评价。这种对于社会公众的"信息灌输"，常常起着潜移默化的作用，使人们自觉或不自觉地接受下来，形成某种特定的政治倾向和政治态度。因此，掌握大众传播媒介，操纵公共舆论，历来是统治者用来传播社会主导政治文化、塑造体系成员共同政治意识的最基本的手段之一。

需要指出的是，大众传媒背后的控制者五花八门，从而可能会扭曲政治事实，左右公共舆论，影响政治认知和评价。同时，在网络媒介迅速发展的时代，网络对政治文化的形态产生的影响更不容忽视，例如，网络群体极化现象。群体极化是指群体在针对某一问题讨论之后，相应的意见或所进行的决策会比之前变得更为冒险甚至激进的一种现象。在互联网时代，互联网上的更加平等、自由的对话有望突破群体极化现象，但现实却是互联网成为群体极化放大的"黑科技"，群体极化演变为网络群体极化，研究表明群体极化现象在网络上发生的比率是现实生活的两倍。这是因为当某一热点议题出现在互联网时唤起用户的特定情感和情绪，在更短的时间内被转发更多的次数，网民围绕某一议题迅速找到观点相同的彼此，凝结成一个群体进行讨论和交流，强化同质化的观点。同时，网民虽然能在平台上接触到多元化的意见，但多数人只选择接触和自己倾向一致的信息，而拒绝接触与自己观点、态度不一致的信息，常常会导致单一个体在观点上的极化，也会使得阅读同一观点或立场的网民聚集起来，形成"偏见共同体"。这一点被以搜索技术和推荐算法为主的个性化信息技术进一步强化，导致在信息接收上的同质化，加速群体极化。因此，如果不加以干预，网络群体极化不仅可能使政治文化的各种极端倾向成为常态，也可能会导致不同政治文化群体之间的隔阂，不利于整合型政治文化的形成。

（六）选举及其他政治活动场合

民主选举是现代社会一项重要的政治活动。公民经由直接或间接的选举方式，推选出国家和地方的各级立法代表，组成各级立法机关。选举通常每隔一定时间便举行一次。在选举期间，公民得以广泛参与政治活动，评价政治代表，了解公共政策，表达自己的政治见解。这些都有助于公民提高政治认识和政治技能。其他各种政治活动也为公民提供了获取政治经验的场合。如重大的政治事件的发生、政治制度的变革、政治秩序的变动等，都会引发社会成员的广泛参与和讨论，对社会成员政治意识的形成产生重要影响。

（七）社会政治组织

社会政治组织是指为了某种政治目的而组成的社会成员的集合体。社会政治组织的政治社会化功能主要表现在通过宣传组织的主张、信仰来影响社会成员的政治取向，以及通过组织的活动向其成员传播政治知识和政治技能，培养其成员特定的政治文化。其中，政党是现代社会政治组织的高级形式，也是现代社会最重要的政治社会化途径。这是因为，政党建立的主要目的就是要掌握国家政权，它的主要活动方式就是广泛宣传自己的政治纲领，尽可能地争取社会成员的支持。这种宣传活动将在很大程度上影响到其支持者的政治态度。而对某一政党的成员来说，政党是志同道合者的政治组织，它一般具有严密的组织系统和严格的组织纪律，因此，政党可以通过组织系统对其成员进行政治教育和政治训练，规范他们的行为，动员他们为实现本党的政治目标积极工作，从而使政党成员形成共同的政治信仰、政治行为准则以及较高水平的政治技能。

除了上述媒介之外，还有其他一些正式或非正式组织，如利益集团、国家机关等也都具有很强的政治社会化功能。在不同的社会中和不同的政治文化背景下，担负政治社会化功能的主要机构往往有比较大的差别，这种差别将直接导致人们的政治态度、政治认同和政治理想产生差异。在传统社会中，政治社会化功能的承担者主要是家庭、宗教团体、村社等，社会化的方法是感情的、经济的方法。而在现代社会中，政治社会化的主要承担者则是学校、大众传播工具、政治组织，社会化的方法是理智的、理论的方法。两种社会在政治社会化的媒介与方法上的差异，必然会造成不同时代的人在素质上和观念上的不同。当然，在同一个政治体系中，由于社会成员个体之间的差异，各种媒介对不同人的影响也不尽相同。政治社会化是一个非常复杂的过程，并没有一个统一的、固定的模式可循。

五、政治社会化的功能

政治社会化是政治生活的重要环节，它对于政治系统的正常运作具有独特的功能和作用。政治社会化通过社会的政治权威机构、社会组织和群体与社会成员的政治互动来传播政治信息，延传政治文化，完善社会成员的政治人格，维护政治统治，推动政治发展。具体而言，政治社会化的功能主要有以下四个：

（1）塑造合格公民。合格公民是高度政治社会化的人。社会成员只有政治社会化任务顺利完成了，才能在政治体系的认同上达到比较高度的一致，在政治行为中较好地遵循规范体系的要求（赵海立，2002）。① 政治社会化通过政治体系内的各种社会政治组织和群体以一定的方式、渠道，向社会成员传播政治知识、政治思想、政治价值观念和政治行为规范等政治文化信息，社会成员则通过一系列的心理行为过程，加工、转化政治信息，充实政治自我、更新政治观念，从而逐步形成特定的政治心理、政治思想和社会政治观念。连续持久的政治社会化将使社会成员的整体素质不断提高。同时，社会成员通过政治社会化过程而获得的政治知识、政治技能和政治经验等相互关联的多方面知识的掌握和拥有使其政治能力也得以提高。

（2）促进政治民主。民主政治是社会政治发展追求的重要价值目标。但民主政治的实现，不仅需要相应的制度安排，同样需要人民具备民主的素质和参与民主政治的能力。而政治社会化的一个重要方面是对社会成员进行政治技能方面的训练，包括专门的政治技能教导以及通过直接或间接的政治活动，在参与中熟悉和体会政治民主参与的技能要求。因而，政治社会化是现代社会推动公民民主参与的重要前提和条件。

（3）保持政治稳定。从最基本的定义上来看，政治稳定是指政治生活的秩序性。政治稳定取决于三个基本条件，即政治权威的确定、政治文化的连续性以及政治系统不断摆脱不稳定因素，建立稳定秩序的能力。而政治文化的连续性意味着保持政治生活基本价值的稳定性，也就是人们对社会政治生活的基本认识，态度和情感的一致性。政治社会化向社会传递政治共同体的政治文化，自然，它的进程和水平与政治体系的稳定与不稳定、活跃与不活跃、有效与无效、得到支持与受到反对有密切的关联（陈振明，1999）。② 一个政治共同体的政治社会化越发达、越开阔，政治文化就越能得到广泛的传播。主导的政治文化传播得越广泛，吸引的政治共同体成员越多，政治体系就趋向于完善化、稳定。

（4）推动政治发展。政治社会化具有更新政治文化、变革现存政治体系、推动社会政治发展的功能。这主要表现在两个方面：一方面，社会政治共同体根据自身变革和发展的需要，在既存的社会政治文化基础上，借鉴、吸收当今世界一切先进的政治文

---

① 赵海立. 对中国政治社会化的评估 [J]. 郑州轻工业学院学报（社会科学版），2002（2）：3-8.
② 陈振明. 政治学 [M]. 北京：中国社会科学出版社，1999：89.

化，创造出新的政治文化，并将之持续地传播、灌输给社会成员以获得对政治改革的认同和支持，从而推动既存政治体系的变革和发展；另一方面，社会成员在社会政治实践活动中，联系自身的利益和要求，部分或全部地更新社会政治文化，创造出新的政治文化，或者直接吸收和引进先进的政治文化，形成新的政治理念和政治态度，影响现有政治体系的结构和过程，从而推动政治发展。

第三节　中国特色社会主义政治文化

一、中国特色社会主义政治文化的主要内容

社会进步和政治发展离不开先进政治文化的引领。先进的政治文化以自身所展现的新价值、新理念、新观念引导和促进社会进步与政治发展，规范社会成员的政治行为。

中国特色社会主义政治文化根源于中国共产党领导的革命文化，根源于在资本主义社会、地主社会和官僚社会体系下创造出来的无产阶级政治文化。中国共产党继承和发扬了无产阶级政治文化。中国特色社会主义政治文化是中国共产党领导建设的，植根于社会主义实践，坚守中华文化立场，继承了中华民族政治文化的优良传统，发扬革命文化和社会主义先进文化，吸收世界政治文明有益成果，在社会主义革命、建设、改革中长期形成的。

进入新时代，习近平总书记坚持和发展马克思主义，坚持和发展新时代中国特色社会主义文化自信，高度重视文化建设在建设社会主义强国中的作用，确认文化自信是更基本、更深沉、更持久的力量，阐发了一系列推进政治文化发展的重要论述并付诸实践，为中国特色社会主义政治文化建设提供行动指南和思想引领。

中国特色社会主义政治文化熔铸于党领导人民革命、建设、改革过程中创造的革命文化与社会主义先进文化。① 我国是一个政党中心主义国家，中国共产党是一个整合型、使命型政党，通过政党嵌入国家与社会，党内政治文化也在一定程度上渗透进入社会，通过植根于中国特色社会主义伟大实践，创造性转化、创新性发展为中国特色社会主义政治文化。因此，中国特色社会主义政治文化，包括党内政治文化与社会主义政治文化两个部分。

（一）党内政治文化

1. 以人民为中心，全心全意为人民服务

在党的十八届五中全会上，习近平总书记明确提出了坚持以人民为中心的发展思

---

① 习近平. 决胜全面建成小康社会夺取新时代中国特色社会主义伟大胜利——在中国共产党第十九次全国代表大会上的报告 [DB/OL] . [2023-12-5].

想，强调人民对美好生活的向往就是我们的奋斗目标。① 一个政党如何回答"我是谁、为了谁、依靠谁"这个问题，决定了这个政党的性质。中国共产党坚持发展为了人民、发展依靠人民，坚持群众路线，从群众中来到群众中去。以人民为中心的发展理念既是中国共产党对新时代下如何坚持和发展中国特色社会主义，践行全心全意为人民服务的宗旨这一时代之问的回答，也是中国共产党坚守人民立场始终为人民利益和幸福而奋斗的铮铮誓言。以人民为中心，全心全意为人民服务，是中国共产党在社会主义的长期建设过程中，在中国特色社会主义发展道路上确立的党内共同政治理想，是全体党员共同的理想信念。

2. 中国共产党的革命文化

中国共产党的革命文化是中国共产党领导中国人民在新民主主义革命、抗日战争与解放战争时期艰苦奋斗，为了实现共产主义信仰、实现中华民族解放，在革命过程中创造的一系列精神文化。党的十八大以来，习近平总书记多次对传承和弘扬革命文化作出重要论述。中国共产党的革命文化是新时代中国特色社会主义政治文化的重要组成部分。

中国共产党的革命文化集中体现了中国共产党人的政治价值共识、政治思想自觉，是中国共产党人于革命时期确立的，在中国特色社会主义建设时期传承与发扬的，体现中国共产党人民性、先进性和纯洁性的政治文化。

（二）社会主义政治文化

1. 社会主义核心价值体系

社会主义核心价值体系主要包括马克思主义指导思想、共产主义远大理想、中国特色社会主义共同理想，包含以爱国主义为核心的民族精神和以改革创新为核心的时代精神、社会主义荣辱观、社会主义核心价值观等（习近平，2023），② 这些内容涵盖政治信仰、政治理想、政治道德、政治价值观等多个层面。

首先，马克思主义是中国共产党领导革命、建设与改革，领导中国人民进行中国特色社会主义建设的指导思想。中国共产党在以上领域的所有成就都是在马克思主义、在中国化时代化的马克思主义指导下取得的。因此，马克思主义是社会主义核心价值体系的灵魂，马克思主义在我国意识形态领域的指导思想地位，既是中国共产党追求政治理想的必然要求，也是近现代以来中国及中国人民实现民族独立、人民解放的奋斗史决定的。

其次，共产主义远大理想和中国特色社会主义共同理想是社会主义核心价值体系内含的历史发展规律，是中国共产党和中国人民共同的价值追求，是激励中国共产党始终冲锋在前，永葆初心使命的精神支柱。

---

① 习近平在党的十八届五中全会第二次全体会议上的讲话 ［DB/OL］. ［2023-12-5］.
② 习近平. 习近平谈新时代坚持和发展中国特色社会主义的基本方略 ［DB/OL］. ［2023-12-5］.

最后，民族精神和时代精神相互交融，共同构筑了中国精神。以爱国主义为核心的民族精神和以改革创新为核心的时代精神是支撑中华民族在历史与未来克服艰难险阻，取得一个又一个举世瞩目成就的精神动力，是社会主义核心价值体系的精髓。核心价值观对于一个国家、一个民族是更为持久和深沉的力量，是社会主义核心价值体系的内核，是社会主义核心价值体系的高度凝练和集中表达，为人们提供了根本价值准则和价值取向。社会主义核心价值观是社会主义社会发展方向及本质属性的集中体现。

2. 社会主义民主政治思想

社会主义民主是人类最高形态的民主，是最真实、最广泛、最管用的民主。习近平总书记在党的二十大报告中指出：全过程人民民主是社会主义民主政治的本质属性。社会主义民主政治思想坚持以马克思主义阶级观、人民观为基本立场，人民民主是社会主义民主的生命，是社会主义民主区别于资产阶级民主及其他一切民主形态的根本特征。社会主义民主的必然要求是党的领导、人民当家作主、依法治国三者的有机统一。实现社会主义民主必须坚持党的领导，只有坚持党的领导才能确保民主实践符合最广大人民群众的根本利益。实现社会主义民主必须坚定不移地走中国特色社会主义政治发展道路，坚持人民民主专政的国体，加强人民当家作主的制度保障，不断坚持和完善人民代表大会制度、中国共产党领导的多党合作和政治协商制度、民族区域自治制度、基层群众自治制度。

3. 社会主义法治文化

随着改革开放的深入以及社会主义市场经济的发展，人们对于维护自己合法权益的要求日益提高。社会产生了一系列新问题，规范社会主义市场经济，最大程度实现社会公平正义，建立完整的法治体系是中国特色社会主义建设与更好维护人民现实利益的迫切要求。社会主义重视社会的公平与正义，尤其注重实现与保障人民群众享有公平、正义、自由与平等的权利。习近平总书记在党的二十大报告中强调，坚持全面依法治国，推进法治中国建设。依法治国，就是要依照体现人民利益和符合社会规律的法律治理国家，而不是依照个人意志、主张治理国家。法治文化是在建立法治社会过程中形成与确立的，崇尚法治理念与法治思维的政治文化。社会主义法治文化坚持中国共产党对于法治制度建设、法治社会建设、法治国家与法治政府的一体化集中领导，强调德治与法治的结合。德治与法治相结合，就是要以中华优秀传统文化道德与中国特色社会主义社会道德为根本，与现代法治理念、法治思维相结合。

4. 铸牢中华民族共同体意识

中国共产党人追求建立一个没有压迫、没有剥削、人人平等的社会主义社会。我国是一个历史悠久的多民族国家。五千年来，各民族共同经历岁月洗涤，在民族危难之际团结一心，共克时艰，创造了一个又一个历史奇迹，渡过了一个又一个急流险滩。中华民族共同体意识是社会主义制度下建立的新型民族关系在政治文化上的集中体现，是新时代下党和国家根据中国特色社会主义建设的新形势、新情况、新问题，在正确处理民族关系过程中作出的重要判断，是新时代下，各民族间平等互助、团结友爱，在社会实践中产生的对中华民族这一族群的政治情感，是各民族基于中华民族这一民族共同体而产生的强烈的民族认同感与责任感，是中国特色社会主义社会的一种先进政治文化。

二、中国特色社会主义政治文化的特征

中国特色社会主义政治文化是顺应时代潮流发展，反映时代精神，代表国家和社会发展方向，体现以人民为中心的发展理念，回应人民愿望和要求的先进政治文化，具有以下六个特征：

（一）党性

党内政治文化是中国特色社会主义政治文化的重要组成部分（习近平，2023），① 是中国共产党全部政治活动总和的文化样态。党内政治文化蕴含着中国共产党的价值取向、执政目标，以党的性质为内在根据。中国特色社会主义政治文化是中国共产党领导人民在革命、建设与改革时期形成的，集中体现了中国共产党全心全意为人民服务的根本宗旨与先锋队性质的政治文化。党性是一个政党区别于其他政党的本质属性，是一个政党阶级性的最高体现，深刻体现中国共产党的性质是中国特色社会主义政治文化的特征之一，是中国特色社会主义政治文化坚持谁的领导、坚持什么发展方向的根本体现，也是中国特色社会主义政治文化区别于其他形态政治文化的特征之一。

（二）时代性

中国特色社会主义政治文化既吸收保留了五千年来中华优秀传统文化的精华，又批判吸收了西方政治思想文化中的优秀人类文明成果。中国共产党在各个历史时期，针对社会出现的新问题、新形势、新情况，不断丰富发展适宜本国国情与社会现状的政治理念，把稳政治方向之舵，着重发挥先进政治文化的导向作用，深刻体现了中国特色社会主义政治文化的时代性。改革开放初期，党注重培养以爱国主义为核心的民族精神，这一时期党的爱国主义宣传教育的实践主题是"加紧社会主义现代化建设，争取实现包括台湾在内的祖国统一，反对霸权主义，维护世界和平。在目前社会条件下，振兴中华，就是要切实完成这三大任务"（杨峻岭，2021）②。在新时代，党继续加强新时代爱国主义教育，提出"坚持把实现中华民族伟大复兴的中国梦作为鲜明主题"，大力推进社会主义文化强国建设，提出"四个自信"，坚定文化自信。提出依法治国基本方略，发展以全过程人民民主为本质属性的社会主义民主，大力弘扬社会主义核心价值观，加强社会主义核心价值体系建设。以上充分体现了中国特色社会主义政治文化的时代性特征。

（三）科学性

中国特色社会主义政治文化是以马克思主义为指导的先进政治文化。马克思主义是

---

① 在党的十八届六中全会第二次全体会议上的讲话［EB/OL］.［2023-12-3］.

② 杨峻岭. 中国共产党百年爱国主义教育的回顾及启示［J］. 马克思主义研究，2021（7）：48-57+163.

人类迄今为止最先进、最科学的思想体系，它以辩证唯物主义和历史唯物主义的世界观和方法论，深刻揭示了人类社会发展的普遍规律，是人们观察政治现象，分析政治问题，推动政治发展的科学基石和思想武器。中国特色社会主义政治文化秉承马克思主义的理论品格，以中国化时代化的马克思主义推动中华民族优秀传统文化创造性转化与发展，以博大的胸怀广泛吸收借鉴世界范围内一切优秀人类政治文明成果。中国特色社会主义政治文化坚持以马克思主义为指导思想，深刻分析社会发展规律，紧密结合中国特色社会主义建设和伟大改革开放实践，按照规律推进中国特色社会主义政治文化建设。

（四）民族性

中国特色社会主义政治文化是以中华民族优秀传统文化为源头，以民族精神和时代精神为脉络，以马克思主义政治文化为指导的中华民族的先进政治文化，它处处体现着中华民族优良的文化传统、世界观、人生观、价值观与方法论，其中最核心的内容已经成为中华民族优秀的文化基因。通过中国特色社会主义政治实践，中华民族优秀传统文化经过创造性转化与创新性发展已经成为具有独特政治优势的中国精神。中国特色社会主义政治文化的价值取向是为中国人民谋幸福，为中华民族谋复兴。综上所述，中国特色社会主义政治文化深刻体现了民族性。

（五）人民性

中国特色社会主义政治文化坚持以人民为中心的价值取向，立足于人民大众的立场之上，坚持为人民服务、为社会主义服务的方向。以人民为中心、为人民服务，这是中国特色社会主义政治文化与资本主义政治文化的本质区别。中国特色社会主义政治文化始终将实现好、维护好、发展好最广大人民的根本利益置于首要地位。同时，中国共产党通过建设公共文化体系，加强社会主义核心价值体系建设，大力弘扬社会主义核心价值观，通过政治文化大众化，加强人民群众的政治认同、思想认同、情感认同，以中国特色社会主义政治文化中的人民性夯实党和人民共同奋斗的政治文化基础。

（六）导向性

中国特色社会主义政治文化具有鲜明的导向性，这是由无产阶级利益决定的。中国特色社会主义政治文化是在中国特色社会主义政治实践中形成的，体现了鲜明的阶级利益和艰巨历史使命的先进政治文化。中国特色社会主义政治文化的导向性在于，坚持中国共产党全面领导，坚持以人民为中心的发展理念，坚持社会主义核心价值观与社会主义民主政治思想，坚持社会主义法治思想。以上充分体现了中国特色社会主义政治文化的先进性与方向性的高度统一，集中体现为政治文化的导向性。

三、中国特色社会主义政治文化的功能

中国特色社会主义政治文化是指在马克思主义、毛泽东思想、邓小平理论、"三个代表"重要思想、科学发展观、习近平新时代中国特色社会主义思想指导下，以社会主义核心价值体系为引领，以马克思主义政治文化、社会主义先进政治文化、中华优秀

传统政治文化为基本内容，扬弃吸收了西方政治思想精髓，在中国特色社会主义建设过程中不断丰富发展，长期形成的政治思想、政治情感、政治信仰和政治心理。

党的十五大明确提出，建设有中国特色社会主义的文化。① 自此，建设有中国特色的社会主义文化正式成为党在中国特色社会主义建设过程中的一个工作目标。党的十八大提出，扎实推进社会主义文化强国建设。② 党的十八大以来，我国社会主义文化建设工作稳步推进。中国特色社会主义政治文化是社会主义文化建设的重要内容，是"建设有中国特色社会主义的政治"与"建设有中国特色社会主义的文化"的交叉领域。

推动中国特色社会主义政治文化建设有利于坚持中国共产党的领导，彰显党的先进性与代表性；有利于推动中华优秀传统文化创造性转化与发展，坚定文化自信；有利于推动全社会梳理共产主义远大理想与中国特色社会主义共同理想；有利于促进中国特色社会主义政治发展和社会进步；有利于坚持与发展马克思主义政治文化观这一时代课题；有利于提升全党全社会在应对社会主义现代化建设过程中的风险与挑战的能力。在中国特色社会主义进入新时代的大背景下，推动中国特色社会主义政治文化建设是践行"以人民为中心"发展理念的应有之义；是坚定"四个自信"，推动社会主义现代化建设行稳致远的必然要求。

（一）稳步推进中国特色社会主义建设，培育道路自信

党的十九届五中全会明确提出了建设社会主义文化强国时间表，这标志着在社会主义现代化建设过程当中，文化建设居于基础和前提地位。中国特色社会主义最本质的特征是坚持中国共产党的领导。中国特色社会主义政治文化是中国特色社会主义文化建设的重要组成部分。文化是一个国家、一个民族进步的灵魂，文化兴则国兴。③ 中国特色社会主义政治文化是确保我国政治经济社会稳定，在中国共产党的领导下，稳步推进中国特色社会主义建设的重要保证。要想确保江山不易帜、不变色，在中国特色社会主义建设过程中始终坚持中国共产党的领导，就必须推进中国特色社会主义文化建设，在意识形态领域高举中国特色社会主义旗帜。推进中国特色社会主义政治文化建设，有利于在全社会培育坚持中国共产党领导的认同与服从，促使全社会对中国共产党执政的拥护与支持。在社会主义社会，执政不同于西方社会政党对于行政权的掌握，而是对包括行政权、立法权与司法权等全部国家权力的掌握。因此，必须也只有推动中国特色社会主义政治文化建设才能促使人民拥护与坚持具有中国特色的执政党——中国共产党的领导。

（二）推动社会树立共产主义远大理想与中国特色社会主义共同理想

中国特色社会主义政治文化归根结底是一国人民的政治信仰。党的二十大报告提

---

① 江泽民. 高举邓小平理论伟大旗帜，把建设有中国特色社会主义事业全面推向二十一世纪 [DB/OL]. [2023-12-5].

② 胡锦涛. 坚定不移沿着中国特色社会主义道路前进，为全面建成小康社会而奋斗 [DB/OL]. [2023-12-5].

③ 习近平. 坚定文化自信，建设社会主义文化强国 [J]. 奋斗，2019（12）：1-10.

出，"中国共产党为什么能，中国特色社会主义为什么好，归根到底是马克思主义行，是中国化时代化的马克思主义行"。马克思主义是立党兴国、兴党兴国的根本指导思想。马克思主义政治文化观通过社会存在与社会意识之间的辩证关系揭示了政治文化的本质。政治文化是社会文化观念形态中有关政治的部分，是社会政治实践在社会成员意识和心理层面的体现和反映，是政治生活的精神内容。

推动中国特色社会主义政治文化建设，弘扬马克思主义政治文化观，有利于促使全社会认识中国共产党的根本性质，认清中国特色社会主义与中国特色社会主义道路的优势与使命，厚植马克思主义政治信仰与理想信念，从而推动全社会树立共产主义远大理想与中国特色社会主义共同理想。

（三）促进中国特色社会主义政治发展和社会进步

中国特色社会主义政治文化涵盖文化自信、社会主义核心价值体系、社会主义民主法治与党内政治文化等方面。在坚持和完善中国特色社会主义制度，推进国家治理和治理能力现代化的历史进程中，发展中国特色社会主义政治文化对推进中国特色社会主义政治发展和社会进步具有重要意义。

习近平总书记在党的十九大报告中对新时代坚持和发展中国特色社会主义的基本方略作了阐释。其中，坚持党对一切工作的领导、坚持以人民为中心、坚持全面深化改革、坚持人民当家作主、坚持全面依法治国、坚持社会主义核心价值体系和坚持全面从严治党，既是坚持和发展中国特色社会主义的基本方略，也是推进中国特色社会主义政治文化建设的重要内容。基本方略既是中国共产党的执政目标，也是中国共产党的执政理念，是中国共产党以应然推动实然，实然回应应然的生动写照。

中国特色社会主义政治文化是一种先进的政治文化。中国特色社会主义政治文化是坚持党对一切工作的领导、坚持以人民为中心、坚持人民当家作主、坚持全面依法治国，符合人民对于社会的愿望要求与期望的先进政治文化。先进的政治文化可以推动政治发展与经济社会发展。因此，推动中国特色社会主义政治文化建设必然促进中国特色社会主义政治发展和社会进步。

（四）有效应对社会主义现代化建设过程中的风险与挑战

中国特色社会主义政治文化植根于中国社会现实问题，是对中国社会发展现实状况的回应，是对中国社会政治发展规律的理性认识。习近平总书记指出："推进中国式现代化，是一项前无古人的开创性事业，必然会遇到各种可以预料和难以预料的风险挑战、艰难险阻甚至惊涛骇浪。"在全面建设社会主义现代化的新征程中，全党全国全社会能否上下一心，共同应对来自国内国外的一系列风险与挑战，克服建设发展过程中的阻力，通过顽强斗争打开事业发展的新天地，在新的历史起点上继续以伟大斗争夺取伟大胜利，关键在于能否贯彻落实党中央的决策部署，坚持道不变、心不改，坚定不移地走好自己的路。

推动中国特色社会主义政治文化建设，有利于在党内增强"四个意识"，发扬敢于斗争、善于斗争的斗争精神，坚定为中国人民谋幸福，为中华民族谋复兴的初心使命，有利于增强全社会对于新时代坚持和发展中国特色社会主义制度的政治认同，促使全社会坚定"四个自信"，提升社会应对发展过程中风险与挑战的韧性。

四、中国特色社会主义政治文化建设

中国特色社会主义政治文化是中国共产党领导中国人民在中国特色社会主义伟大政治实践中，以中华民族优秀传统文化为源头，以民族精神和时代精神为基本脉络，在马克思主义指导下，扬弃吸收了人类优秀文明思想成果的先进政治文化。新时代，推进中国特色社会主义政治文化建设主要是大力弘扬中华优秀传统文化、革命文化、社会主义先进文化，加强社会主义核心价值体系建设，坚定文化自信，坚持马克思主义在意识形态领域的指导地位。

党的十八大以来，党和国家高度重视中国特色社会主义政治文化建设。面对经济社会发展的新形势、新问题、新情况，以习近平同志为核心的党中央因时因势提出新时代坚持和发展中国特色社会主义的基本方略。① 这一基本方略是新时代坚持和发展中国特色社会主义的指南针、方向舵，也为中国特色社会主义政治文化建设与发展方向提供了全局性、方向性的引领。在推进国家治理体系和国家治理能力建设的历史进程中，推进中国特色社会主义政治文化建设和政治文化发展，为建设社会主义现代化强国提供思想引领，满足人民群众日益增长的文化需求及迫切愿望具有重要意义，是这些方面的重要内容。

总的来看，中国特色社会主义政治文化建设主要有以下六个内容：

第一，坚持中国共产党的全面领导，坚持马克思主义在意识形态领域的指导地位。

中国共产党是中国特色社会主义事业的领导核心，中国特色社会主义政治文化是中国特色社会主义文化的重要内容。推进中国特色社会主义政治文化建设，必须坚持中国共产党的全面领导。中国特色社会主义政治文化在本质上是无产阶级的政治文化，中国共产党是一个无产阶级政党，是无产阶级的先锋队，始终代表中国先进生产力的发展要求、始终代表中国先进文化的前进方向、始终代表中国最广大人民的根本利益。推进中国特色社会主义政治文化建设，必须坚持中国共产党的全面领导，坚持马克思主义在意识形态领域的指导地位，巩固党在意识形态工作的领导权、话语权和管理权。

首先，必须巩固党在意识形态工作的领导权。党历来重视意识形态工作，在各个历史时期不断强化政治责任，加强对意识形态工作的领导权。意识形态事关一个国家、一个政党的性质，决定着举什么旗、走什么路这一根本问题。

其次，牢固掌握党在意识形态工作的话语权，必须结合中国特色社会主义实际，深入推进党在马克思主义哲学领域的研究，深入研究当代中国马克思主义蕴含的丰富的政

---

① 习近平. 习近平谈新时代坚持和发展中国特色社会主义的基本方略［DB/OL］.［2023-12-5］.

治文化思想，深入总结中国特色社会主义出现的新鲜经验，不断丰富和发展中国特色社会主义政治文化。

最后，牢固掌握党在意识形态工作的管理权，必须创新党对意识形态工作的管理办法，以法治化的制度保证党牢固掌握意识形态工作的管理权。进入新时代，党深入推进意识形态领域法律体系建设。例如，第十四届全国人民代表大会常务委员会第六次会议通过《中华人民共和国爱国主义教育法》，加强意识形态领域的爱国主义教育，将党的意志通过人民代表大会制度上升为国家法律，加强党对意识形态工作的管理权。

第二，坚定文化自信，深刻认识把握"四个自信"之间的相互联系与内涵。

在中国共产党领导人民坚持和完善中国特色社会主义制度，推进国家治理体系和治理能力现代化的进程中，党和人民在具有坚定的道路自信、理论自信和制度自信的同时，文化自信是更基础、更广泛、更深厚的自信。文化自信是一个国家一个民族更深沉、更持久、更基础的力量。习近平总书记强调："我们说要坚定中国特色社会主义道路自信、理论自信、制度自信，说到底是要坚定文化自信。文化自信是更基本、更深沉、更持久的力量。"文化自信是道路自信、理论自信、制度自信的精神支撑与内在核心，文化自信深深渗透入其余三个自信，并以其基础和源泉力量支撑人们坚定道路自信、理论自信、制度自信。推进中国特色社会主义政治文化建设，坚定文化自信，深刻把握"四个自信"之间的相互联系与内涵，以文化自信涵养道路自信、理论自信、制度自信。

第三，推动中华优秀传统文化创造性转化与发展。

中国传统社会是一个"政—文—教"同构的黏性共同体国家。不同于西方国家，早在进入近现代社会以前，文化就与政治产生了相互关系。近年来，"文明型国家"概念再次兴起，关于政治与文化关系及政治文化的研究成为分析中国的重要方式。孔子言："政以体化，教以效化，民以风化。"意在说明政治、文化与社会之间的关系。尽管在中国传统社会的发展中并未显现出政治文化这一概念，但毋庸置疑，中国传统社会重视文化对于政治的影响，并通过有形与无形的手段使用文化对政治施以影响。贤能政治是中国传统社会的重要特征，中华优秀传统文化不仅重视人才的才能，更重视人才的德性。中国的贤能政治不同于西方语境下的寡头政治，而是基于合法性论述基础之上的民本政治。贤能政治更强调权力的人民性以及权力的合法性根源于人民（王向民，2023）。[①] 由此，中国传统社会形成了以儒家文化为代表的中华优秀传统文化。

儒家文化在中国传统社会中体现出以"政以为教，教以为政"为精神，以"天下为公""为政以德""以民为本"等为核心思想，这些政治思想是中华优秀传统文化的精髓。推进中国特色社会主义政治文化建设，必须推动中华优秀传统文化实现创造性转化与发展。

---

① 王向民. 中国政治学的建制性概念及其知识地图［J］. 学海，2023（4）：44-57.

第四，坚持社会主义核心价值体系，推进社会主义核心价值观建设。

社会主义核心价值体系是社会主义政治思想的集中体现，深刻体现出中国特色社会主义政治文化的价值取向，是中国特色社会主义政治文化的核心内容。新时代，要把社会主义核心价值体系建设作为开展政治文化建设的重中之重，做好社会主义核心价值体系宣传教育工作。坚持马克思主义在意识形态领域的指导地位，不断增强意识形态领域主导权和话语权。坚持以社会主义核心价值体系作为引领思想文化教育工作的主线和原则，以社会主义核心价值观助推宣传思想教育工作在社会落地生花。

培育和践行社会主义核心价值观是新时代坚持社会主义核心价值体系，建设中国特色社会主义政治文化的重要内容。推动社会主义核心价值观在全党全社会入脑入心，将社会主义核心价值观融入国民教育的全过程，以润物无声的方式在国家、社会、个体层面筑牢社会主义核心价值观的精神力量。同时，把社会主义核心价值观与国家治理和经济社会发展的实践相结合，将社会主义核心价值观与革命文化、社会主义先进文化、民族精神和时代精神结合起来。

第五，坚持平等、团结、互助、和谐的社会主义民族关系，铸牢中华民族共同体意识。

铸牢中华民族共同体意识，正确处理好各民族之间的关系，推动社会主义民族关系更加稳固，在新时代下推进中国特色社会主义政治文化建设，推动中华民族之间形成在政治认同、政治情感、政治行为上更加自觉的共同体意识。中华民族是一个具有五千年悠长历史的民族，各民族发展形成了独特的民族文化，各民族间砥砺前行，在每一个紧要的历史关头相互携手，共克时艰，创造了无比辉煌的中华民族文明。在坚持和发展中国特色社会主义的历史征程上，中华民族迎来了它的历史转折点。伟大的中华民族曾一起携手走过五千年的风风雨雨，也必然在新的历史起点上一同高举中国特色社会主义旗帜，为实现中华民族伟大复兴而紧紧团结在一起，奋力书写新的历史画卷！

第六，深入开展党内政治文化建设，营造风清气正的良好政治生态。

在新时代，全面从严治党成为坚持和发展中国特色社会主义的基本方略。中国共产党始终以严的精神、严的基调要求自己。随着国内外形势的变化，时代对中国共产党提出了更高的要求。中国人民对中国共产党寄予厚望，人民有所盼，党就有所应。新时代，必须深入开展党内政治文化建设，确保党始终永葆为中国人民谋幸福、为中华民族谋复兴的初心和使命；确保党始终代表最广大人民群众的根本利益、始终代表先进生产力的发展方向；确保党不负历史的重托，不负中国近现代以来，为了实现国家富强与民族复兴而流血牺牲的仁人志士的重托，不负中国人民的重托。

深入开展党内政治文化建设，首先需要弘扬忠诚老实、公道正派、实事求是、清正廉洁等价值观，坚决防止和反对个人主义、分散主义、自由主义、本位主义、好人主义，坚决防止和反对宗派主义、圈子文化、码头文化。① 加强党内政治文化建设，既要

---

① 习近平.决胜全面建成小康社会，夺取新时代中国特色社会主义伟大胜利［DB/OL］.［2023-12-1］.

坚持正面引导，又要祛除沉疴毒瘤。坚决抵制和反对关系学、厚黑学、官场术、"潜规则"等庸俗腐朽的政治文化，反对当面一套背后一套的两面人做派，反对拉帮结派的圈子文化、码头文化，反对明哲保身的"官场哲学"，自觉抵制商品交换原则对党内生活的侵蚀，不断涤荡歪风邪气。

思考题

1. 简述政治文化的含义、特征、要素、类型及功能。
2. 政治社会化的媒介和方式有哪些？它的功能和意义是什么？
3. 中国特色社会主义政治文化的主要内容有哪些？
4. 如何建设中国特色社会主义政治文化？

第四章 政治参与

在现代国家政治活动中，公民参与十分常见且重要，有民主政治就有政治参与，政治参与是公民（也称选民）或其他公民团体通过一定的途径参与国家政治生活，并以一定的方式影响政治体系的结构、运行等从而达到自身政治目的的活动。政治参与的规模、程度与有效性也被人们认为是衡量一个国家民主化程度、政治稳定化程度，以至于该国家政治现代化程度的重要指标之一。因此，要了解一个国家的具体政治过程和现代国家的政治运行规律，就必须研究政治参与。

第一节 政治参与概述

一、政治参与的含义

在中国渊远流长的历史中，"政"与"治"两字通常是分开使用的，"政"指国家的权力、制度、秩序等，"治"指管理与教化百姓，也指达到一种安稳的社会状态。古代的"政治"含义与西方和古希腊的"政治"含义完全不同，很大程度上是统治者用来治理国家的活动。"参"和"与"在古代通常也不适合在一起用，两者都含有介入、参与的意思，在《晋书·唐彬传》中就有所运用，"朝有疑义，每参预焉"。但中国古代的政治参与主要是指统治者即君王与臣共同谋划政治决策，处理国家事务，与现代意义上的政治参与大相径庭。

政治参与的思想最早出现在古希腊时期的政治学说中，在公元前5世纪，希罗多德的《历史》一书中首次提出了"民主"这个概念，并且包含了政治参与的思想。随着世界各国的政治制度的实践与民主程度发展，现代政治参与的概念是由西方政治学者在20世纪50年代提出的，近代民主观念里对公众的主权的理解，来自卢梭的"公众的主权在于公众"的政策观点，这也是对公众参与的最初的理论支持，他认为国家主权应由公民拥有和行使，而不是由统治者或政府拥有。这表明，公民可以通过各种途径与方式行使主权。政治参与的思想渐趋明朗化是在美国总统亚伯拉罕·林肯提出的"民有、民治、民享"的思想后,在《论美国的民主》一书中,法国政治家、社会学家阿历克西·德·托克维尔首次提出"严肃的思考公民政治参与的实践意义和理论意义"。在20世纪60年代之后,学者们对政治参与的研究,在深入研究西方行为主义政治学后,得到了发展与改进。

关于政治参与这一概念的界定,不同学者针对不同国家的政治环境,持有的政治角度与思维逻辑方式的不同,对其的理解和定义也各有侧重。西方学者亨廷顿把政治参与界定为"合法地或非合法地、使用暴力或采取和平手段、成功地或不成功地影响政府决策的一切努力"。他指出,政治参与是指影响政府决策的一切行为活动,不论负面与否,合不合乎规定。但与之相反,西德尼·维巴和诺曼·尼认为,政治参与指平民或多或少地影响政府人员的选择及(或)他们采取的行动为直接目的而进行的正当活动[1]。这里所指的则是只有平民或选民进行影响政府决策的合法行为,才被称为政治参与。国内学者也对其概念进行了界定,如杨光斌(2011)认为,政治参与是普通公民通过一定的方式直接或间接地影响政府的决定与政府活动相关的公共政治生活的政治行为[2]。王浦劬等(2006)认为,政治参与是普通公民通过各种合法方式参加政治生活,并影响政治体系的构成、运行方式、运行规则和政策过程的行为[3]。梁丽萍(2009)认为,政治参与是一个国家的公民个人或团体以某种方式涉入政治过程并对政治系统的运行及其结果施加影响的努力与活动[4]。

政治参与是马克思主义政治学说的重要内容。马克思主义经典作家从价值追求、内容实质、现实批判和建设路径等层面阐明了马克思主义关于政治参与的思想。马克思和恩格斯认为,政治权力是统治阶级用来实现经济利益的手段,而政治参与是一定的集团、阶层或阶级谋求利益的工具,竞选、游说、罢工、游行、示威等,都是阶级阶层谋求利益的途径。马克思和恩格斯充分肯定了巴黎公社所实行的人民普选制,认为这是使公社领导人成为人民的公仆,能够代表人民利益执掌政权的制度形式。他们主张实行"议行合一"制度,赋予公民广泛的普选权与监督权;赋予人民言论、出版、集会与结社自由的权利,使人民能通过这些途径参与、影响和制约国家的管理,并监督国家机关及公职人员。他们还强调要为每一个公民创造政治参与的平等条件。在列宁看来,政治参与是人民"参与国家事务,给国家定方向,确定国家活动的形式、任务和内容"[5]。列宁高度赞扬了巴黎公社的人民参与国家管理实践的尝试,认为人民直接管理是苏维埃

① [美]格林斯坦,波尔斯比. 政治学手册精选下[M]. 储复耘译. 北京:商务印书馆,1996:188.
② 杨光斌. 政治学导论(第4版)[M]. 北京:中国人民大学出版社,2011:293.
③ 王浦劬等. 政治学基础(第2版)[M]. 北京:北京大学出版社,2006:207.
④ 梁丽萍. 政治社会学[M]. 北京:中央编译出版社,2009:168.
⑤ 中共中央马克思恩格斯列宁斯大林著作编译局. 列宁全集(第31卷),第2版[M]. 北京:人民出版社,2017:128.

政权继承巴黎公社事业的表现，实现了国家政权为人民所掌握，从而为人民参与国家政治生活提供了必要的前提。列宁指出，社会主义国家的建立为公民广泛参与国家生活的管理提供了前提条件，但是，社会主义国家由于经济、社会和文化等落后而不得不采取间接民主制；而在实行间接民主制的同时，应当为直接民主管理创造必要的条件。只有这样，人民才能有效地参与国家事务的管理。

根据马克思主义经典作家的论述，总结社会主义国家政治参与的实践经验，可以将政治参与定义为：政治参与是指公民个人、社会团体或组织参加公共政策的制定与执行，管理国家事务和社会事务，管理经济和文化事务的行为。[①] 政治参与作为一种实现政治权利的重要方式，能够有效反映出公民在社会政治生活中所发挥的作用，所处的地位和最大限度上所能拥有的选择范围，体现出一定的政治关系，其中包含了以下四个方面的要素：

（1）政治参与的主体是作为个体的公民或由个体组成的集团。政治参与的主体形式多样，包括选民个体、私营企业、第三部门、政党或非政府组织等。对于政治参与的主体公民，众说纷纭，有人认为是全体公民，有人认为是处于社会中的所有成员，但我们要明确的一点就是要将政治参与者与从事政治工作的人区分开来，亨廷顿和纳尔逊强调政治参与是"百姓试图影响政府决策的活动"[②]。

本书界定政治参与中的主体公民是具有公民资格、依法享有权利和履行义务的人，他们以从事非政治性工作为主业，但又有必要介入政治活动。政治职业者则是固定的、不间断地从事国家政府等相关工作。

（2）政治参与的客体是国家政治事务。这里的政治事务并非指一切政治事务，主要是指对政府决策与管理有一定影响的行为活动，不仅是中央政府，也包括地方各级政府。换言之，能够影响到国家政治体系的构成与运作，政策的决定实施与终结及各项公共事务的运作的行为和活动，都属于政治参与。随着现代国家民主化程度的加深，公民政治参与的范围逐渐扩大，除了传统意义上的政治事务外，还发展出很多新兴的活动，参与到了政府行为的各个环节。

（3）政治参与的方式与途径呈多元化。政治参与的方式与途径和该国家政治体制状况、政治民主化水平、公民政治素养等休戚相关，但一般情况下，从性质上可区分为直接性与间接性两种形式，从具体类型上可分为选举、投票、结社、协商、社会团体活动等。

二、政治参与的特征

从其定义所包含的要素中，可以看出政治参与的一部分特征，对其进行以下四点的

---

① 一个可以参照的定义：《中国大百科全书·政治学卷》（1992 年版）将政治参与界定为"公民自愿地通过各种合法方式参与政治生活的行为"。

② ［美］S. 亨廷顿，J. 纳尔逊. 难以抉择［M］. 汪晓寿，吴志华，项继权译. 北京：华夏出版社，1989：3.

补充：

第一，从其定义可知，政治参与的主体是公民，他们对政治过程的影响是双向的，即自下而上或自上而下的，并非是单向的。例如，公民个体或团体通过选举、投票等活动参与某项政策的制定或修订，政府在得到信息后要及时进行修改调整，反馈给公民，以达到更好的实施政策的目的；政府在通过某项政策决议前，有一个向民众征求意见和建议的环节，根据民众的利益诉求进行及时的修改等，都体现出政治参与是双向的行为过程，双方的良好沟通，才得以实现良性循环，达到有效政治参与的目的。

第二，深究政治参与的本质，可认为是公民即选民，对于国家的公共权责义务关系。之前所说的政治参与的思想源于主权在民，民主政治也就是主权在民众的政治，具体来说，公民在政治生活中不但有履行的义务，也有参与的权利，公民的本质特征就是政治权利与义务的统一体。由于政治权利和责任的统一，因此，公民在行使政治权利的时候，就是在履行自己的责任，是一种效忠于一个国家、一个民族或一个特定的政治组织的行为。对社会政治权力主体而言，如果他们认可了某个公民的政治参与，就意味着认可了这个公民的政治参与的权利。公民应当主动参加政治活动，清楚了解政府的政策制定程序和方法，并提出自己的意见和要求，并输送进政治过程，同时，政治权力主体也必须尊重公民的政治参与权利。这样才能如第一个特征所述，构成一个良性的循环沟通与双向反馈过程。

第三，在解释政治参与和人们的社会属性之间存在的某种逻辑关系时，西方学者认为，首先，社会经济地位居于高位的人普遍能掌握更多的政治资源，如竞选捐款、政治信息和政治技能等。这一阶层的民众出于体制中利益维护的目的，更热衷于进行政治参与，造就了他们在各阶层中政治功效意识最强的结果。其次，政治组织是动员公民进入政治系统，实现利益表达的有效手段。通常情况下，对于社会经济占优势的阶层和个人来说，能相对容易地参与到这些组织中来。

虽然西方学者解释了两者的逻辑，但我们认为并没有完全揭示其本质，忽略了实际问题。阶级权力转化为国家领域，从根本上讲是政治参与不平等的结果。恩格斯对此向世人展示了十分清楚的阐述："历史上多数国家中，公民的权利是按照财产状况分级规定的，这直接地宣告国家是有产阶级用来防御无产阶级的组织。……在中世纪的封建国家中，也是这样，在这里，政治的权力地位是按照地产来排列的。这也表现在现代代议制的国家的选举资格上面。……（在现代资本主义社会）财富是间接地也是更可靠地使用它的权力。"[①]

第四，政治参与是一种多目的、多形式的政治行为。从其字面意思来看，我们认为公民在进行政治参与时，会出于各种各样的动机和目的，可能是成为最直接的受益者，

————————
　　① 中共中央马克思恩格斯列宁斯大林著作编译局. 马克思恩格斯选集（第4卷）［M］. 北京：人民出版社，1972：168-169.

也可能是在短时间内成为间接受益者，抑或是长期来看对自己有利的，又或者是有更大的政治方面的追求，例如，是为了支持和响应现有的政策、政府体制机制等，也会是为了反对和力求改变某项政治权力体系等。当然，政治参与的形式是多元化的，可以是作为个体，也可以是作为组织团体；可以是长期持续的，也可以是短期间断的；可以是动员的，也可以是自愿的；可以是有效参与，也可能是无效的参与；等等。

政治参与的这些特点表明，政治参与这一行为可以有效实现公民的政治权利，通过与政治权力的关系来决定公民政治权利的实现。在政治关系中，"每个人各就其位，在这个位置上，人们期望他总按一定的方式行事"。① 我国作为世界上现存的最大的社会主义国家，要确认人民当家作主的政治地位，只有切实保障了公民的政治权利，才能更好地激励公民履行政治义务，所以，公民积极关心国家大事，并积极参与公共政治生活，就是在行使政治权利，也是在履行政治义务。

三、政治参与的类型

政治参与是一种复杂的社会现象，它因时空条件的不同而不同。为了更好地了解和认识政治参与这一现象，对它的各种表现形式进行分类显得十分重要且必要。不同的分类是依据不同的标准划分的，但我们知道标准是多元化的。所以，人们在研究过程中，根据不同的标准，将其灵活地分为不同的类型，以供大家学习掌握。

（一）按照民主政治发展的历史时期划分

按照民主政治发展的不同历史时期对政治参与进行分类，可分为古希腊时期政治参与、西方资本主义国家政治参与及社会主义国家政治参与等不同类型。

古希腊时期实行的是直接民主体制，城邦实现直接民主的主要途径就是公民们的政治参与。在城邦之中，家庭、社会、国家被高度政治一体化，充分体现了人作为天生的政治动物这一特性，所以，公民普遍平等享有直接参与国家事务管理，且决定国家公共事务的权利。但看似城邦公民都享有平等的政治权利，实则内部存在着相当数量的包括妇女、外来人等在内的没有公民资格的人，他们被排除在城邦政治体系之外，表面上公正、平等的政治参与也因此变得不完美。

自近代西方资产阶级革命以来，随着资本主义民主性质国家的确立，体现民主意蕴的"人生而平等"的全民政治参与制度在各国宪政中得以体现。然而，实际上这些资本主义国家的政治参与很难真正做到"人生而平等"原则下的政治参与。在各国民主发展进程中，许多国家对于公民政治参与资格经历了变化——从限制到宽松。最开始有政治资格的公民除了要满足一般意义上的硬性条件比如年龄和性别等之外，还要满足人种、出身、性别、财产等方面的要求。随着时间的推移以及民主程度的加深，西方资本主义国家开始逐步取消了人种、出身、性别、财产等方面的限制，很大程度上扩大了有

---

① ［美］阿尔蒙德，鲍威尔. 比较政治学体系、过程和政策［M］. 曹沛林译. 北京：东方出版社，2007：62.

政治参与资格的公民比例。同时，从资本主义国家政治运作现状来看，"金钱"政治色彩浓厚，造成了在实际的政治参与过程中，看似实现了多数公民平等参与政治的权利，实则在涉及利益分配、资源配置、政策导向等方面，"有钱人"政治得以充分体现。

社会主义和资本主义最大的区别就在于所有制的不同，社会主义国家是以国家公有制为主体，而资本主义国家以私有制为主，在所有制的根本差异下，人与人之间的关系也发生了改变，即剥削社会与非剥削社会的区别。在这样的大前提之下，虽然从民主大层面分析，社会主义国家的政治参与和西方资本主义国家的政治参与有着共同的渊源和一定的表面上的相似之处，但两者存在本质差异，即资本主义国家政治参与更多地体现出利益争夺，属于竞争式的政治参与；而社会主义国家的政治参与更多地体现出共同利益的维护，是一种非竞争式的政治参与。

（二）按照政治参与主体划分

按照政治参与主体的不同，可将政治参与分为个体参与和集体参与。

第一，个体参与指公民作为个体参加政治活动，主要方式有政治投票和政治选举。政治投票与政治选举在人类政治活动的早期是大致等同的，即政治投票在很大程度上是政治选举的唯一方式。但是随着时代发展进步，现代社会中的政治投票与政治选举的具体内涵也有所不同。一方面，政治投票只作为政治选举的一个步骤，选举已经发展出了一整套规范的体系，有着严密的程序；另一方面，政治投票是比政治选举适用范围更为广泛的公意行为，因为政治选举只能表达选民对政治候选人的偏好，但政治投票在一定程度上不仅能够决定政府或议会成员的组成，还能够对国家的重大决策起决定作用。

政治投票是指公民面对以下问题时所采用的一种政治行为方式，比如竞争性政策、候选人之间的正式偏好、其他有争议的政治问题，作为政治参与的方式，它在选举意义上，作用是在相当于这一类的国家公职人员中，确定特定的国家公职人员，由国家公职人员或其他政治团体担任。从罢免的角度来看，它的功能是对政府或个体政府人员的留下或离开产生影响，即对政府的组成或特定政府官员投信任或者不信任票，以此来表达公民对于政府的政治态度。在复议的意义上，它可以影响国家政策，赞成或反对政府的某项决策，或者表决国际组织提出的措施，亦称为公民公决。在西方国家的实践中，政治投票被普遍认为有以下三种规则：①全体一致规则，即所有投票人全部同意。②多数规则，是指最多获得投票人支持的方案获胜。③过半数规则，是指至少有超过一半的投票人支持的方案才算有效。在实践中，也被归纳为三种类型：根据投票人意愿公开的程度，可分为公开投票、半公开投票、秘密投票。根据投票人是否投票自由，可分为强制性投票和自由投票。根据投票人能不能亲自到投票点，可分为出席投票和缺席投票。

政治选举是公民（严格意义上称为选民）对政治候选人表示偏好的一种行为，是实现人民主权和代议制民主的主要途径，也是民众政治参与和政治社会生活的重要方式。政治选举在一定意义上对如何公平、公正地选举出为广大百姓服务的官员，还能聚集不同社会阶层、不同地位身份的人的意见来做出最合理的选择方面发挥着重要作用。政治选举秉持着广泛性和平等性的原则，广泛性是指只要年满 18 周岁的公民，除依照法律被剥夺政治权利的人外，不对民族、种族、性别、职业、家庭出身、宗教信仰、受教育程度、财产状况、居住年限等进行区分，均享有选举权和被选举权。平等性是指在一次选举中，每个选民只能拥有一次选举权，不能同时在两个及以上地方参与选举；每一选民所投的票具有同等效力与价值，任何选民都禁止享有特权，禁止非法限制和歧视选民投票行为。政治选举可分为直接选举和间接选举、等额选举和差额选举。直接选举能使每个选民都有直接表达自己意愿的机会，可以选择自己心目中最值得信赖的当家人，但也存在着操作难度大、成本高等不足。间接选举一般适用于选民人数较多、分布范围较广，但无法最直接地将选民的意愿表达出来。等额选举的好处在于，可以对当选者结构的合理性进行比较充分的考虑，但影响选民积极性的可能性很大。差额选举的竞选方式有助于选民了解候选人，选出更合适的人选，但容易发生虚假宣传，产生贿选等有损公平的行为。

第二，集体参与是指民众以团体为单位进行政治参与。在社会相对单一、组织化程度不高的时代，公民个体的政治参与更为普遍，但随着社会利益的分化，以团体组织为单位进行的政治参与的频率会更高，他们会因为有着相同的利益和共同的目标而结合在一起，形成众多的利益群体，以集体的方式参与政治生活。中国的俗语常说，众人拾柴火焰高，在参与政治生活的过程中，政党和政治性团体是集体参与的主要形式。政治性团体，又称政治组织或政治集团，是为了一定的政治目的，由具有共同经济利益的阶级社会成员所组成的社会政治联合体。它包括政党组织和国家政权组织。国家是国家管理社会的重要机器，政党组织代表所属阶级的利益和意志。但现代国家政权组织通常都是依靠政党实现其职能的，它是"随着公民选举权的扩大，以及各种集团试图通过动员选民去支持那些对不同利益都有吸引力的政策以谋求公职而得到发展的"（阿尔蒙德等，2007)[1]。作为现代社会公民参与政治生活的主要方式，政党发挥了以下几点作用：首先是汇聚相关利益并表达；其次是创造政治精英的渠道，通过招募精英和培养政治骨干，形成了准备、选择和培养国家各级领导人的重要机制；最后有效影响民意、教育民众的媒介、政治教育和实现社会化的机构，是实现社会化和政治动员的途径。实际上政党起着一个"过滤网"的重要作用，把公民参政限制在政治体系所能容纳的范围之内，从而保障政治体系的合理有序运行。

（三）按照参与者影响政治过程的行为能力

按照参与者影响政治过程的行为及行为的表现可将政治参与分为自动参与、动员参

---

① ［美］阿尔蒙德，鲍威尔 . 比较政治学体系、过程和政策［M］. 曹沛林译 . 北京：东方出版社，2007：242.

与和消极参与。

（1）自动参与，又称主动参与、自主参与，是指公民基于自身利益和出于其他目的而自觉主动地参与政治活动。在现代国家，主动参与是衡量一个国家民主化程度的重要指标。

（2）动员参与，又称被动参与，是指参与者并非出于自愿，在第三方的动员、引导、劝说甚至要挟等方式下参与政治活动。虽然主动参与是衡量每个国家民主化程度的重要指标，但是在实际参与过程中，被动参与仍然占有很大比重，发挥着不可或缺的作用。在利益多元化和价值多样化的前提下，民众不会对任何政治目标都有同样的认识并采取一致的行动，这在现实生活中是很难实现的，所以政治权威为了获得更多的民众支持，便会采取多种方式动员民众。

（3）消极参与是指公民对政治问题漠视或对政治活动的消极行为，处于自觉或不自觉的原因之中。很多情况下，这类民众在面对政治活动时，都采取不作为甚至抵触的反应。正如达尔（2012）认为的，"在大多数政治体系中，对政治事务极感兴趣，关心并了解政治，活跃于公共事务中的人在成年人中所占比例不大。一般来说，他们往往是少数"。①

除了以上几种分类方法外，还可以按照其他标准进行划分，例如，按照政治参与与制度的关系，可以分为制度内参与、制度外参与和制度边缘参与；按照政治参与的程度，可分为直接参与和间接参与；按照政治的参与的社会后果，可分为建设性参与和破坏性参与；美国政治学家安东尼·奥罗姆按照政治参与是否常规，将其分为常规政治参与和非常规政治参与。

第二节　社会变迁与政治参与

一、政治参与的方式和影响因素

（一）政治参与的方式

政治参与方式的多样性源于人类行为方式的多样性，不同的社会背景和政治制度又造就了各具特色的参与方式，但其实质都是政治参与主体实现政治参与行为的主要途径。在现代民主国家中，公民的政治参与是其维护自身合法权益的关键环节。关于政治参与的的方式，我们通常认为包括以下七种：

---

① ［美］罗伯特·A. 达尔，布鲁斯·斯泰恩布时克纳. 现代政治分析［M］. 吴勇译. 北京：中国人民大学出版社，2012：74.

1. 政治投票

在民主政治中，投票是政治参与的基本行为、方式和途径，是公民的法定权利。在西方，最开始的投票可以上溯到古希腊城邦时代，当时的政治投票与选举等同，投票技术主要侧重于口头的声音、手势和姿势，例如，回答"是"或"否"、"行"或"否""赞成"或"反对"等；用举手、鼓掌表示赞成或反对等；用站立表示赞成或反对等。一般来说，使用这些方法的都是公开投票。随着民主政治的实践发展，政治投票不再局限，出现了更为普遍的书面投票和电子投票，书面投票是在一张选票上写上名字或做记号，电子投票是通过电子信号来表达。这两种虽然也可以用于公开投票，但我们更多地将其用于秘密投票。投票依据投票形式，有公开投票和秘密投票之分。公开投票，顾名思义，就是在投票时附上投票者相关信息，如姓名、年龄等；反之，如果投票时对投票者的相关信息进行保密，则属于秘密投票。在现代民主国家的不断运用中，为了有效保护投票者的利益，更多的是以秘密投票为主。

投票活动是定期举行的，由于投票背后的成本是昂贵的，所以只能在一定的周期内进行投票，但并不意味着对公民参与是一种限制，反而可以很好地促使公民进行政治参与，维持政治的稳定性。政治投票可以允许多数人针对某问题发表自己的意见，保证大多数人的利益，但也存在着诸多问题，使得投票活动存在一定的不公正现象。

2. 政治选举

选举是一种具有公认的规则和程序形式的活动，人们根据这一规则和程序从所有人中选择少数或担任某一职务。在现代民主政治中，选举可以说是各种政治参与行为中制度化的、普通公民控制政府的最有效工具。选举由一系列活动组成，包括投票选举、组党活动、宣传动员、组织协调、政治捐助等。投票和选举虽然都是非常重要的政治参与方式，但两者并非完全相同：首先，两者的适用对象不尽相同。选举只适用于与国家、政府和其他组织相关人员的决定，是公民对于相关候选人的一种偏好行为；而投票不仅适用于人员的决定，还用于与国家、政府相关的政策决定。其次，投票是作为选举过程中的一个必备的重要环节，但投票并非选举的全部。

3. 政治结社

当一部分公民产生了相同的目的时，他们就会为了共同的利益而结成永久性的政治性团体，这种情况就是政治结社。在此我们要清楚，共同的利益不一定代表公共利益，也可能是局部利益，但最终的目的都是通过结合之后参与政治活动，影响政治决策。政治结社分为两种：一是政党；二是其他政治组织。在参与政治活动的过程中，普通公民个人的力量总是弱小的，那么他们往往会通过加入组织，进入到团体中，才得以有效表达，更好地实现自己的利益，组织就是力量。在中国非竞争性政治环境下，共产党是执政党，各民主党派是参政党，政党之间平等友好，公民无论是参加了共产党还是民主党派，都通过参政议政、平等协商、民主监督等方式实现自身的目的。我国的传统政治社团包括工会、共青团、妇联等，这些团体分别代表不同群体的特殊利益，又有着相同的根本利益，在管理国家事务中发挥着重要作用。

4. 政治表达

公民通过合法途径表达自己的政治态度的行为，进而达到影响政治制度运行的目的，这就是所谓的政治表达（political expression）。它的主要作用是使政府能够清楚地感受到某种利益诉求和支持意图，从而形成一种聚合效应。

政治集会是指特定的社会成员为了达成共同目的，在向政府提出某种要求或支持的情况下，临时聚集起来召开会议，各抒己见。在资本主义国家和社会主义国家两者略有不同，前者是表达观点，促使政府改变某种政策，后者是政治集会较多，有组织性的政治活动，就某项政策或事务向公民收集意见和建议，监督政府的某项工作并提出改进意见，向政府表达某种支持等。政治请愿是公民以集体的方式对某些国家和政府政策表达自己的态度和意愿的参与行为。其形式多样，比如游行、示威等，具体的内容和方法等由各国的法律加以规定。政治言论指公民表达语言文字和宣传自己的政治主张和见解，包括口头和书面两种形式。

5. 政治协商

政治协商指公民在自由、平等、公正的基础上围绕某些政治问题展开对话、辩论和协商，最后达成一致的行为。按照政治协商的领域和规范程度，我们将其分为正式性政治协商和非正式性政治协商两种。正式性政治协商是公民在制度化的组织性公共领域进行的讨论和协商。非正式性政治协商是公民在非组织性公共领域内围绕某些政治问题展开的自由辩论和协商。作为一种参与程度相对较高的参与行为，协商的主体——公民、公民组织、政府等都是平等关系，并在公正前提下展开辩论与协商。

6. 政治接触

政治接触是指公民个体出于某种利益的原因，主动与政府官员建立某种联系，并且影响其观点行为。其本身并不区分行为是否合法，也就意味着两者建立的某种联系可能仅仅是反映问题，提出要求，也可能是行贿甚至威胁等不合理的非法行为。但是，政治参与意义上的接触，只是指不包括违法行为在内的合法联系。在社会主义国家，有以座谈会的形式与机关干部交流、通过信访联系机关干部、利用公民接待日与机关干部面谈等多种形式的公民政治接触。中国对以上形式的政治接触也进行了不同程度的实践，座谈会是政府相关部门与政府官员就某项具体问题与公民座谈，倾听民意。信访是最具中国特色的制度化政治接触形式，公民可以通过信访，对政府进行监督，促使政府改进工作，更好地掌握民情。

7. 政治冷漠

政治冷漠原表示为一种心理状态，但政治学在表达政治行为的研究中，赋予其行为方面的意义。政治冷漠属于消极参与型，即政治行为中消极态度的反映，也可以说是政治生活中的公民不关心、不作为的政治活动。从某种意义上来说，不参与也是影响政治生活的一种方式，只不过产生的是一种消极意义。究其原因，大概分为四个方面：①对政治的疏离感，由于政治活动是一个涵盖多种因素的复杂政治活动，对于普通公民来说，没有能力也没有意愿主动参与政策和决策过程，而且由于不了解、不熟悉，对政治制度和政党体系的不信任也容易使公民对政治冷漠；②对政治失望和不满，部分公民可能会积极主动参与几次政治活动，但最终的结果不尽如人意，其中的政治腐败、政客的虚伪行为和无效施政等问题都让公民失望；③公民个人的生活压力和自身利益的优先性，现代社会生活节奏飞快，人们每天忙于工作，甚至休息的时间都很少，更别说有时间和精力去关注参加政治活动了；④缺乏政治意识和教育，在一些地区和体制中，政治教育和意识形态的宣传不足，导致民众无意识主动进行政治参与。

（二）政治参与的影响因素

大量研究和各国的具体实践表明，政治参与在不同的社会中，受多元因素的影响，其内容、形式、水平等各不相同，即使在同一个社会中，由于种种因素的影响，人们也有不同的参与表现。如前所述，政治参与既是一种个人行为，又是一种社会现象。因此，我们可以从影响政治参与的客观社会因素和主观个人因素两个层面进行分析。

1. 客观社会因素

（1）经济发展。经济基础决定上层建筑，在政治生活中，社会经济发展与公民政治参与呈现正相关关系，也就是说，经济发展程度越高，人们参与政治生活的主动性就越强，政治参与水平也越高。一般而言，经济的良性发展会有效促进政治参与，但个别情况下，经济危机的出现也可能会增加政治参与。在发展中国家的政治参与研究中，亨廷顿（1989）曾得出这样一个结论，就社会—经济发展对政治参与的长期影响来看，社会经济发展促进政治参与的扩大，造成了多样化的参与基础，使自动参与取代动员参与。① 可见从长远的角度来看，经济发展总是促进政治参与的。具体来说，经济发展对政治参与有以下三个影响：

首先，经济发展为政治参与提供了必要的物质基础。经济发展使得人民的生活水平提高，有效激发了民众政治参与的意愿，也可以用马斯洛需求层次理论很好地解释该观点，人们首先在满足了低层次的需要后，才会转而追求更高层次的需求，当温饱问题解决后，人们的关注点必然会转向政治领域。

其次，经济的发展促进公民进行政治参与来实现自己的利益。简单来说，就是双向刺激，当人们获得了经济发展带来的足够的物质利益时，如何实现更多的利益目标就会反过来激励人们通过政治参与的方式争取、实现此目标。

最后，民族国家作为社会经济发展的载体，换言之，经济社会发展是以国家发展形式表现出来的。所以，对个体公民而言，在维系个人和民族国家的关系上，经济发展占据了绝对的地位，无形之中便增强了公民的民族自信心和自豪感，甚至是强化了国家意

---

① ［美］S. 亨廷顿，J. 纳尔逊 . 难以抉择 ［M］. 汪晓寿，吴志华，项继权译 . 北京：华夏出版社，1989：69.

识。而公民对国家的权利和义务感则是现代国家意识中体现的重要方面，由权利和义务共同构成的公民概念，为大众性政治参与奠定了广泛基础。

（2）政治体制。政治体制或环境也是影响政治参与的重要因素，具体表现在政治体制所提供的政治参与的基本条件，例如，平等的社会地位、政治自由及政治参与渠道等。孔德元（2001）认为，政治体制对政治参与的影响主要表现在政治参与权利的制度保障、政治平等的实现以及政党制度三个方面。他认为一个社会中大众政治参与的具体状况和水平，首先取决于该社会是否承认参与政治是公民的一项基本权利，取决于公民的参政权利能否得到制度上和法律上的有效保障。其次，平等是大众参与的前提，只有当人民拥有平等的政治权利和法律地位时，普遍的参与才可能。最后，政党及政党制度是当代社会中影响政治参与的最重要的政治因素之一。[①] 如果政治体制能够为政治参与提供畅通的参与渠道，使政治参与在便利的条件下进行，这样必然会推动实际的政治参与。

（3）政治文化。政治学家阿尔德蒙等（1989）认为，政治文化是一种主体性很强的文化，他指出，当我们提到一个社会的政治文化时，我们所指的是其国民的认知、情感和评价中被内化了的政治制度。[②] 而这种"被内化"的政治制度比外在法律制度等更有力地规范着人们政治参与的态度和行为。通俗地讲，人们在特定的文化背景中，所形成的价值观对未来的行为有着不可忽视的潜移默化的影响，也可以说，政治文化在很大程度上塑造了人们的政治价值和政治倾向，转化为一种内在的政治行为规范，在人们关心政治和行使权利时发挥作用。例如，在自然经济基础上形成的依附性政治文化，让人养成了安分守己、与世无争、远离政治的习惯；随着商品经济的发展，人们逐渐开始参与政治，向参与型政治文化转型，在这样的文化氛围下，公民和政府之间是双向的作用和影响，政府具有一定的权威，而公民具有参与政治的认知和能力，主动通过各种途径影响政治事务和政府决策。

（4）大众传媒。大众传媒是指向大众广泛传播信息和内容的媒介形式。它能通过多种载体和平台，以艺术性、娱乐性和新闻性等形式，向大众传递信息和展示文化。不仅能满足人们获取信息的需求，同时也对社会舆论、公众意见和文化价值产生了深远影响。通常情况下，大众传媒都以或明或暗的方式不断地向人们传递有关政治理想、政治信仰、政治价值观等政治知识和信息，公民在这些理念和信息的反复刺激和影响下，逐渐形成了自己的一套独立的政治认知和政治情感，最终形成了自己的政治态度和政治行为方式。

2. 主观个人因素

（1）社会经济地位。社会经济地位指的是一个人的社会经济特征，一般用职业、

① 孔德元. 政治社会学导论［M］. 北京：人民出版社，2001：193-198.
② ［美］阿尔蒙德（Almond, G. A.），［美］维巴（Verba, S.）. 公民文化五国的政治态度和民主［M］. 马殷君等译. 杭州：浙江人民出版社，1989：5.

受教育水平、收入、权力和威望等来衡量。西方学者亨廷顿和奥罗姆都指出，在公民的社会经济地位和公民政治参与之间令人信服的和十分明显的相关性。① 这已经被很多经验研究所充分证实。首先，不同的社会经济地位，意味着获取资源的不平等性，政治资源作为保障个体参与政治生活的关键因素，包括时间、金钱、信息和社会关系等。其次，所处的地位不同，也意味着能够获取的技能水平不同，在社交、分析、组织和演讲等能力中都会不同程度地体现出差异来。最后，不同的社会经济地位也常代表着人们对于政治刺激的接受程度有所不同。环境刺激是产生行为的诱因。当一个人所受的刺激越多、越激烈时，政治参与的可能性就越大，参与的层次也就越高。处于高社会地位的人，有机会和条件接受更多的政治传播，从而获得更多的政治刺激。孔德元（2001）也指出，社会经济地位的差别会造成人们在政治资源占有上的不平等、人们政治技能方面的差异以及接受政治刺激方面的差别，进而在人们政治参与的条件、能力和刺激上形成差别，最后导致了政治参与上的不同②。

（2）主观心理因素。任何政治行为都是在某种心理动机的驱动下展开的。政治参与行为同样离不开心理因素的驱使力。公民个人对政治参与的认识、态度等主观心理因素，在很大程度上影响甚至决定他的参与行为。阿历克斯·英格尔斯强调，完善的现代制度以及伴随而来的指导大纲、管理守则，本身只是一些空的躯壳。如果一个国家的人民缺乏一种能赋予这些制度真实生命力的广泛的现代心理基础，如果执行和运用着这些现代制度的人，自身还没有从心理、思想、态度和行为方式上都经历一个向现代化的转变，那么失败和畸形发展的悲剧结局是不可避免的。③

除了以上两种个人因素外，还有种族因素和性别因素，前者通常出现在多种族的国家，如美国；后者一般情况下男性的参与水平高于女性，这种差异源于长期以来所形成的男女在社会地位方面的不平等和性别分工等传统。

总的来说，人是一个复杂的生物，每个人在社会中的地位身份不同、利益需要不同，对待政治参与的态度和采取的行动也自然不同。然而，我们要清楚的是，个人因素是在社会背景下才能发挥作用的，如果个人离开了社会系统再分析对政治参与的影响，那就不能说明什么问题。

二、政治参与的社会作用和发展方向

（一）政治参与的社会作用

政治参与作为实现公民政治权利的主要途径，在政治社会生活中有着充分的进步性质和积极意义，主要体现在以下五个方面：

---

① ［美］奥罗姆. 政治社会学主体政治的社会剖析［M］. 张华青，孙嘉明译. 上海：上海人民出版社，1989：289.

② 孔德元. 政治学导论［M］. 北京：人民出版社，2001：197-199.

③ 殷陆君. 人的现代化心理·思想·态度·行为［M］. 成都：四川人民出版社，1985：12.

1. 政治参与影响经济发展

社会资源的分配问题，社会效率的活力的问题，其实都是经济发展所涉及的。我们通常会产生一个共识：公平和效率问题，是一个逻辑上的悖论和现实生活中的二律背反问题，尤其表现在政治参与的作用上。但不可否认的是，政治参与对于经济发展的积极意义。那么我们判断政治参与对经济发展的影响，就要依据政治参与的内容及其所处的历史条件。带有支持性的政治参与能够加强政府或执政党推进经济增长政策的力量，从这个意义上来讲，政治参与对经济发展的效益是有正面作用的。而且政治参与既加强了公民与政府之间的信息沟通，也促使很多直接的利益在公民身上得到了实现。所以，它既可以集思广益，有效实现公民的政治权利，调动公民的政治积极性，也可以提高公民对政治权力及其行为的满意程度，从而为经济发展提供动力源。不过，需要特别注意的是，如果参与者组成特殊利益集团，且仅以影响利益分配为前提，那么可能会影响新技术的采用和重新分配资源，形成特定的分利集团和分利集团的垄断，从而在一定意义上降低经济增长率。①

2. 政治参与影响政治稳定

政治参与和政治稳定的关联度极高，稳定有序的政治秩序是政治参与实现的前提；发展和扩大政治参与又会对政治稳定产生积极影响。王浦劬（1995）认为，政治参与水平和质量较高的国家，都具有更高的政治稳定度。因为首先，参政议政满足了公民日益强烈的政治生活的愿望，增强了公民的主人翁责任感，促进了公民对政治权威的认同；其次，沟通政府与公众信息联系的重要途径是参政议政，有利于政府正确决策，及时解决社会矛盾和问题；最后，参政议政还能发挥政治安全阀的作用。② 我们在此需要指出的是，政治参与影响政治稳定，既包括积极的也包括消极的，即政治参与既能增强政治稳定，也能破坏政治稳定。

3. 政治参与影响社会公平

它是公民表达政治诉求的行为过程，可以使政府进行利益分配的政策过程，满足他们的愿望和偏好。同时公民在参与过程中往往会感受到不平等和挫折，这既是动力，又是需要克服的问题之一。事实表明，较高水平的政治参与常常导致国民产品更公平地分配。③ 进一步探究发现，政治参与还可以让国家作为经济和社会福利的推动者来发挥自己的作用。比如西方福利国家的出现并非偶然，也绝不是统治者的良心发现，在很大程度上，它是公民参与和斗争下，统治者作出的让步。但是，如果动用了政治参与，也可能使操纵者趁机扩大自己在社会利益中所占的份额，特别是组成集团的参与过分关注分

① ［美］曼库尔·奥尔森. 国家兴衰探源经济增长、滞胀与社会僵化［M］. 吕应中等译. 北京：商务印书馆，1999：66-71.

② 王浦劬. 政治学基础［M］. 北京：北京大学出版社，1995：173.

③ ［美］S. 亨廷顿，J. 纳尔逊. 难以抉择［M］. 汪晓寿，吴志华，项继权译. 北京：华夏出版社，1989：79.

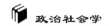

配问题而忽略创造更多的总收入时，往往会造成社会效率降低、政治生活分歧加剧的政治选择。①

4. 政治参与影响政治文化

公民的政治态度、情感和意识，都包含在政治文化中。政治参与使公民提高对国家的认同感、对政府的信任度和对政治制度的包容精神，即所谓的"国家兴亡，匹夫有责"。公民也可以在政治参与的过程中，培养自己的主人翁意识，认识到自己是国家的主人，充分感受到自己的人格和价值，在行为上不仅行使政治权利，也自觉履行义务。因此，政治参与可以实现公民自我教育、养成健康理性政治人格。

5. 政治参与影响政治统治

具体来说，以公民对国家的政治认同为心理条件，影响政治统治的正当性。换言之，对国家的认同，在一定程度上是对政治统治的认同，即对其合法性的认同。众所周知，在社会主义国家中，人民是国家的主人，社会主义政治统治的原则是一切权力属于人民，而政治参与直接体现了该原则。

除了以上五方面，政治参与也影响政治管理的民主化，其重要内容就是公民参与政治管理过程和制约政治管理主体；影响历史的发展，推动人类文明不断进步；影响政治沟通、影响社会流动和自治等。

中国古代的儒家学派的核心思想之一是中庸，强调人的平衡与和谐，也常教导人们做事要有度，超过了某种度，事情就会发生变化。同样，政治参与也需要在合理范围内进行，过度的政治参与带来的副作用总表现为参与扩张的危机，这种所谓的"过度"的标准，对于不同性质的国家是不同的。但我们认为，无论何种政治系统，政治参与增长过快都会不可避免地带来负面作用。经过学者们的研究，可以归纳为以下三点：①政治参与增长过快可能会带来某些过激的政治参与，甚至包含不合理和不合法的参与形式。②政治参与的速度过快可能会使政治系统不堪重负，政治系统的承受能力要能够和政治参与相适应。③政治参与的增长意味着对政治系统的要求和压力频率增加，可能会导致政治系统无法正常运转。以上三点都是针对政治参与增长过快的情况下讨论的，但在正常情况下的政治参与并不会出现突然性增长。

在前文说过，过度政治参与在发达国家和发展中国家并不同，而大多数的副作用都是针对发展中国家研究的，但政治参与所带来的两难困境并不完全只在发展中国家有所体现，在发达国家中同样面临着参与扩张带来的难题。其内在逻辑是政治参与的意义在于政治意愿的表达，背后体现的是政治的而非效率的，这与政府的科层官僚体制在内在逻辑上相矛盾。

（二）政治参与的发展方向

从政治参与的理论发展来看，它是政治学和政治社会学研究的重要议题。就理论体

---

① ［美］曼库尔·奥尔森. 国家兴衰探源经济增长、滞胀与社会僵化［M］. 吕应中等译. 北京：商务印书馆，1999：48-52.

系来看，精英主义民主理论主张适当限制公民的政治参与，相反，参与民主理论主张广泛的公民政治参与。

精英主义学说认为，民主本质上是少数精英的统治，而非大部分人的统治。该理论学派的主要代表人物之一——托马斯·戴伊强调：国家政策不是由民众决定的；国家政策反映精英的价值观；精英对民众的影响多于民众对精英的影响。他们认为精英掌权是一个普遍现象，不论社会性质，所以在民主社会依然如此。在本书中，我们认为精英理论在政治生活中有一定的积极作用，但不能完全肯定精英们的全部做法。参与民主理论的主要观点是：政治参与不仅是一种积极的治理方法，也是达成公民社会目标的内容之一，是构建公民社会的纽带。但参与式民主理论在概念、价值与应用方面也存在着弊端，这是参与式民主一直难以拓展的重要原因。

从政治参与实践发展来看，由于影响政治参与的因素多且复杂，它的发展变化也变得极具不确定性。在某些形式的参与增加时，其他形式的参与可能会相应减少；某些政治不活跃群体可能会突然更多地涉入政治，而另一些群体可能就会减少甚至退出；当影响中央政府的活动增加时，地方参与的形式和渠道可能就会逐渐萎缩。种种现象表明，政治参与的发展变得扑朔迷离。

正如王浦劬等（2006）所说的，尽管政治参与的发展在一定时期内和地区范围内会出现突然波动，但是从长期的历史发展来看，政治参与在人类政治历史上不断扩大和加深是不可抗拒的[①]。对于具体的一个国家而言，发展经济，只有最大限度地提高社会经济发展水平，才能保证政治参与的物质基础；培养和提升公民的责任心，促使他们积极主动地参与政治，不仅具备政治参与的意识，也具备政治参与的高素质；提升政府的形象，在公民心中塑造一个权威性的政府，俘获民众的心；加强政治的各项制度建设，形成规范的政治参与体制机制，在吸引民众参与政治生活时，保障其健康有序地发展。

就目前发展中国家的政治参与现状来看，有学者经过研究后得出以下五点结论：①多样化政治参与形式并存，发展中国家在政治体制方面呈现出多样化色彩，不同国家所选择的政治体制不同，他们发展了各具特色的政治参与类型。②政治参与过程中，政治秩序不稳定，良好的政治参与必须是建立在良好的民主政治秩序基础上的。发展中国家普遍存在着政局不稳的现象，对政治参与的影响巨大，一方面，使公民在政治参与中无序和盲目；另一方面，造成了公民政治参与自身的不稳定，挫伤了公民积极参与政治的热情。③较低的经济发展水平引发了公民的政治参与冷漠。④政治参与的体制机制不健全也使公民政治参与低效率。⑤公民自身的民主意识淡薄和社会组织化程度低也进一步影响着公民的政治参与效度。总的来说，发展中国家在进行政治参与的实践中，因其自身的根本特质，导致进程缓慢，阻碍众多。但发展中国家不会停止对民主政治实践的探究，反而会不断试错，不断进步。

---

① 王浦劬等. 政治学基础（第2版）[M]. 北京：北京大学出版社，2006：183.

广泛且高质量的政治参与是政治现代化的重要标志，发展中国家在追求现代化的进程中，必然会不断精进政治参与。西方学者很早就研究了如何促进发展中国家的政治参与，在已有的成果中，以下两点最具代表性：①主张摒弃传统，照搬西方政治发展模式。②强化政府权威，对公民政治参与进行有效控制。我国学者对此也表达了四个观点：①完善公民政治参与体系；②促进经济发展，为公民政治参与提供物质基础；③提高公民政治参与素质；④加大社会组织培育。本书想要再补充三点：①既不能极端地完全抛弃传统，也不能过度地故步自封。我们要通过各种方式探索实现自我发展的最佳方式，对广大发展中国家而言，怎样以最小代价走出一条适合自身国情又符合时代潮流的政治参与道路是至关重要的。②实践的发展需要理论支撑，要立足于实践不断更新发展理论，反过来用理论指导实践，推动政治参与的不断发展。③寻找最优解，最好的、最完美的不一定是最合适的，要寻找最适合本国国情发展的政治参与，与国家性质相适应，与国家体制相匹配，与国家文化相统一。

三、社会变迁与政治参与的关系

随着社会的不断变迁，人们的政治参与方式和程度也在发生着变化。这种变化往往是由社会变迁所驱动的，同时又反过来影响着社会的进一步发展。下面我们将深入探讨社会变迁与政治参与的关系。

社会变迁和政治参与的含义。社会变迁是指社会结构、社会制度、社会价值观念等方面的变化，它往往由科技进步、经济发展、环境变化等多种因素所引起。例如，随着科技的进步，人们的沟通方式发生了变化，互联网的普及使人们可以通过社交媒体等渠道更方便地表达自己的观点和意见，从而影响政治决策。政治参与是指公民通过各种方式参与政治生活，包括选举、投票、组织活动、游行示威等。它是公民表达自己政治意愿和需求的重要途径，也是民主政治的重要体现。在社会变迁的背景下，政治参与的方式和程度也会发生变化。一方面，新的社会环境和条件会为政治参与提供新的平台和渠道。例如，互联网的普及使人们可以通过社交媒体等渠道进行"网络政治参与"，这种方式具有更高的透明度和便利性。另一方面，政治参与也会对社会变迁产生反作用。当公民广泛地参与到政治生活中时，他们的意见和需求会被更充分地表达和满足，从而推动社会的进一步发展。然而，社会变迁与政治参与的关系并不总是积极的。在社会转型时期，由于制度不健全、信息不对称等原因，政治参与有时会引发社会矛盾和冲突。因此，政府和社会各界需要共同努力，建立健全的制度机制，提高公民的政治素质和参与能力，以实现社会变迁与政治参与的良性互动。

综上所述，社会变迁与政治参与之间存在着复杂而密切的关系。一方面，社会变迁为社会政治参与提供了新的平台和渠道；另一方面，政治参与又对社会变迁产生反作用。因此，我们需要深入研究并理解这种关系，以便更好地推动社会的和谐发展。

（一）社会变迁对政治参与的作用

社会变革进程在一定程度上代表了社会利益的多样化和复杂化的过程。在利益分化和利益重组的推动下，公民产生了强烈的政治参与动机，并且对政治体系提出了多样化的要求。一方面，社会的快速变革使不同的社会集团不再依附于国家的整体利益，公民在面对自身利益问题时，变得越来越理智，这为公民的政治参与提供了前所未有的机遇。另一方面，不同阶层由于利益需求不同，对政治体系的要求自然不同，不同社会集团由于经济水平的差距，会产生各种各样的问题。此时，不同的社会团体就会为了维护和促进自身利益而积极参与政治生活。综上所述，社会变革对于政治参与的促进可以概括如下：

1. 社会变迁强化公民主体意识

公民主体意识和权力观念的强化是政治参与得以扩大的基础。社会中存在无数个社会团体，不同公民或团体之间的经济利益千差万别。在激烈的社会竞争中，每个公民个体或利益集团都有着强烈的意愿去维护和促进自身利益，因此，为了达成目标，他们必须拥有极其强烈、敏感的政治意识。这时，公民的政治参与不再是一项义务，而是一种权利，是一种主观的、自发的行为。

不同社会阶层成员的经济地位存在差距，一般情况下，一个人在社会中所处的社会阶层与其参与政治生活的意识成正比例关系。也就是说，一个人在社会中的地位越高，那么他参与政治事务的意愿就越强烈。相反，个人经济收入并不可观、社会地位相对低下的社会公民，政治参与的欲望往往不是很强烈。可见，一个社会的政治参与水平与其经济发展水平之间有着密切的联系，生活水平的提高可以反过来激发公众的政治参与意愿。在传统社会中，由于物质生活过于贫困，人们也没有多余的精力过问政治生活，政治对于公众而言，远不及填饱肚子现实。随着经济的发展，人们的物质生活水平得到提高，当温饱不成问题时，人们开始将更多的精力放在政治生活上，公众的低层次需求得到满足后，就会产生更高层次的需求。我国在社会变革的过程中，经济水平得到了飞速的发展，人们的政治参与意愿也空前增长，对于政治生活的要求也自然水涨船高。

2. 社会变迁转变政治参与模式

政治参与作为一种公民政治活动，往往需要在具体的历史条件下和特定的社会环境中才会发生。在社会发展变迁和政治国家更替的同时，政治参与不可能一成不变，在形式和内容上呈现出由简单到复杂、由低级到高级的发展趋势。也就是说，根据不同的历史时期和社会制度，政治参与的水平、性质和范围也必然不同。

新中国成立以来，随着社会结构的变迁，我国公民的政治参与也形成了与之相应的不同模式。各种社会团体在政治参与上表现出不同的特征，社会公民的政治参与也不再像以前那样只是一般性的权力参与和政治活动，它已经进入了公共政策的层面，对公共政策的形成和执行有重要影响。大体上可以分为两个阶段：

（1）第一阶段：新中国成立之后到党的十一届三中全会之前。在这一阶段，我国公民的政治参与主要表现为"革命型政治参与"和"动员型政治参与"。从政治参与目标来看，这一阶段我国公民政治参与的主旋律是"革命"，"革命"是当时推进社会进步、发展社会经济、提高生活质量的重要工具。从政治参与意识来看，新中国成立后一直到十一届三中全会期间，我国公民大多在政府的动员下参与到政治生活之中，因此称为"动员型政治参与"。

（2）第二阶段：党的十一届三中全会至今。自党的十一届三中全会后，我国的社会发生了伟大的历史性转折。会议在思想上肯定了"实践是检验真理的唯一标准"；在政治路线上，把经济建设视为党和国家在此阶段的工作重心。总体来看，这一时期中国公民的政治参与主要表现为"建设型政治参与"和"自主型政治参与"。这一阶段，在参与取向上我国公民表现出积极的建设性心态和行为模式。从公民政治参与意识来看，表现出鲜明的自主性特征。我国公民为了维护和促进自身利益，积极主动地对政治生活提出相关建议，就是"自主性政治参与"。在这一时期，公民获得了完全的经营自主权，并且成为了经济利益主体，与此同时，公民的自主权利也得到了法律层面的保护，基层群众自治制度得以建立，为公民的自主性提供了物质和法律上的保障，这些都是公民政治参与自主性和积极性极大提高的重要条件。

3. 社会变迁提高政治参与制度化水平

政治参与是公民将政治想法转变为具体行动的重要方式，就其政治作用来看，政治参与是公民为了保护自身合法权益而实施的影响政府政治决策制定和执行的行为，最终得以实现保护自身合法权益不受侵害的过程。政治体系承担着社会价值分配和公共财富调节的任务，公民为了获取自身最大的社会权益，必然会参与其中。

中国共产党人坚持并发展了马克思主义政治参与思想，始终将人民政治参与作为社会主义民主的重要内容。毛泽东历来强调要相信群众、依靠群众、组织动员群众，调动一切积极因素，进行革命和建设。早在五四时期，毛泽东就设想由"工人农民办理政治"，后来提出"唤起工农千百万，同心干"，充分肯定了人民群众参与社会变革、参与政治生活的重要作用。以毛泽东同志为核心的党的第一代中央领导集体确立了我国政治参与的制度框架，以保障人民群众当家作主的民主权利。改革开放以来，党和国家领导人对政治参与的内涵和实质作了进一步概括和提炼，强调社会主义国家政治参与的实质是人民当家作主。邓小平指出，在社会主义国家，政治参与的内涵就是"同人民一起商量着办事"。① 江泽民指出，要坚持和完善社会主义民主制度，扩大公民有序政治参与，保证人民依法实行民主选举、民主决策、民主管理和民主监督，享有广泛的权利和自由。胡锦涛指出，要坚持国家一切权力属于人民，从各个层次、各个领域扩大公民有序政治参与，最广泛地动员和组织人民依法管理国家事务和社会事务、管理经济和文

① 《邓小平文选》第三卷助读编写组. 《邓小平文选（第3卷）》助读［M］. 北京：新华出版社，1993：268.

化事业，并提出必须保证人民群众的知情权、参与权、表达权和监督权。

习近平新时代中国特色社会主义思想中包含着十分丰富的政治参与的重要论述，包括坚持走中国特色社会主义政治发展道路、用制度体系保证人民当家作主、推动协商民主广泛多层制度化发展、扩大人民有序政治参与等。习近平强调，发展社会主义民主政治就是要体现人民意志、保障人民权益、激发人民创造活力，用制度体系保证人民当家作主。他指出，要改进党的领导方式和执政方式，保证党领导人民有效治理国家；扩大人民有序政治参与，保证人民依法实行民主选举、民主协商、民主决策、民主管理、民主监督；保证人民依法享有广泛权利和自由；保障人民知情权、参与权、表达权、监督权。①

（二）政治参与对社会变迁的影响

由上述可知，尽管社会变迁对政治参与有着重要的影响，但这并不代表政治参与不会对社会的调整变迁发生作用。政治参与是公民权利得以实现的主要途径，在人们的政治生活和社会生活中都起着关键性的作用，直接影响着当前中国社会变迁的进程。政治参与在社会变迁的过程中，主要有以下三个作用：

1. 政治参与影响利益关系

公民参与政治生活的直接目的就是维护和促进自身利益，公民政治参与最直接的动力来源就是自身利益无法得到满足、利益分配的不公平等带给他们的失望感。这种政治参与的欲望指向政府决策，以争取包括物质利益、政治利益和精神文化利益在内的各种利益。不同的阶层社会地位和拥有的可支配资源都是不同的，因此每个阶层政治参与的影响程度也是不同的。公民的政治参与会对社会利益的分配和阶级层次的调整产生重要的影响，影响到社会利益、阶层格局的调整。政治参与的制度化水平直接关系到社会各个阶层之间的利益分配是否公平合理，有效的政治参与为公民提供了表达利益诉求的合法渠道，缓和各个阶层之间的利益冲突，使各个阶层之间的竞争产生正向效应，以此来促进社会和谐稳定的发展。

2. 政治参与促进社会阶层的分化

政治参与通过与社会流动的关系促进社会阶层的分化，社会流动是指人们在社会关系的空间中从一个地位向另一个地位移动的过程。个人流动与集体政治参与往往是公民想改变自身经济地位时的最佳选择。在一定前提下，两者可以相互兼容。公民参与可以创造机会和动力，营造必要的政治环境，并通过公民政治生活中的机制促进社会成员流动。公民的社会流动打破了传统身份限制，这也是社会阶层改变的关键推动力。但如果通过社会流动都不能满足人们的需要，那就会产生失望感，而这种感觉也是引发政治不稳定的一个重要因素。通过全面动员社会各阶层的经济发展活动和加快社会流动，政治

---

①　习近平.决胜全面建成小康社会　夺取新时代中国特色社会主义伟大胜利——在中国共产党第十九次全国代表大会上的报告［M］.北京：人民出版社，2017：37.

参与可以促进整个社会的变革。

3. 政治参与构筑政治文化保障机制

政治参与不仅是成为政治背景下公民教育的重要工具，也是促进政治文化的重要工具，还是公民权利社会化的重要工具。公民参与政治的方式促进了公民的民主意识，提高了他们承担责任和参政议政的能力。公民参与发展社会主义政治文化中平等、法治、民主、权利和竞争的现代思想，也为运作政治文化奠定了基础。急剧的社会阶层分化需要正确的政治文化提供动力支持，它受到很多因素的影响，这些因素对于其发展变迁而言都至关重要。政治文化能否与阶层分化相协调是民主政治建设的关键。

（三）中国社会变迁与政治参与的发展

1. 当代中国社会变迁的特点

任何一个社会都不是一经形成就固定不变的，它永远处于发展变化之中。综观我国出台的各种政策不难发现，我国社会结构的更替变迁大致上是受到经济体制改革和社会政治调整的影响才发生的，这一过程并不是在国家政府的政策干预和协调下发生的。由此可见，社会结构的转型只是一个自然发生的转型过程。自从改革开放开始后，我国社会阶级结构不断发生变化，发展成为现代化的社会阶级结构，可以说我国早已存在现代化社会阶级结构的雏形。

自改革开放以来，我国的社会结构正朝着现代化社会迈进，时至今日，我国正乘势而上开启全面建设社会主义现代化国家的新征程。中国整体社会结构发生了翻天覆地的变化。原有的社会阶级阶层，如农民、工人、知识分子都发生了变化，还产生了很多新的社会阶层。城乡人口结构发生了根本变化，从 21 世纪初中国以农村为主体，变为当前的以城市常住人口为主体的社会。城乡人口结构变化带来居民生产方式、生活方式、生活习惯、思想观念的巨大变迁。伴随中产阶层的扩大或者中等收入群体的扩大，中国进入了消费社会阶段，消费作为主要引擎，拉动着经济的走向，对国家的经济配置起到了非常重要的作用。

2. 中国社会变迁与政治参与的互动分析

自我国改革开放开始，政治参与的快速发展与社会变化是密不可分的。这种变化应该表现在政治层面上，而这种政治层面的变化直接导致了政治参与的迅速发展。随着改革开放的深化和由此促进的社会迅速发展，公民的政治参与也迅速发展。政治参与日益兴起的事实正说明了我国公民对于自身利益的重视。公民在实现自身利益的过程中，要通过合理合法的方式使用政治权利，这时政治参与就具有不可忽视的作用。公民意识到，可以通过介入政治过程，努力争取、实现和维护自身利益。因此，政治参与的迅速发展是改革开放以来社会进步和政治发展的一项重要成果。

（1）在改革的推动下，社会的政治关系发生了根本性的变化，为政治参与发展创造了条件。实现社会主义现代化，是我国长期以来努力拼搏的一大目标，我们为了将社会利益合理分配，促进社会各阶层和谐相处，付出了巨大的努力，也作出了许多政治上的调整。经过这样的调整，我国的社会结构正在发生变化，特别是改革朝着建立社会主义市场经济体制的方向发展。随着社会结构的变革，国家权力逐渐退出经济和社会生活的许多领域，产生了不完全归属于国家的社会领域，政治关系和社会关系也经历了深刻变化。由于上述原因，政治问题和政治进程受社会公民活动的影响越来越频繁，新的社会、政治以及政治机制不断发展、成熟。社会民主政治越是发展，成员就越主动参与政治生活。

（2）在改革的过程中，政治体制自身发生了深刻的变化，成为政治参与发展的推力。在改革开放的过程中，政治体制在广泛动员社会成员的同时，本身也在不断演变。在经济改革的每个阶段，政治体制改革都发挥着重要的作用，与此同时，政治制度本身正在进行全面的改革和调整。此外，除协调内部政治关系外，制度内政治进程也发生了显著变化。新的政治进程必须处理社会政治问题，以最有影响力的方式分配其价值，使政治生活更加透明、政府决策更加民主，以及民主制度得到进一步发展，这都是我国公民广泛政治参与的重要前提。

（3）改革和社会变动的过程导致了政治文化的变迁为政治参与发展做好了准备。政治文化是指在某些时期广泛存在的某一种政治态度或观念。这样的政治文化受历史和当前社会、经济和政治活动的影响。政治化是一种主观的政治情感，但也对人们的政治行为产生严重的影响。我们国家的政治文化已经发生了根本性的变化，从传统转向现代的变化激发了公民对政治生活的兴趣。在这个过程中，社会公众逐步参与到政治生活当中。随着参与政治文化的逐步形成，社会公众的意识也越来越强。当公民将这种意识转变为实际行动时，通过政治参与表达自己的利益要求成为越来越多公民的选择。

第三节　中国有序政治参与的意义与途径

由传统社会走向现代社会的过程中，政治参与的逐步扩大是不可避免的趋势。在现代化的过程中，随着社会经济的不断发展，社会公众对生活质量的追求和期望也在逐步提高，他们也更加渴望参与到政治生活之中。这表明，在社会转型时期经济的快速增长以及个人主观意识的提高，与广泛的政治参与是相辅相成的。对于政治参与的作用和正向意义，主要体现在以下三个方面。

一、政治参与与政治民主

人们在社会中所处的地位、看待问题的角度、解决问题的方法不同，对于民主的看法也不尽相同。但有一点毋庸置疑，那就是政治民主意味着公民对政治生活的广泛参与。广泛的政治参与是民主体制与专制体制的根本区别所在。

（一）政治参与与政治民主的复杂关系

政治参与和政治民主之间的关系错综复杂，两者之间并不是简单的对应关系在实现政治民主的过程中，政治参与是最核心的因素。通过政治参与，社会公众可以对统治阶级产生某种影响，使政府在制定和执行政治决策时，始终把公民的意见视为重要的考虑因素。但是，政治参与也并不一定导致政治民主，有时还可能引起"政治衰退"，给社会稳定带来负面影响。不置可否的是，在每个社会中，都会存在不积极参与政治生活的边缘人群，不同社会群体对于政治生活的要求是不同的，当边缘化群体成为政治体系的全面参与者时，政治制度可能会面临风险，因为要求过多增强政治制度的不稳定性，削弱政治制度的权威。这意味着，政治参与并不是越广泛效果越好，当公民对于政治生活提出的意见过多过杂时，我们只能着重考虑部分社会成员的建议。

在现代社会里，民主政治建设是促进一个国家在特定历史时期全面发展经济的重要步骤。然而，想要做好民主政治建设工作，公民有序的政治参与是必不可少的。广泛的公民政治参与对于解决现代化进程中的政治问题，协调平衡各个阶层之间的利益关系，促进社会和谐稳定的发展具有十分重要的意义。当前，乘着经济飞速发展的东风，我国的民主政治建设也迎来了全新的篇章，政治体制改革也迈入了新的征程。各项政治制度不断完善，基层公民的政治参与意识逐步增强，公民权益得到有效保障。可以说，我国的民主政治建设取得了前所未有的伟大成就。当然，受到历史环境和各种宏观、微观因素的影响，我国的民主政治建设并不是一帆风顺的，仍然存在诸多问题亟须解决。不解决这些问题将直接影响我们的民主政策的发展，可能阻碍我们实现社会主义现代化的步伐。因此，必须促进各阶层公民的有序政治参与，必须分析现有的实际情况，找出具体的问题，制定明确的理论导则。

（二）政治参与对政治民主的促进作用

1. 政治参与是公民表达、维护、实现个人以及团体利益的现实途径

政治参与本身不是目的，而是实现目的的一种途径。只有通过政治参与，才能更好地维护和促进个人和团体的利益。由于政府的诸多政策直接或间接地涉及社会公众的利益，因此公民个人以及社会团体有权利通过政治参与去影响政府政策的制定、执行，这便是民主政治的基本要求。公民政治参与的持续压力，以及通过选举权等表现出来的明确的政策倾向，都是政府在政策制定过程中的重要依据，以此来保证政府出台的政策更加符合社会公民的意愿，能够更加直接地反映公众的利益诉求。

从社会公众的角度出发，他们参与政治的根本动机本质上是出于利益，尤其是物质利益的考量。当公民感觉到自身利益受到威胁时，就会采取正当合法的手段，来向管理者表达自身维护利益的诉求，而这些手段中最合理有效的便是政治参与。公民通过政治参与来关注他们感兴趣或者是关系到其自身利益的社会以及政治问题，他们参与政治生活的目的就在于以最小的的代价换取最大的利益。

2. 政治参与是巩固和发展民主制度，强化公众对政府监督的有效手段

广泛的政治参与是公民和国家之间积极互动的表现。公民广泛的政治参与以不同的方式实现自己的利益、意愿和要求，并且监督和限制政府工作人员对国家权力的行使。更广泛的公民政治参与的影响还可以发挥强大的控制作用，要求政府在法律上发挥作用，并对社会负责。人民可以通过各种形式的政治参与或影响政策执行来表达他们的意见，这对国家权力下的社会控制和民主保护至关重要。透明度是政府工作人员认真履行职责和义务的必要保证，社会公民广泛的政治参与有助于提高政府官员工作的透明度，使其秉着为人民服务的宗旨使用权力。

3. 政治参与有利于实现社会和谐稳定，促进政治民主化

有序的政治参与应以公民的价值观和利益诉求为基础，这为政府政策的成功实施打下了坚实的基础，并为一个和谐稳定的社会创造条件。如果人民不能通过合理合法的渠道表达他们在政治生活中的利益诉求，那么不仅会阻碍社会稳定发展，而且会破坏社会秩序，构成对民主政治的严重威胁。有序的政治参与为公民提供了系统有效的参与政治生活的途径，消除了实现社会稳定的障碍，并促进民主化政治。

二、政治参与与政治稳定

随着社会经济的发展、社会现代化进程的不断加速，政治参与不断扩大，公民对政治生活的参与程度大大提高。政治参与与政治稳定之间有着极高的关联度，合理高效的政治秩序为我国公民的政治参与打下了良好的基础；而有序的政治参与又会对社会的政治稳定创造有利条件。一般情况下，政治参与水平和质量都较高的国家，会拥有更加稳定的政治生活。

（一）政治参与与政治稳定的双向关系

1. 政治参与与政治稳定的正向关系

第一，有效的政治参与是政府获得公民感性支持的关键，这有助于提高政府的公信力，也是我国政治稳定发展的必要前提。政治参与建立在对公民与国家、政治制度和政治权力的心理认同之上，也就是说，公民对于国家、社会而言拥有的权利、义务以及责任关系。当公民在心理上认同政治体系和政治权威时，必然会强化公民对于政治生活的参与意识和责任意识。将政治参与看作是公民对于国家和政府出台的政治政策认同的表现，那么广泛的政治参与就会有助于公民对政治权威的服从，有利于政治稳定。

第二，有序的政治参与和政治体系的稳定相辅相成，两者对于社会的发展而言都是缺一不可的。如果政治体系不够稳定，那么政治参与将会背离它最初的目的，甚至沦为政府工作人员争功诿过、推卸责任的工具。如果一个政治体系无法得到社会公众的认同就无法稳定和谐地向前发展，就会失去合法性，政府就会失去公民的信任和支持，公民也无法找到合理有效的渠道参与到政治生活之中；一个社会如果将公民完全排除在外，一意孤行，不以群众为中心，做不到集思广益，那么它也将无法稳定发展。

2. 政治参与与政治稳定的负向关系

政治参与与政治稳定之间并不总是相互有益的关系，政治社会是否稳定不仅取决于公民政治参与的成熟程度，也取决于政治体制是否完善。而且从更宽泛的范围而言，政治参与也包括那些非法的、不道德的政治行为。一般情况下，公民政治参与成熟度与政治制度化之间呈正相关关系，即政治参与越成熟，政治制度化程度越高。想要提高政治制度化的程度，促进政治稳定，那么社会公民参与政治生活的方式必须是合理合法的。相反，如果公民只是通过法律允许范围之外的方式对政治生活加以干预，那么就无法保证政治的稳定发展，甚至还会破坏政治的制度化进程。由此可见，非法的、无效的政治参与严重影响着政治稳定，破坏政治秩序。

（二）政治参与对政治稳定的促进作用

1. 政治参与满足公民对政治生活更多参与的愿望，强化公民的政治认同

随着社会的变迁以及经济的快速发展，人们越来越渴望通过参与政治生活来维护和促进自身的利益。这时，如果不能及时地通过制度改革和建设有效地满足人民对于政治参与的要求，引发社会公众的不满情绪就会成为必然，浇灭社会公众对于政治生活的参与热情，进而威胁到政治社会的稳定。研究表明，在社会转型时期，造成政治动荡的主要因素就是公民具有强烈的政治参与意识，然而政府相应的制度建设却无法与之匹配。在社会现代化进程中，社会飞速发展变迁，新萌芽的社会团体为了自身权益迅速进入政治领域，但此时政治制度却得不到相应的改革，这是造成社会无法稳定向前发展的主要原因。由此可知，通过制度建设满足公民日趋强烈的参与愿望和要求，必然会大大加强社会公众的主人翁意识和责任感，提高他们对政治权威的认同度，扩大政治体系的合法合理基础，为政治稳定创造条件。

2. 政治参与是将政府与公众联系起来的纽带，使政府决策更贴合民意

在传统社会中，统治阶级垄断了一切政治资源，公民的政治参与渠道受到阻碍，使得政府与公众之间的信息沟通，尤其是公民意愿的表达受到严重影响。这种信息沟通中的障碍，经常会导致政府官员的独断专行以及政治决策的不合理，严重情况下会导致社会的不稳定。而政治参与的扩大，实际上为公民表达自身诉求提供了方便，有助于政府及时、准确地了解社会公众对政治生活的意见，使决策更加符合社会公众的主观意愿。同时，畅通无阻的信息沟通渠道，也有助于政府工作人员及时发现和纠正决策方面存在的问题，以便纠正政策执行过程中产生的偏差，以免公民和政府之间由于无法良好沟通而产生不良后果。

3. 政治参与起到安全屏障的作用

在政治参与渠道不通的情况下，社会公众无法表达自己对于政治生活的合理诉求，他们的利益就很难得到应有的保障。当公民找不到合理合法的渠道表达意愿时，为了维护自身权益，他们就会采取非正当乃至非法的方式来满足自身愿望，从而站在政府的对立面，这时，哪怕是一个非常小的诱因，都可能会带来难以估量的后果。而政治参与的

扩大，则为公民宣泄不满情绪、表达要求和愿望、维护自身的权益提供了正常、合法、多样而通畅的渠道，这无异于是保证社会稳定的安全屏障。有了政治参与这个安全保障，决策者可以及时了解社会公众对于政治政策的看法，明确问题的关键所在，而后采取恰当有效的措施加以解决，以此来保证公民的合法权益不受侵害。

虽然改革开放为我国社会的发展提供了良好的经济基础，也促使我国公民的政治参与进入了全新阶段，但是，这种政治参与并不能完全满足我国社会主义和市场经济发展的全部要求。因此，全面推进公民的政治参与迫在眉睫。提高政治参与程度，推进政治现代化建设已经是我国社会主义现代化进程中不可忽视的任务。当前，要想提高政治参与程度，需要做到以下三个方面：①政治参与要和社会主义市场经济以及社会主义民主政治建设的要求相适应，要优化适合公民参与政治生活的制度环境，加强公民政治参与的制度化和法治化建设；②要保证公民能够畅通无阻地参与到政治生活中去，通过政治参与了解、满足公民政治诉求，使政治参与可以在政治社会中良好有序地运作；③还要不断解放思想，提高公民的政治文化素质，增强公民的政治意识。

三、中国有序政治参与的途径与机制完善

现阶段，想要在我国保证民主政治建设事业的稳步向前，公民有序的政治参与是必不可少的过程。公民有序的政治参与在一定程度上是推动我国社会稳步向前、民主政治良好发展的重要途径。一个国家公民政治参与的深度和广度是衡量该国民主政治发展程度的重要标尺，有序的政治参与对于改善公民生活质量、提高经济水平而言至关重要。随着社会民主政治的发展，社会公民的政治参与也在不断深入扩大，公民广泛而有序的政治参与有助于实现政府政治决策的科学化和民主化，对于维持政治体系的良性运作也至关重要。共产党作为我国的执政党，越来越重视在国家的政治文明发展中有序的政治参与。在新的历史时代，鉴于党内经济、政治、文化和社会特征的变化以及要求党内部民主，有秩序的公民参与尤为重要。研究中国的有序参政问题对于加强国家政治改革、提高共产党领导能力以及政府促进科学发展和社会和谐的能力至关重要。

（一）中国有序政治参与的内涵

公民有序政治参与是指公民在认同现有制度的前提下，为促进国家与社会的发展，提高政府管理公共事务的能力和绩效，维护公民的合法权益等而进行的各种有序的政治活动，它包括各种利益表达、利益维护的方式，是有领导、有组织、有秩序、自主、理性和适度的政治参与行为，有序也包括合法化、理性化、秩序化和适度原则。

1. 合法化

"合法化"在这里指的是法律意义上合法，民主政治是一种法治政治，公民的任何行为都不能脱离法律而存在。公民有序的政治参与必须在法律允许的范围内进行，公民有秩序地参加政治生活需要按照宪法和法律框架维持现有的政治秩序。

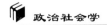

2. 理性化

公民在政治生活的过程中，不能感情用事，盲目地追随大多数人，而不进行理性独立的思考。公民要站在法律允许的范围内，就问题本身发表意见，进而维护自身的合法权益，而不是毫无理由地对政治生活加以干预。理性化政治参与是指社会公众基于自身利益和需要而自发主动地以某种合理合法的方式对政治生活进行干预，表现为对利益目标的合理追求，对宪法的遵循，对政治问题的理性分析，以及对参与方式的正确选择，并注重政治参与成效。

3. 秩序化

所谓的秩序化指的是公民在就政治问题发表意见时，必须要尊重已有的秩序和准则，按部就班地走流程。社会成员按照已有的规则办事，就可以避免流程混乱，效率低下等一系列问题。相反，如果参与政治生活的公民不遵循已有的程序规则，做事完全随心所欲，毫无章法，这样不仅不能实现政治参与的价值和目标，反而会适得其反，甚至还会违背社会道德乃至触犯法律红线。

4. 适度原则

公民适当的政治参与有助于经济的快速发展以及社会的和谐稳定，但是公民对政治生活的干预并不是越多越好。当公民滥用手中的政治权力，不以大局为重，一心只考虑自身权益而以牺牲社会整体利益为代价时，将会破坏社会稳定，阻碍社会经济发展。

（二）中国公民有序的政治参与的意义

由于社会公民在政治生活中的影响力不断上升，那么他们通过政治参与进行政治意愿表达，并且对政府政治决策产生直接或间接的影响，这是保证社会稳定发展的重要条件。构建民主政治的主要问题就是公民的有序政治参与。扩大公民有序的政治参与，是现阶段加强我国民主政治建设的迫切需要，也是我国建立社会主义市场经济发展和建立社会主义和谐社会的关键步骤。

1. 公民有序的政治参与有利于加强社会主义民主政治建设

在我国社会主义现代化伟大事业的建设过程中，想要发展民主政治、改善公民生活质量，早日实现中华民族伟大复兴的中国梦，扩大公民有序的政治参与是必不可少的。为人民服务一直以来都是我们党工作的最高宗旨，将人民放在社会发展的中心也是我们稳步向前的必然要求。要发扬社会主义民主，就要确保人民当家作主。自从改革开放以来，我国逐步建立起社会主义市场经济体制，政治体制改革也得以深入发展，公民有序的政治参与成为保障公民自身利益的重要途径。公民找到了合理合法的渠道表达自身意愿，政府在决策时也可以将公民的想法考虑其中，做到一切服务为了人民，这些都有利于我国民主政治建设事业的快速发展。

2. 公民有序的政治参与有助于发展和完善社会主义市场经济

我国社会主义市场经济的发展无论是在理论上，还是在实践过程中，都离不开公民的政治参与。我国发展社会主义市场经济的根本目标就在于提高人民的生活质量，因此我们必须要考虑公民对于政治决策的意见和看法。在我国传统的计划经济时代，公民之间的利益需求具有一致性，在经济发展过程中也不存在过于复杂的政治制度，因此公民对于政治问题也很难产生共鸣。不断深化的经济体制改革对我国的民主建设产生了深远的影响，政治体制也由简单模式逐渐转为复杂模式，这也极大地鼓舞着公民参与到政治生活之中。市场经济要求政府实行民主透明的决策程序，要求政府根据不同的民众和利益集团的要求和期望开展工作，并指明不同部门和集团的政治活动方向。这也要求公民和社会团体广泛参与，以便政府建立一个有效的监督体制，这也需要公民和社会团体的广泛参与。

3. 公民有序政治参与有利于构建社会主义和谐社会

公民有序政治参与是实现社会公平的政治保障。自中华人民共和国成立以来，为了探索出一条适合我国发展的正确道路，我国的政府领导者不断尝试，这期间曾取得过伟大的成就，但也难免遇到挫折。但历史实践证明，只有广大民众的有序政治参与，才能充分实现不同群体在同一政治舞台上的利益，并且将公民的意见和想法通过合理的渠道传递给政府。政府应能顾及社会成员和不同团体的利益需求，并向其提供适当的解决办法。社会利益的多元化，要求政治体制能够包容并合理地表达公民的合法权益，并给予充分的尊重，如此才能更好地引导社会各利益集团之间的关系。从这个意义上来讲，有序的政治参与是表达公民利益和解决社会冲突的有效途径，只有这样，才能构建社会主义和谐社会。

（三）完善中国有序政治参与途径的方法

党的十九大报告强调保证人民依法通过各种途径和形式管理国家事务，管理经济文化事业，管理社会事务，巩固和发展生动活泼、安定团结的政治局面，为我国扩大人民有序政治参与的进一步发展指明了方向。党的十九届四中全会进一步强调，在坚持中国特色社会主义根本制度、基本制度和重要制度的前提下，不断完善人民政治参与的制度建设，使各方面制度和国家治理更好体现人民意志、保障人民权益、激发人民创造，确保人民依法通过各种途径和形式管理国家事务，管理经济文化事业，管理社会事务。

1. 为公民提供有序表达政治意愿的社会舆论环境

众所周知，舆论具有极强的开放性和包容性，它的这些特点为营造良好有序的政治参与氛围开启了困难模式。但毋庸置疑的是，一个有担当的政党、一个负责任的政府，无论在任何历史时期、任何社会阶段，都必须足够重视社会舆论中隐藏的群众意见和利益诉求。政府工作人员必须具有超强的舆论敏感性，要清楚地了解到社会公众对政治问题的看法，整合意见找到关键症结并提出相应的解决策略，而不能站在群众意见的对立面，对舆论意见视而不见，最终产生不良后果。除此之外，政府还要十分注意培养大批可以代表党、国家和全体人民根本利益发声的媒体精英和优秀代言人，着力培育能够聚集和释放社会正能量的主流媒体体系，以主动介入、联合发声的舆论合力维护社会争议，保护公民合法权益，创造良好的政治参与环境。

2. 为公民政治参与途径提供制度保障

从我国公民政治参与实践来看，我国现行法律制度在政治参与方面给予的保障不足，致使社会公民不知如何有效地行使自己在政治参与方面的合法权利，对于公民在合法权益受到危害后如何争取补偿也没有详细明确的规定。一些公民表达意见和维护自身或公共利益时，往往借助于一些不合理的参与方式。因此，现行制度应该明确规定公民政治参与的内容、程序、方式、途径等，通过建立和完善合法的、权威的政治制度来保障公民的政治参与权，来避免社会公民毫无章法、随心所欲地干涉政府政策的制定和执行。

3. 营造公民积极参与政治生活的社会氛围，提高公民主体意识和参与能力

公民主体意识的普遍觉醒、参与公共决策成为公民生活需要的过程，为公民社会的兴起创造了条件。在过去的很长一段时间里，我国公民的政治意识没有得到系统的教育，因此公民社会也尚未形成。要激发公民参与的积极性，提高时效性，就需要提高社会公众的主体意识。培养良好的公民意识，有利于提高全民族的道德素质，促进社会主义政治文明建设，为构建和谐社会提供强大的精神支撑。因此，我们应该努力培育公民意识，培育公共精神，营造公民社会氛围，为公民有序的政治参与提供文化支持。

4. 维护公平正义，为公民有序政治参与提供根本保证

公民参与政治生活的主要目的是维护和促进自身利益，确保公民的合法权益不受侵犯。只有当社会公民在政治参与的过程中感受到民主公平，而不是存在包庇阴暗等情况时，才会有足够的内驱动力来参与政治生活。因此，政府工作人员必须认识到，自己并不是社会财富和政治权利的拥有者、支配者，而是公民合法权益的维护者。只有当政府工作者维护了公民合法权益、保证了社会公平正义之后，才能真正做到服务社会大众，以此来提高政府公信力，取得公民的信任和拥护。

（四）健全中国有序政治参与机制的措施

社会公民有序的政治参与的前提就是各项政治参与制度的建立和完善。完善的政治参与机制是保证公民有序政治参与的重要前提。参与机制得到完善了，公民才能找到合理合法的途径参与政治生活，就政治问题发表意见，才能做到切实维护自身利益。因此，我们必须重视政治参与机制的完善，保证公民有序参与到政治生活中去。

1. 建立社会利益群体有序、规范的组织机制

我国公民有序政治参与的组织团体较单一，除政府组织外，其他社会集团发展滞后，社会公民在就政治问题发表意见时，无法将意见集中表达，他们对于自身利益诉求的表达大多是不准确的和多样的，这极大地影响了公民政治参与的有效性。在政府职能转变的过渡时期，社会上难免存在一些制度无法有效管控的地带，此外，我国社会团体还不具有完善的组织机制，这些都加剧了社会冲突产生的可能性。由此可见，提高公民的组织化程度，加强社会集团的组织化管理，是保证社会公民有序参与政治生活的必要条件。在社会发展变迁的历史长河中，公民组织化对于社会公民有序的政治参与而言至关重要。公民的组织化程度和公民权利的行使成正比例关系，公民团体的组织化程度高低直接关系到他们是否容易遭受权力侵害。当公民作为个体面对公共权力时，强权力与弱权利会形成强烈的对比，权力侵犯权利的成本非常小。正所谓"独木不成林"，当社会公民以个人为单位，对侵权行为提出控诉时，效果往往甚微；如果是以组织化的团体为单位，那么他们的合法权益就不易受到侵害。因此，想要有力保障社会公民合法权益不受侵害，提高社会公民的组织化程度是相当必要的。提高公民的组织化程度，对实现公民有序的政治参与具有重要意义。

2. 健全和完善信息公开制度

在公共决策中，无论是涉及其中的公民，还是政治决策的制定者，他们都不可能忽视信息的重要性。对于公民而言，如果他对政治决策一无所知，那么他将无法很好地参与政治生活，无法就社会政治问题发表意见。对于政策参与者来说，充分地了解信息，是他们参与政治生活、发表政治意见的必要准备。掌握的决策信息是否完备、准确，是影响公民参与政治生活质量的重要因素。因此，为了保证政府决策的科学民主，加快我国社会主义现代化事业的进程，建设民主政治，就要确保公民可以积极主动、不受限制地参与到政治生活之中。通过公开必要的政府信息，消除公民对政府决策的模糊感、陌生感，从而就政治问题提供合理、准确、具有参考价值的意见。

综上所述，建立健全信息公开制度是非常有必要的。信息公开是公民有序政治参与顺利进行的前提，是民主政治建设和发展的基本原则，是建设社会主义民主政治的基本要求。要完善信息公开制度，重点建立相关的法律法规，通过法律的约束使信息公开不打折扣。为了保证政府制定的政治决策更加科学民主，更加符合社会公众的合理期待，以不危害国家安全为前提的信息公开是十分有必要的。公民只有在了解了政府政策所要传达的正确信息后，才能从自身实际情况出发，理智地发表意见。

3. 建立健全公民对公共权力有序、有效的监督机制

现代社会政治发展的规律表明，在行使公权力的惯性下，所有拥有公权力的政府工作人员都存在不同程度的权力滥用。因此，为了保证政治权利的合理利用，必须发展一种力量来与权力滥用进行抗衡。为了保证公民合法权益、保证社会的稳定发展，必须要建立切实有效的权力监督体系，真正实现对公权力的制约和监督。如何避免政府工作人员在执行任务时以权谋私的现象，保证政治权力完全用于发展社会经济和民主政治，一直是政治家追求的目标。公民要有秩序地参与政治生活，就必须保障公民能够正常行使自己的合法权益。因此，一定要存在监督政府工作人员正确使用政治权力的机制，以防止权力滥用、独断专行等有害政治现象。换句话说，就是要通过有效的监督机制来帮助社会成员明辨是非，奖惩分明，扬正抑邪，以避免挫伤群众监督工作的积极性，确保国家机关及其工作人员群众监督工作的正常开展。

4. 健全基层群众自治制度

村民自治或城市居民自治，可以充分调动群众的自我管理的积极性，发扬民主，自

我监督、自我约束、自我完善，有利于社会矛盾就地化解，有利于社会的长治久安。实行基层群众自治制度的意义就在于，能够让社会公民更方便地表达自身的利益诉求，并且广泛参与到政治生活中，真正实现人民当家作主。在我国实行基层群众自治制度是与广大人民群众切身利益密切相关的，是能够直接反映人民群众最根本的利益诉求的。在基层群众自治制度的内容上，群众自治是涉及广泛、关系到群众方方面面的切身利益，是广大人民群众能够看得见摸得着的根本利益，要让人民群众能够保护自己的权利不受侵犯。在行使自身民主权利的方式上，人民群众在自己所生活的社区或其他基层组织内，通过选举、决策、管理和监督等方式直接参与到基层公共事务和公益事业的管理中，这就使民主政治参与具有直接性和有效性。这样可以体现出基层群众自治制度的优势和特点，即调动人民群众政治参与的积极性，增强民主的广泛性和真实性。

5. 把网络政治参与纳入制度化轨道

身处互联网时代，每个公民都能感受到互联网所带来便利与快捷。人们可以利用互联网来提高政治参与的质量，并且拓宽政治参与的渠道，这些都在很大程度上促进了公民的政治参与。然而，万事万物都有正、反两方面的特性，互联网也不例外。我们在利用其积极促进作用的同时，也不得不受到其消极阻碍作用的干扰。面对网络上充斥的大量信息，很多网民缺乏对信息的甄别能力。在有限的时间内，网民对互联网的信息不能做出明确的判断，这就导致很多网民对客观事件存在主观判断。此外，互联网的广泛应用为集体上访等群体性事件的发生与恶化提供了更为便捷的方式，对网络舆论带来的压力会给政府带来压力。

面对这种情况，我认为有以下三点要做：①要针对互联网进行立法，完善相关法律法规。制定完善的法律可以约束网民政治参与不规范行为，这是规范网络政治参与的关键程序。可以运用法律的武器，明确所有互联网参与者的权利和义务，并依法打击使用互联网从事非法行为的人。②要发挥好互联网的作用，打破信息的壁垒，让信息收集的弱势群体也能品尝到互联网时代的红利，让网络政治参与得到全面发展。③引导和规范网络政治参与行为走向正轨。作为政府机构，更应该加强对互联网的参与监管。在网络上做到政务公开，同时，要控制网络极端言论的传播，正向引导公民在网络上发表理性的意见或建议。

社会主义市场经济的确立、发展和不断完善，让中国经济这棵树苗在适宜的土壤上得到了呵护和滋养，使其真正成长为一棵参天大树。伴随着经济的腾飞，公民自身素质也得到了很大的提高。正因如此，公民在政治参与中维护自己的既得利益并且获得新的利益的愿望也应该得到满足。当前，我国正处于实现中华民族伟大复兴的关键时期，世界历史也正面对百年未有之大变局。当此非常时期，我国的民主政治建设和我国的公民政治参与都面临着十分严峻的挑战。面对国际上政治、经济、文化以及社会格局的变迁，当前的重中之重就是扩大公民有序政治参与。公民广泛并且有序的政治参与，是政府决策科学化、民主化的重要保障，也是维持我国政治体制健康运行的关键。当前，我国广泛公民政治参与不全面、不完善的原因有很多，这就需要引起政府的高度重视并深入探讨在找出原因的同时探寻出解决问题的可行方案。虽然我国公民政治参与的渠道和形式比较齐全，但是在某些具体的运行制度上，没有法律法规的保护而只有原则性的要求，这种情况与我们公民广泛参与政治生活的要求是背道而驰的。公民有序政治参与的实质，即公民在现有的制度和法律框架内对政治制度的运行进行合法的影响。要想完善公民政治参与制度，保障公民有序参与国家政治生活是前提。

思考题

1. 什么是政治参与？它与社会权力分配与政策形成有什么关系？
2. 政治参与有哪些类型和形式？
3. 影响政治参与的个人因素和社会因素有哪些？
4. 政治参与的积极意义表现在哪些方面？

第五章　现代国家的形成与构建

现代国家是近代出现的现代民族国家，其发展经过不同路径且具有不同的建设模式，现代国家建设与发展表明国家与社会的关联和互动。国家建构的要素和能力是现代国家建设的重要内容，从多个维度来透视现代国家具有的能力，并通过多个方面来提升国家能力。中国现代国家建设是在特殊的社会历史条件下进行的，影响中国现代国家建设和发展，丰富了现代国家建设的内容和方式。

第一节　现代国家形成的历史与路径

国家是人类社会中的政治共同体，现代国家是相对于传统国家，一般指现代民族国家。就其历史发展演变而言，现代国家是经历漫长历史演变而来的。一般认为，现代国家是在欧洲中世纪诞生的，是经过王权与教权斗争，王权逐渐强大进而支配所属地域而完成的，其中战争起到关键作用。社会学家查尔斯·蒂利说的"战争制造国家，国家发动战争"最接近国家历史的真相。

在民族国家诞生之前是神权政治，因此西方人把世俗化的民族国家的诞生视为现代性的标志之一。也就是说现代国家是替代传统神权国家的产物，或者说是统治合法性源于世俗文化，最高主权覆盖整个区域，改变以前的封建割据和领主制度，形成统一的中央王朝管辖的制度。

一、国家的现代性

现代性是现代国家的内核，是相对于传统国家而言的，吉登斯认为，将国家发展分为传统国家、绝对主义国家和民族—国家（现代国家）三个阶段，显然，现代国家是相对于传统国家而在一定历史阶段出现的一种社会政治组织形式。周平（2023）认为，这样的国家就是取代王朝国家的民族国家。① 也就是说，在国家发展到民族——国家阶段，国家实现了领土的完整以及相互之间的界定，对内实现了国家整合。加之现代官僚体制的建立，使国家财政汲取有了相对稳定的范围和相对明晰的税源，国家财政能力的增强实现了由前民族——国家的生计财政向民族——国家的公共财政的转变，国家有能力也有明晰的计划去承担其国际、国内独立的主体角色。这样的政治组织形式已成为现代国家形态。

现代国家最早出现在 16 世纪西欧，是人类社会国家形态演进的一种基本形态，是由近代民族以及工业革命后的阶级关系中演变而来的一个政治共同体。其具有的明显特征有三个：①国家作为国际体系中的一个实体，具有明确的领土范畴和确定的居民。②在特定疆域内合法地垄断暴力，国家权力具有特殊的性质，即对内最高、对外独立。③政治世俗化和政治专业化的完成及官僚制的建立。

基于国家的这些特征，一般认为构成现代国家的要素有领土（土地）、人口（居民）、主权（权力）三要素，此为代表性的国家三要素说，四要素说是在三要素基础上加一个政府，两者并没有实质区别。因此，现代国家的定义是，国家是一种政治团体；占有确定的领土，政治上，在一个政府，特别是有主权的或不受外来统治的政府之下而组织的任何人民的团体。

国家是一个历史范畴，国家与社会的关系不断变化，在发现社会、保卫社会的影响下，国家本身的目的发生变化，对权力日益增大的国家进行新形式的监督与管控也是重要内容，实际上就是围绕领土上居民权利的维护，这也是现代国家重要的内容和含有的要素。

随着主权在民和统治的合法性凸显，公民被定义为被赋予了可参与政治共同体权利的人，只有得到公民的同意，国家权力才是合法的。公民权源于古希腊的公民大会中的权利和职责，至于现代公民权经过从"国家"到"民族"和从"臣民"到"公民"两个同时进行的过程，从而成为一种普遍的社会地位。公民权是国家与公民关系中一个重要构成部分，公民权的发展变化是衡量现代国家的重要因素。对公民权的加强可能会给国家提供更多的权力，不仅是因为国家集中庞大的资源来提高民众的生活质量，还因为获得公民义务的强大补充。可见，公民权是现代国家的重要支撑。

税收是现代国家的又一个必不可少的内容，马克斯·韦伯说过，如果没有实质性的和定期的税收政策，那么现代国家就不可能存在。税收出现要早于现代国家，封建欧洲的"十一税"就是例证。早期的税收是偶然的，有的甚至是任意的，常以强制性执行，属于应急的权宜之计。随着资本主义市场经济的出现，稳固有序的税收方式才出现。到了现代，税收统一由国家授权的专门负责征税的官员来执行，同时有会计和银行系统对其活动进行监管。

---

① 周平. 现代国家的民族特性 [J]. 江汉论坛，2023（5）：5-14.

显然，税收（由国家机关征收）是现代国家最基本的构成要素之一，它有利于现代国家与封建社会划清界限。如果无财政需求，那么现代国家的发展会举步维艰。现代欧洲国家的发展基本上是战争塑造国家，国家也制造战争这一模式，说明发动战争就意味着增加税收。同样，公共债务的转变和财富需求的增长一样重要，也和战争一样消耗大量费用。税收日益成为国家机器运作过程中不可或缺的内容。到了 20 世纪中期，税收被视为政府进行宏观调控的一种国家制度，国家制定税收不再仅仅是为了增加国家的财政收入，而且也是为了鼓励或者制止多方面的经济行为（如对烟酒行业加强税收征收力度、对待特殊家庭减税甚至免税等）。

现代税收制度起源于军事活动需求的变化，也与公共开支类型在 19 世纪下半叶和整个 20 世纪发生的根本改变有关，社会开支大幅度增长是引起税收发展变化的重要内容。税收对政府活动的影响或约束，正日益成为国家管理的一个重要内容。

总之，现代国家构建的要素由人口、领土、主权、政府、公民权利、税收组成，各个要素相互联系，随着社会历史发展分别从不同程度影响着现代国家的发展。

二、现代国家的兴起与发展

现代国家兴起是在欧洲中世纪后期，跟民族主义兴起与新兴资产阶级产生发展有关，是社会生产力发展的产物，是政治实践发展的结果。民族和民族主义促发了民族共同体的觉醒，产生维护自身权益的运动，阶级冲突推动新兴阶级阶层出现，在资产阶级革命运动中，一定民族通过阶级斗争胜利取得建立自己政治共同体来维护和实现自己的利益，从而诞生了现代国家或民族国家。

现代国家从传统演变为现代，其中民族关系和阶级关系是现代国家成长中最重要的变量，从不同程度决定和影响着现代国家的建设。

（一）民族与现代国家建设的关系

民族出现、民族主义兴起到争取维护利益的民族政治运动而建立国家政权，实现了权力和民族共同体的结合。民族发展就与现代国家建设密切相关。就民族国家兴起而言，民族国家的起源可以追溯到欧洲的文艺复兴时期，它是一种以民族为基础、以国家为形式的政治制度。早期民族国家的成型，大多认为始自 1648 年欧洲各国达成《威斯特伐里亚公约》。在此后的二百年间，现代国家处于从传统向现代的持续转变中，并在 19 世纪中叶之后，建构起较为全面的民族国家体系。"二战"后，非西方国家民族的独立解放，建立起许多有别于西式民族国家的多民族国家。当今世界是以民族国家为基本单元的国际体系，绝大多数国家是多个民族构成的，只有极少数国家由单一民族（族群）组成，民族国家的特点是民族与国家在政治、经济、文化等方面具有高度的一体化。国家政权建立和运行皆服从和服务于民族的利益，同时，民族国家的行为受到民族因素的制约和影响，并具有民族特性，尤其是在国内民族关系较为复杂的国家治理中，协调和处理民族关系成为十分重要的政治问题。

实际上，在民族国家发展中，民族和国家建设的关系十分复杂，虽然民族国家是现代政治制度的基本形式，但不同国家和地区的民族国家形成过程和特点存在差异。在一些国家，民族与国家的形成是相互促进的，而在另一些国家，则存在民族与国家之间的矛盾和冲突。此外，一些国家还存在着多个民族共存的情况，这也为民族国家的形成和发展带来了挑战。

对此，在现代国家发展与建设实践中，现代国家都要求建构地域内诸族群对国家的认同，其实质是国家民族之建构。实际上就是国家与民族统一的建构。一般是通过两个维度进行：一个是精神，实现民族主义与爱国主义统一，即民族认同就是国家认同；另一个就是制度建设，民族在国家建设中不断推进维护民族利益的制度化建设。当今世界各民族国家在发展中，在全球化和民族主义浪潮下，加剧了民族主义。使当今时代民族国家以及国家民族重建，各民族的整合以及民族与国家的统一更为复杂，各国在国家建设发展中会遇到更大的挑战。

（二）阶级与现代国家建设的关系

一个国家的建设状况不但与民族关系有关，还直接与阶级关系有关。马克思主义认为，在阶级社会，一切国家都是一定阶级的国家，阶级关系是国家的基本政治关系。阶级分析方法，是科学认识和研究国家本质的基本工具，通过阶级分析法揭示国家的本质、国家发展的动力以及国家发展的方向。不同阶级关系决定了现代国家建设的道路，摩尔在《民主和专制的社会起源》中指出，国家从传统向现代转型有三种路线，资产阶级民主革命道路（以英法美为例）、法西斯主义道路（以德日为例）和共产主义道路（以中俄为例）。此外，阶级关系还影响着国家转型，西方政治学家研究表明，西方民主的巩固，与社会的阶级关系、阶级构成等联系的多党制、极化政党制度都有关，显示了政党组织和精英群体与民主巩固的关系。通过比较历史观，统治阶级和被统治阶级的关系状况取决于国家与统治阶级的互动以及统治阶级内部的关系。只有了解一国内各阶级关系，才能理解国家建设中的问题，以及把握和理解现代国家的不同命运。透过阶级关系现象，深刻把握不同利益集团的冲突和斗争，深层次探寻国家建设的经济发展根本途径。

三、迈向现代国家的历史发展模式

现代国家是在特定历史时期的一种政治形态，是人类社会在由传统社会向现代社会变迁的现代化进程中形成和发展的。简言之，现代国家就是现代化在国家政治制度中的集中表现。工业革命以来，现代化推动人类社会在政治关系、治理结构和观念方式等发生深刻的变化，传统国家受到的冲击已使其不能适应社会发展，国家形态进行现代转型是历史必然趋势。对于特定国家而言，要成为一个现代国家，不仅需要国家建设，还需要实现现代化。现代化不仅是由传统农业社会向现代工业社会的转变过程，而且是由一个分散、互不联系的地方性社会走向现代整体国家的过程，这就是国家化，或者说国家的一体化，也即现代民族——国家的建构。① 因此，现代国家在实现现代化与国家建设的互动中形成和发展。

从人类社会发展的历史来看，现代化进程最早发端于欧洲资本主义国家，英国和西欧地区首先进行内部自我现代化发展的过程。同样，西欧资本主义国家也最早经由国家建设的过程而迈向现代民族国家。从欧洲资本主义国家兴起的现代化，推动各国不断进行国家建设，形成一股浪潮扩展到世界其他地区。根据各国现代化开启的时间、动力与经济发展和文化等影响因素，各国的现代化进程呈现不同特点，一般而言，可以将西方现代化进程分为以发达国家为代表的早发现代化模式和以发展中国家为代表的后发现代化模式。相应地，经由传统国家发展为现代国家的模式也分为早发现代化国家发展模式和后发现代化国家发展模式两种不同的类型。

西欧早发现代化国家发展模式。最早兴起于西方欧洲的现代化国家被称为内生型现代化，其现代化动力来自经济社会发展内部，是社会内部力量自发驱动的，即由于工业化极大推动社会生产力发展，促进欧洲各国经济持续高速增长，基本形成了现代社会的要素，进而推动了欧洲国家加速从传统社会向现代社会转变。同时，资产阶级支配的民族国家持续发展壮大，以适应工业革命带来的社会变化。比如，进行资源整合需要的中央集权、社会基础建设和社会保障需要的大规模集中财政支持、经济社会持续发展的计划政策制定等都需要从政权、政治制度等方面进行变革而形成一个有效的国家建设战略。现代国家建设进程中，以民主、平等、自由等为核心的资产阶级文化对思想文化资源进行整合，以及权力分立和制衡的宪政制度设计安排公共权力，成为早发现代化国家发展模式的典型特点。

后发现代化国家发展模式。不同于早发现代化的发达国家，后发现代化的发展中国家现代化的启动，很大程度上带有一种外来挑战压力驱动特征。欧洲现代化先发国家，随着实力增强开始进行领土扩张和殖民掠夺，现代化浪潮逐渐席卷全球。"二战"结束后尤其是在 20 世纪五六十年代，一大批殖民地半殖民地国家通过民族解放斗争摆脱帝国主义的殖民统治，竞相建立独立主权国家。取得独立后，这些新兴国家便开始了大规模现代化进程和进行现代国家建设的艰巨任务。对于后发现代化的发展中国家而言，基于各国面临的发达国家现代化的压力示范，被迫启动本国现代化进程，而为现代化提供的经济和社会基础，需要国家建设提供政治基础。同时，发展中国家要面临处理社会转变中的多个社会问题的需要。这造成发展中国家建设十分注重行政权力的制度建设，强化政府尤其是中央政府单方面的权威和能力，而设置大量行政官僚机构，过于强调政府尤其是中央政府对经济活动干预和对社会的控制力。这种国家发展理念和发展方向会导致在民族国家版图内，国家与社会间的结构性失衡，会带来国内社会秩序的混乱甚至引

---

① 徐勇. 现代国家建构中的非均衡性和自主性分析 [J]. 华中师范大学学报（人文社会科学版），2003（5）：97-103.

发地区的巨大政治动荡。如"二战"后，拉美国家总体上经历军事政变频发、政治动荡不安、右倾保守严重到逐步确立民主政体的漫长政治发展过程。

不同于西方现代国家发展模式，中国的现代国家建设表现出鲜明的中国特色。中国的现代化进程不同于西方，它开始于民族危机之中。近代的中国的半殖民地半封建社会，社会主要矛盾是国内封建统治与人民大众、帝国主义与中华民族的矛盾，这决定了中国人民进行民主民族革命的胜利是近代中国人的根本出路。因而，中国的政治先于经济，首要任务是建立民族国家，在独立建国后，再运用政权力量推动社会与经济的发展。国家建设与社会发展是同步的，既实现现代化又进行国家建设。

不同于西方国家的政治发展，中国走了一条先政党后国家的道路，即"党建国家"的道路。近代中国内部不统一、外部不独立，且国家建设事业缺乏得以启动的依靠力量，直到苏联政党制的传入，才有了新的转机。尤其是中国共产党带领全国各族人民先后取得反抗侵略、建设统一国家的胜利，建立起人民当家作主的新型人民民主共和国。在中国共产党领导下，国家建设迅速推进，按照建设统一、富强、民主、文明的现代化国家要求，建立各种制度，完善人民民主，培育现代国民。在这一过程中，形成了一些具有中国特色的国家制度和国民模式，例如，共产党领导的多党合作制度，承担立法、决策和监督职能的人民代表大会制度，民族区域自治制度，人民法院与人民检察院分别行使审判权和检察权的司法制度，以及超越传统臣民、具有一定程度现代性的民众群体，等等。无论是国家建设的过程，还是在建设中产生的国家运作模式，都体现出了浓重的中国特色。

总之，现代国家发展深受本国经济发展的影响，还受到社会结构和文化背景的影响，从而体现出不同的模式。在西方国家，现代国家的形成通常与资产阶级革命和民主革命密切相关，这些革命推翻了封建主义制度，建立了民主制度和市场经济。而在亚洲和非洲等地区，现代国家的形成则更多地受到殖民主义和后殖民主义的影响，这些国家在独立后逐渐建立了自己的政治体系和法律制度。

第二节 现代国家构建的要素及国家能力建设

一、现代国家构建的要素分析

从广义上来看，国家是指拥有共同的语言、文化、种族、领土、政府或者历史的社会群体。从狭义上来看，国家是一定范围内的人群所形成的共同体形式。国家的基本构成要素有四点：①定居的居民。国家是由一定数量的居民组成，居民是形成国家的基本要素之一，同时也是国家行使权力的对象。②确定的领土。领土是国家赖以生存的物质基础，也是国家行使主权的范围和空间。③政权组织。政权组织是国家在政治上和组织上的体现，是执行国家职能的机构。④主权。主权是一个国家独立自主地处理对内对外事务的最高权力，是构成国家的本质属性。

现代国家起源于西方国家，是针对传统国家而言的，是一种值得肯定的国家类型和价值理念。关于现代国家，韦伯的定义颇具权威性。韦伯认为，现代国家的特征是：①国家表现为一套制度或称机构。②国家以特定的领土为界域。③更为重要的是国家垄断了合法使用暴力的权力。也就是说，现代国家是一种组织，它由无数的机构组成。国家机器的行政权威领导和协调这些机器，并有能力或者说有权威为其所统治下的特定土地上的人民和其他社会组织决策，并在必要时以自己的意志来使用武力。

现代国家在构建与发展演变中，需要有能力维护国家安全和社会治安，需要为全体公民提供公共服务和公共产品，需要有专业的官僚机构进行管理，还需要找到能够稳定获得合法性的制度和工具。具体而言，现代国家构建包含以下四个构成要素：

（1）主权与合法性构成了现代国家构建的基础要素。西方国家主权理念由来已久，主权标志着一个国家具有独立自主地处理国内外事务的最高权威，对内主要是通过立法、行政、司法、经济、文化和意识形态建设来保证国内既有政治秩序的稳定，对外是以外交、军事、经济等手段来保证国家利益的实现。在国家主权得以确立的基础上，一国的政治合法性就会逐步形成，并成为现代国家的基础要素。

此外，现代国家构建还意味着国家合法性能力的提高。如果仅仅垄断暴力或者说暴力能力增强，这样的国家只能是一种绝对主义国家，从绝对主义国家迈向现代国家还需要增强合法性能力。合法性能力主要是指国家获得民众认可和支持的能力。从政体的角度来说，民主制度目前已经成为全世界范围内赢得民众支持的最主要的制度形式。不过，尽管国家构建民主制度的能力是国家合法性能力的核心内容，但绝对不是唯一内容。国家反对腐败的能力、国家文化构建的能力、国家在经济和社会生活上的制度建设能力和资源分配能力等，都是国家获得民众支持和认可的关键性因素。

（2）地区性理念的弱化是现代国家构建的条件要素。以中国为例，传统中国一直以来推行"大一统"的思想，但是在很大程度上这种"大一统"思想主要是集中在政治与领土方面的，而在思想和文化方面，并未形成具有同一性的现代国家信仰体系。在进入了传统国家向政党国家转型，进而向现代国家发展的过程中，在政治和经济领域都出现了地区性理念的现象，地方保护主义和地区性思维频频出现，这破坏了现代国家构建的基本框架。现代国家的构建要通过锻造现代的思维体系和思维方式，通过经济和政治的整合逐步弱化地区性的思维方式，形成两个维度的统一性发展，即物质方面的资源交流与精神方面的资源交流。物质方面打破现存的"地区壁垒"，形成国家资源的充分流通。精神方面形成国家统一的思想信仰体系，形成统一的国家发展基础理念框架，并在此基础上保证创新理念的多样性，减少不必要的消耗。减弱地区性理念是现代国家建构无法跳过的重要条件。

（3）社会运行合理化是现代国家构建与发展的推动要素。现代国家是社会运行合理化发展的产物，是经济政治文化军事水平高度协调的统一体。合理的国家机构表现主要有：①依据一种集中的和稳定的经济体系；②控制一种集中领导的军事权力；③垄断立法和法律权力；④通过一种专职官员统治的官僚体系组织行政管理（陈嘉明等，2001）。[①] 现代国家构建还意味着在一定的领土范围内，国家要垄断合法使用暴力的权力。为了有效管理，快速进行社会动员，进而在战争中取得主动，各国纷纷建立了专业化的、效忠于中央的官僚体系。这种官僚体系又反过来又加强了中央政府的国家统治与管理能力、社会汲取能力和社会动员能力。

现代民族国家并不是有意设计的结果，而是在应对内外冲突的过程中逐步形成的。在欧洲民族国家的形成过程中，统治者通过建立军队、法庭、警察和监狱等武装组织垄断暴力，通过官僚组织进行社会管理，通过战争与其他国家进行争夺，以获得更多的财富和资源。合理的社会运行使社会开放性大大提升，社会组织培育与发展稳步推行，国家与社会成为重要的配合性力量，从平等的角度共同介入现代化的建设中，形成了现代国家构建与发展的社会动力。

（4）国家治理能力的强化是现代国家构建与发展的条件要素。现代国家构建要求国家能力强化。国家能力在政策上的反映，主要是国家制定、执行和贯彻政策的能力。迈克尔·曼（2015）从基础权力和专制权力两个维度来定义国家能力。基础权力主要是指国家在自己的地域范围内贯彻命令的能力，既可以是专制的，也可以是非专制的。迈克尔·曼（2015）认为，基础性权力是一种社会贯彻能力，国家通过基础权力可以渗透贯穿到社会各领域。[②] 传统的帝国和封建制国家的基础权力都比较弱，威权主义国家和官僚民主制国家的基础权力较强。封建制国家和官僚民主制国家的专制权力较弱，传统帝国、绝对主义王权国家和威权主义国家的专制权力都比较高。根据迈克尔·曼的观点，提高国家能力意味着应该弱化国家和政府的专制性权力而强化国家和政府的基础性权力，官僚制和民主政治的结合往往更容易形成专制权力较弱而基础权力较强的国家和政府。因此，提高国家治理能力是现代国家构建和发展必不可少的条件要素。

二、现代国家能力建设的多重维度

现代国家能力建设是现代国家构建的重要组成部分，它指的是国家事实上渗透市民社会，在其统治的领域内贯彻其政治决策的能力。在国家构建过程中，强有力的国家能力能为国家权力的实施提供更大范围的运作空间和实践基础，也能促使国家提高政治决策和国家权力的效能，实现政治系统的三大功能：系统功能、过程功能、政策功能，解决伴随社会发展而出现的诸多问题。有关对现代国家能力建设的认识有以下四个维度：

---

① 陈嘉明等. 现代性与后现代性［M］. 北京：人民出版社，2001：45.
② ［英］迈克尔·曼. 社会权力的来源（第2卷）阶级和民族国家的兴起1760-1914（上）［M］. 陈海宏等译. 上海：上海人民出版社，2015：69.

（1）"强制能力"是现代国家对暴力合法垄断的能力，是现代国家能力的最基础的维度，也是现代国家最早形成的能力。如果现代国家未曾获得对暴力的垄断权，它就无法保证任何其他事情的顺利实施，包括汲取资源。强制能力保证了领土范围国家的权威以及国家权力的行使，直接影响现代国家建设的成败。如果强制能力低下，中央权威就无法在领土范围内提供公共安全和社会秩序，地方势力（如宗族、族群等群体）会让国家的领土性无法全面实现，这正是欠发达国家陷入不发展泥淖的一个关键因素。强制能力是现代国家的本质属性和国家权力的直接体现，在国家成为自主组织的过程中起到了关键的作用。强制能力和现代国家其他能力的关系在于，它保证国家在执行政策、实现目标的过程中免受社会和民众的反对。强制能力为现代国家能力的其他三个维度奠基，在国家的有效运转中始终存在，尽管并不总是有形地体现出来。军事力量自然是强制能力的子集。军队、警察的数量和质量保证社会的正常运转，使国家权力渗透到领土和机构之中，是国家机器的实在化和具象化。

（2）"汲取能力"是指现代国家从社会汲取资源的能力，主要是汲取税收的能力，也叫财政能力。它对现代国家的物质资源产生最直接的贡献。如果没有从社会汲取资源的能力，一个国家就无法正常运转。历史经验表明，过去的军事冲突对公共财政的长期影响是根本性的，强大的财政能力是历史带来的最为关键的长期制度变革。财政能力直接关系到公共品供给和转移支付的规模和质量，因此，财政能力或者说是汲取能力是现代国家能力建设的重要核心。

关于财政能力的重要性，主要有两种解释：①自利国家假说认为，国家天然就是以扩大税收和利益最大化为目标，统治者有维持统治权力、获取私利的偏好。②战争缔造假说，国家具有保全自身、加强军事竞争能力的强大动力，国防是国家必须投入和提供的公共产品。财政能力是建立在强制能力之上的国家最为根本的能力。这两种假说都印证着汲取能力对现代国家能力建设的重要性，且汲取能力必须以强制能力为基础。

（3）"行政能力"关注的是现代国家运行和管理的能力，包括从上层的官员到下层的普通公职人员在执行规则和提供服务方面的能力，因此，也可以将这种能力称为"递送能力"。其核心是官僚体系的质量，它受制度和政策的影响。为了提供服务，国家需要资源，而获得资源又依赖汲取能力。

国家执行其意志首先要依靠制度，尤其是韦伯主义的官僚制，在合法化国家权威、管理复杂事务和提高效率上起到重要作用。组织体系中的官僚以国家代理人的身份提供公共服务、管制经济活动，凭借一定的技术能力进行数据收集和监督协调，有效地覆盖国家领土和社会群体。但是，仅仅有官僚制是不够的，制度变化缓慢，而政策则必须依据现实环境的变化及时做出调整。因此，政策是吸收、减轻短期冲击的重要工具。让国家渡过危机，政策与执行能力之间的调适往往是通过资源的重新配置实现的。现代国家需要行政能力来进行提升与发展，行政能力是现代国家能力建设必不可少的重要维度。

（4）"信息能力"，即现代国家收集、处理、保存关于社会、人口和领土相关信息的能力，体现于人口普查、统计年鉴、人口与选民登记、政府的统计机构等。针对信息能力的本质有两种理解：一种认为，有用的信息提升社会的"可读性"——帮助国家理解和监管社会行为，抑制搭便车现象的出现，从而进一步增强国家汲取税收的效果，并维护社会秩序；另一种则认为，信息支撑着国家的各种行动，是执行的基础，比如找到政策执行的对象——获取产业信息以促进经济发展，了解社会需求以投送公共服务，而国家收集信息的基础是领土延伸的广度，而不仅是中央政府的资源。

"信息决策能力"关注的是国家收集信息和做出高质量决策的能力，以官僚体系的质量和领导质量为基础。国家领导者是一种拥有巨大政治权力的特殊代理人，他们在现代国家的发展进程中发挥着极为关键的作用。因此，领导力必须是现代国家能力的重要构成。与此同时，即使是一个明智的领导人也必须依靠高质量的信息来做决策，这些信息只有具备相当能力的官僚机构才能获得。无论如何，信息能力始终是现代国家能力建设必不可少的重要维度。

三、现代国家能力建设的路径

综合考量现代国家能力建设诸要素，结合现代国家建设的多重维度，其路径选择有：

1. 现代国家能力建设要以公共理性为价值观照

从公共理性的价值目标来看，公共理性包含诸如自由、平等、民主、法治、公正等一系列重大的公共共识。这些价值目标共同构成了现代国家能力的价值系统，因此，国家能力建设必须遵循和符合公共理性的价值要求。国家拥有的力量是具有公共理性的力量，国家能力是国家实践公共理性的能力。

公共理性是一个社会政治生活的价值规范范畴，其基本任务是为现代政治主体和现代政治生活提供一个合理的价值尺度。公共理性的核心在于公共性，本质在于实现公共利益，最终达到社会公平正义的目的。作为公共理性的公共权力以国家的形式存在，国家的要旨在于其公共性，通过提供公正的公共管理与公共服务，实现公共利益，从而达到社会的公平正义。因此，国家能力在运行过程中要全面地实践公共理性，以公共理性的价值精神来限制国家的自利理性，以公共理性的制度体系规范政府公务人员的非理性，以公共理性的行为规范调适社会公众的个体理性，这样才能够从根本上体现国家能力的公共价值。这也要求国家进行理性施政、文明治理，把国家能力充分转化为公共服务的能力。

基于对公共理性的上述认知，现代国家能力建设必然要体现公共理性的价值精神。也就是说，现代国家能力应该是具有公共理性的文明统治、有效管理与优良服务的能力，应体现公共理性的价值精神。以公共理性作为现代国家能力建设的价值观照，要做到国家能力建设不断彰显公共性，实现公共利益，并最终维护社会公平正义。

从公共理性的角度考量，现代国家能力建设应该做到：

首先，国家能力建设要彰显公共性。公共性是国家的基本属性，国家能力建设也是不断彰显公共性的过程，即国家能力也是一种体现公共性的能力。因此，对于现代国家能力建设，不仅需要关注国家能力的有效性、解决公共问题的效率性与实用性，还需要关注国家能力实现方式、方法的合理性，更需要关注国家能力目标的正当性与公正性，以此不断彰显国家能力的公共性。

其次，国家能力建设要实现公共利益。国家作为公共权力组织，有义务维护每个公民的基本权益。通过对个体权益的保护，在整体上形成人与人之间的自由关系与平等地位，从而使各种利益达到均衡，并最大限度地实现公共利益。国家能力的作用对象和服务对象是公众，国家能力在本质上也主要体现为维护社会安全与秩序、服务社会与造福大众的能力。

最后，国家能力建设要保障社会公平正义。一方面，现代国家能力建设要接受公平、正义等公共理性价值的规范与指引，从而做到公平、公正施政，使国家提供公共服务具有普遍性、平等性和公正性；另一方面，国家能力建设要实现其对良好社会秩序的安排，能够获得所有成员的认同与支持，从而达到社会公平正义。

2. 现代国家能力建设要以制度规范为基础保障

公共理性的价值最终要通过制度规范体现出来，公平正义的制度规范无疑是公共理性在制度层面的价值体现。从某种意义上说，一个国家要实现发展目标，就需要不断优化自身的制度结构，以提高自己在各种交往活动中的自主能力，而这一切又都是建立在制度所提供的基础保障之上的。

马克斯·韦伯认为，现代国家是建立在"设有官僚行政管理班子的合法型统治"的基础之上的，即"建立在相信统治者的章程所规定的制度和指令权利的合法性之上，他们是合法授命进行统治的"[1] 由此可见，制度对于现代国家治理具有决定作用，制度规范是现代国家能力建设的基础保障。换言之，国家的政治能力就是其创建合法性制度的能力。从现代国家发展的内在规律看，制度构成了国家能力建设的基础保障。

从制度规范的角度考量，现代国家能力建设应该做到：

首先，以制度规范和限制国家权力，将国家权力限定在一定范围内。如福山指出的："有必要将国家活动的范围和国家权力的强度区别开来，前者主要指政府所承担的各种职能和追求的目标，后者指国家制定并实施政策和执法的能力特别是干净的、透明的执法能力——现在通常指国家能力或制度能力。"[2] 因此，国家权力的运作范围与国家能力并不成正比。事实已经证明，国家权力过大往往会削弱国家能力；相反，权力有限的国家往往可以大大增强国家能力。国家权力过大容易使国家的行为不受法

---

① （德）马克斯·韦伯. 经济与社会（第 1 卷）[M]. 阎克文译. 上海：上海人民出版社，2010：241.

② [美] 弗朗西斯·福山. 国家构建：21 世纪的国家治理与世界秩序 [M]. 黄胜强，许铭原译. 北京：中国社会科学出版社，2007：7.

律制度的约束而任意作为，从而使国家跨越自己的职能范围，使国家权力延伸到社会所有领域，形成无所不在的干预。这必然会扭曲社会的经济活动，也使个人与社会的活动成败取决于国家的支持与否。因此，要以制度规范加强对国家权力的限制，避免国家权力对国家能力的侵蚀，从而保证国家能力不被国家权力所替代，并保证国家能力的合理运行。

其次，加强制度建设。国家能力的制度建设是国家能力具备稳定性的过程。没有国家能力的制度建设，就难以实现经济的持续、稳定、协调发展，也不可能为实现现代民主政治奠定必要的制度基础。因此，国家能力的制度建设是当代国家政治形态转型中的核心问题，对政治生活具有全面性、决定性意义。通过制度建设来为国家能力的作用发挥提供良好的制度条件与制度环境，从而保证国家能力的规范运行。

最后，促进制度创新。制度创新是制度主体以新的价值理念为指导，通过制定新的制度形式，为实现新的价值目标而自主地进行的创造性活动。在现代，从国家能力建设的角度看待制度创新要凸显对人的发展的关注。在以往的社会条件下，制度对于个体而言更多的是一种外在的强制。制度对于人性的压抑，造成了人的个性的泯灭。当下，国家能力的制度创新的一个重要趋势就是要更多地体现在为人的发展提供保障上。因此，制度的合理性、合法性、合道德性成为制度创新的基本准则。只有如此，制度才能得到普遍的认同与服从。

总之，制度的科学化、规范化、合理性与合法性程度决定着国家能力的有效性。只有实现国家能力的制度化，才能保证国家能力运行的规范性和有效性，才能促进国家的建设与发展。

3. 现代国家能力建设要以民主治理为实践方式

在国家制度建构之后，完善民主治理的社会行动实践成为国家能力建设的重点。从现代国家的发展趋势来看，民主政治已经是现代国家构建必不可少的要素。通过民主程序，国家的合法性得到增强，而且更为重要的是，国家通过民主治理将公众从社会的边缘带到社会的中心，增强了社会的凝聚力，从而提高并增强了国家能力。

民主治理的实质就是治理主体与公民之间沟通、协商的过程。民主治理能增强公民对国家的认同，在提升国家能力与促进国家发展方面具有重要作用。为此，在现代国家能力建设过程中必须将民主治理作为国家能力的重要实践方式。

从民主治理的角度考量，现代国家能力建设应该做到：

首先，促进公共权力民主化。公共权力民主化就是公共权力由"专断性"回归"公共性"的过程。从表面上看，公共权力实现民主化以后，不仅使公共权力的行使范围缩小了，而且使公共权力处于公众的监督之下，这似乎是削弱了国家能力，但事实并非如此。强调公共权力民主化的国家往往都是强有力的国家，而那些依赖专断进行统治的国家却可能是能力较弱的国家。从国家政权形态来看，专制主义国家、全能主义国家由于公共权力范围的扩大，使得国家承担的职能越来越多，公共权力不受制约，这恰恰是削弱了国家能力。只有实现公共权力民主化，使国家公共权力得到制约，才能使国家获得统治的合法性，强化国家的自主性，进而增强国家能力。

其次，建构合作行动的民主治理关系。在后工业化过程中，随着社会复杂性的增长，人的个性化和多样化追求更加丰富，传统的国家作为单一治理主体已经难以应对和处理当前社会中的复杂问题。特别是随着公共领域与私人领域的界限日益模糊、政治与经济关系的日益密切以及社会组织逐渐走向成熟与完善，社会形成了多元治理主体的局面，由此也造就了合作行动民主治理关系。所谓的合作行动民主治理关系指的就是公共权力主体能够与他人进行对话，能够相互真诚与公平地倾听并相互影响。在这种合作行动的民主治理关系中，"治理应当做到赋予共同体一种意义，而不具排他性的公共权力一般来说最有资格去引发对话和建立合作伙伴关系，将自己作为集体行动的催化剂。最后成功地领导了经济发展的国家便是有能力围绕共同的方案组织和动员所有行动者的国家"①。

最后，开展"商议民主"，提高公民参与的深度。"商议的作用就是让人们接触不同观点，并迫使人们从公共利益的角度为自己的立场辩护。通过你来我往的讨论、辩论，人们可能对自己的偏好进行提炼、修正、转变，把原本自私的偏好转化为能考虑到他人利益的偏好。"② 通过拓宽公民民主参与渠道，可以使公民能够切实通过政治参与来达到限制、约束国家公共权力以及影响国家政治决策的目的，进而提升国家能力。

总之，在现代国家中，民主治理不仅是国家建设的基础，也是社会发展的支柱，更是公民权利的保障；不但可以促进国家发展，也能够促进社会进步，还能促进公民生活质量的提升，从而促使国家能力的均衡发展。因此，必须以完善民主治理为切入点，切实加强现代国家能力建设。

4. 国家能力建设要以社会化为目标趋向

在全球化时代，国家能力面临着巨大挑战，特别是随着公民社会的不断发展与成熟，社会成员的民主意识与文化素质的不断提高，国家能力的实现受到了越来越多的社会因素的制约，同时，国家的政治职能日益向社会职能转变，这为国家能力的社会化建设提供了可能。

国家是社会发展到一定阶段的产物，国家与社会的分离是一种历史发展的必然。尽管如此，国家又承担着一定的社会职能，"政治统治到处都是以执行某种社会职能为基础，而且政治统治只有在它执行了它的这种社会职能时才能持续下去"③。第二次世界大战以后，随着国家垄断资本主义的发展，国家对于经济和社会公共事务管理的领域越来越大，干预的程度越来越深，国家的社会管理职能越来越呈现出增强的趋势。在一定

---

①② ［法］皮埃尔·卡蓝默. 破碎的民主：试论治理的革命［M］. 高凌瀚译. 北京：生活·读书·新知三联书店，2005：157，248.

③ 中共中央马克思恩格斯列宁斯大林著作编译局. 马克思恩格斯选集（第三卷）［M］. 北京：人民出版社，1995：523.

程度上而言，经济与社会方面的活动日益成为当今国家的主要任务，其政治职能居于次要地位或者被掩盖在国家的社会职能之内。可见，国家能力的社会化建设成为现代国家能力建设的目标趋向。

长期以来，在国家与社会的关系上，国家始终处于绝对的支配地位，这一传统严重影响和制约着国家与社会的双向发展。在国家层面上，国家权力的无限制扩张，往往使国家能力失去了有效性意义，使国家的发展失去了活力；在社会层面上，社会力量过于弱小而不利于社会的自主发展。因此，加强国家能力的社会化建设可以有效地解决这一问题。

从社会化的角度考量，现代国家能力建设应该做到：

一方面，国家权力要从社会领域中适度退出。国家权力在社会领域中过于强大，容易形成对社会领域的完全控制，从而窒息社会发展活力，甚至导致社会畸形发展。国家权力从社会领域中的适度退出并不表示完全放弃国家在社会领域中的作用，也不代表国家能力的削弱，而是寻求国家在社会发展中的新功能。

另一方面，要加强社会能力建设。一般而言，社会能力主要指社会组织在社会进步与发展过程中所具有的能力。从国家与社会的关系上讲，国家能力与社会能力是相对而存在的，但是从民族国家综合能力的构成而言，国家能力与社会能力都是重要的组成部分，因而两者并不是对立的，也不是此消彼长的。社会能力不仅表征着社会的成熟与发展程度，而且标志着国家社会管理的完善程度。因此，要通过国家手段来培育社会能力，不断提高并发挥社会能力对国家能力建设的支持作用，同时要促进国家能力与社会能力的协调互动，使两者相互依存、相互制约、相互促进，共同服务于国家的发展。由此可见，国家能力的社会化建设，不是削弱国家能力，而是从整体上提高国家能力，是现代国家能力建设的目标趋向。

现代社会发展趋势已经昭示：国家的有效性综合体现为国家能力的有效性，没有有效的国家能力，就不可能建设成现代国家。因此，现代国家建设与发展的任务与目标已经十分明确：加强和完善国家能力建设，提高国家能力对于经济与社会发展的有效性，从而最终促进现代国家的快速发展。

第三节　中国现代国家构建的进程与经验

中国现代国家构建与西方具有重大差异，具有鲜明的中国特色。现代国家是中华文明生生不息的产物，植根于中华优秀传统文化。习近平指出："如果没有中华五千年文明，哪里有什么中国特色？如果不是中国特色，哪有我们今天这么成功的中国特色社会主义道路?"① 中国是一个幅员辽阔、历史悠久的国家,在进入现代国家之前,古代中国"在形式统一的国家体系之下,是一个由众多地方社会权力所组织和控制的异质性社会",② 内生于社会权利主体的"基层小统治者"往往具有很强的基层民众认同,在封闭的古代中国下,实际上基层形成了一个个彼此独立的"微型权力主体",从而使得中国古代社会没有如同现代国家主权的"向心力",国家的权力受到基层限制,国家统一治理的政治理念甚至无法彻底执行。③ 这种缺乏有效组织和整合社会资源的权威组织,造成近代中国一盘散沙,没有凝聚力的基本国情。鸦片战争之后,中国的传统王朝国家无法应对以工业文明为内核的外部力量的冲击,建立统一的现代国家,实现社会资源的有效整合和应对外来现代化的挑战,就是历史选择。辛亥革命开启了现代国家建构。但国家现代化及现代国家建构的进程举步维艰,各种现代国家建构模式以"试错"的方式在中国依次上演,最终都没有建构出一个对内统一对外独立的现代民族国家。中国共产党建立以后,开启了中国现代国家建构的新过程,中国共产党主导式的现代国家建构,经过反帝反封建的"新民主主义革命"实践,中国共产党带领人民建立起一个人民当家作主的现代国家,通过一系列政治革命和社会革命,实现了国家内部的真正统一和社会的彻底变革,从根本上改变了中国人民的前途命运,实现了中国从几千年封建专制政治向人民民主的伟大飞跃。新中国成立以后,中国共产党领导人民建立起社会主义国家的基本制度框架,并持续推动现代国家建构的制度化发展,不断适应现代化建设要求,使现代国家建构和发展平稳推进,国家的综合实力和治理能力显著增强。

中国现代国家建构凸显了"以党建国"的特征,是中国共产党开创现代国家建构和现代化道路的新探索及新方案,特别是在应对后发大国面临重大现实挑战过程中对国家制度建构作出的一系列创造性选择,克服了后发社会现代国家建构的失败风险,实现了党中央集中统一领导与国家意志的高度聚合,全面展示出了现代国家建构的鲜明中国特色和显著优势。

一、中国现代国家建设的理论逻辑和实践基础

如果说1840年的鸦片战争开始把中国卷入资本主义构建起来的世界体系,使中国传统社会逐渐发生新的变化,标志中国现代化的开端,那么中国的现代化已经历了180余年。在这180余年中,从社会环境和发展道路来说,中国的现代化经过了四个阶段和三种发展道路的变化:1912年之前为"前提与准备阶段";1912年至1949年10月为"启动和道路抉择阶段";1949年10月至1978年,是在世界资本主义与社会主义两大阵营冷战的形势下,中国依靠自己的力量逐步摸索现代国家建设经验,称之为"现代

---

① 习近平. 这里的山山水水、一草一木,我深有感情 [N]. 人民日报,2021-03-27(第1版).

② 陈军亚,王浦劬. 以双重革命构建新型现代国家——基于中国共产党使命的分析 [J]. 政治学研究,2022(1):31.

③ 赖惠敏. 满大人的荷包清代喀尔喀蒙古的衙门与商号 [M]. 北京:中华书局,2020:431.

化国家建设摸索阶段"。1979 年至今，是在依据国情实行改革开放和世界格局发生转变的情况下发展的，即有中国特色的社会主义现代化阶段（虞和平，2007）。① 中国现代国家建构是近代中国社会内在矛盾发展的必然要求，也是近代以来中国现代国家构建历史不断发展和进步的结果。鸦片战争后，中国在思想观念和实践上开始逐步探索现代国家构建，为新型现代国家的确立奠定了基础。在思想观念上，一些先进人士提出针对改革弊政、改良传统国家的观点，如梁启超曾作《少年中国说》呼吁建立"少年中国"，传统国家观不断受到冲击。同时，国民观念开始在国内传播，使人们重新思考个人与国家的关系，审视个体在社会中的政治身份，促进从臣民到国民意识的转变，新观念传播不仅为变革传统国家进行革命提供理论先导，还是推动现代国家建构实践发展的前提与准备。在政治实践上，大批先进中国人积极参加改造传统国家的革命实践，维新人士发起的戊戌变法企图推动传统国家向现代国家转型。1911 年，辛亥革命推翻封建王朝，创建"中华民国"，开启了中国现代国家构建的新道路。而中国共产党则开辟了中国现代化新道路，领导人民构建了独立的人民民主专政的新型现代国家，彻底完成了现代国家构建，同时开启了不断健全和完善新型现代国家构建的新征程。

中国现代国家建构，是理论创新和实践探索的统一，从中国现代化历程可以看出，基本分为现代国家建构的开启与准备阶段和现代国家建构的形成和不断建设阶段，从而开创了世界上中国现代国家建构的特色，探索形成了符合中国国情的现代化道路。

（一）中国现代国家建设的理论逻辑

19 世纪中叶，古老的中国大门被西方残暴地打开，西方通过坚船利炮打破了我们的门户，通过商品经济攫取我们的资源，同时还向我们灌输西方文化。这些对传统的固有的社会基础造成了很大的冲击。马克思指出，"传统中国就像一个木乃伊，遇到空气就要解体"。② 所以古代中国末期的"唯一问题就是如何把中国变成一个近世国家（郑大华，1999）"，③ 对此梁启超等（2018）也认为，今日吾中国所最急者，惟在，民族建国问题而已④。因而，实现传统国家向现代国家转变，首要问题是理论认知上认识现代国家及相关问题，这是现代国家构建的基础和前提。

1. 旧有国家观念的过时

梁启超谈到，"是故吾国民之大患，在于不知国家为何物，因以国家与朝廷混为一谈，此实文明国民之脑中所梦想不到者也……国也者，积民而成。国家之主人为谁？即一国之民是也"。⑤ 当时中国一大弊病就在于国民的国家观念落伍于世界。近代中国在遭受西方列强欺凌时才逐渐萌发现代国家观念，尤其甲午战败、戊戌政变流产后，中国

①　虞和平. 中国现代化历程（第 1 卷）［M］. 南京：江苏人民出版社，2007：17.
②　中共中央马克思主义著作编译局. 马克思恩格斯选集（第二卷）［M］. 北京：人民出版社，1972：3.
③　郑大华. 张君劢学术思想评传［M］. 北京：北京图书馆出版社，1999：3.
④　梁启超，汤志钧，汤仁泽. 梁启超全集（第 2 集）［M］. 北京：中国人民大学出版社，2018：567.
⑤　《新民说》饮冰室文集之五（第 1 册）［M］. 北京：中华书局，1989：15-16.

的维新人士开始反省传统天下观与国家观。批判中国传统的国家观，批判中国人不分"朝廷"与"国家"，中国传统政治思想中从未将国家视为"人类最高团体"，原因在于政治哲学构建的角度是全人类，统治者关于政治思考的空间也不仅限于某一区域，其目的在于"平天下"，国家和家族一样，只是"天下"的一部分而已。但是到了近代，这种天下主义已经过时，"降及近世，而怀抱此种观念之中国人，遂一败涂地。盖吾人与世界全人类相接触，不过在最近百数十年间。而此百数十年，乃正国家主义当阳称尊之唯一时代。吾人逆潮以泳，几灭顶焉"（梁启超，2014）。①

2. 国民意识的兴起和传播

对于近代的中国人，现代国家的认知，国民是现代国家议题中不可或缺的内容。传统社会是王朝国家时代，个体是臣民身份的社会行动者，成为现代国家构建的最大制约。实现从臣民到国民的转变的是构建现代国家的重要认识前提。由于"国民构成了现代国家的基础"（孙强，2007）②，梁启超率先关注国民问题，认为国民问题被看作中国问题的总根源（田雪梅，2016）。③ 基于国民与现代国家的关系，梁启超将国民观念引入国内并加以宣传，当时在梁启超发表的一些文章中，"国民"是一个使用频率极高的"新名词"，引起人们的广泛注意。随着国民观念在社会上的迅速传播，先进的中国人就认识到，中国有无国民是新世纪的一大问题。很快大量冠以"国民"字样的报刊、团体等在辛亥革命前的中国大地上应运而生，催生了国民意识的发展，形成浓厚的国民思潮社会氛围，孙中山领导的资产阶级民主革命也被称作"国民革命"。国民观念通过广泛传播尤其是为国人所接受，便转化成为新的意识形态，对推翻王朝国家的革命和新的国家制度的构建提供了必要的思想观念和伦理支撑。

3. 马克思主义国家观传入中国

当中国国家观念亟须更新时，马克思主义作为一种社会政治学说传入中国，为现代中国国家构建提供了理论宝库。其实早在新文化运动之前就被中国知识分子所知晓，但是他们对马克思主义国家观念的接受还有一定的过程。1899年《万国公报》上刊载的《大同学》是中国最早出现的介绍马克思主义学说的中文文献。该书是英国社会学家颉德所著，由李提摩太、蔡尔康所译，将马克思视为"万工领袖著名"（林乐知，2018）④。1902年梁启超发表《进化论革命者颉德之学说》，文中提到"社会主义之泰斗"马克思的阶级观念，并引用马克思的话质疑人类若完成生物进化之后"更有他日进化之一阶级乎？"（梁启超等，1984）。⑤ 此后，中国知识界逐渐出现完整介绍马克思主义学说的中文译作。1903年《浙江潮》刊登《新社会之理论》一文，主要介绍马克

① 梁启超. 先秦政治思想史 [M]. 北京：商务印书馆，2014：7.
② 孙强. 国民性话语：一个民族主义的视角 [J]. 贵州民族研究，2007（1）：14.
③ 田雪梅. 近代日本国民的铸造——从明治到大正 [M]. 北京：商务印书馆，2016：43.
④ 林乐知. 万国公报共60册 [M]. 上海：上海书店，2018：7.
⑤ 梁启超，葛懋春，蒋俊. 梁启超哲学思想论文选 [M]. 北京：北京大学出版社，1984：130.

思的事迹及其学说，1908 年《天义报》刊登了恩格斯 1888 年为《共产党宣言》所写的序言，此后又译载了《共产党宣言》第一章《资产者与无产者》和恩格斯《家庭、私有制和国家的起源》部分译文。马克思主义国家观的传入为中国现代国家的构建"把脉"。

马克思主义国家观的核心要义是一个国家是"人民主权"，还是"君主主权"，是区别现代国家与古代国家最显著的标志。因为"民主制是君主制的真理，而君主制却不是民主制的真理，因而只有民主制才是普遍和特殊的真正统一"①。所以对于当时的中国来讲，核心大事就是推翻封建专制主义中央集权制下的清朝，建立一个人民主权的国家。在现代国家的构建中，马克思与恩格斯做出如下构想：

首先，现代国家需要有一个强而有力的中央。马克思与恩格斯敏锐洞察了当时的欧洲社会，"当时英法两国工商业的成长促使整个国家中各种利益联成一气，因而促成政治上的中央集权"②，马克思与恩格斯基于经济与政治的互动视角看到了一个强而有力的中央形成的必然结果。马克思从公民角度指出："只要存在着国家，每个国家就会有自己的中央，每个公民只是因为有集权才履行自己的公民职责。"③ 马克思还从革命角度分析集权的必要性，"因为革命活动只有在集中的条件下才能发挥自己的全部力量"④。

其次，地方要实现自治，达到中央集权与地方自治的平衡。在马克思与恩格斯的制度构想中绝不是要中央绝对且完全地掌控地方，"地方的和省区的自治制并不与政治的和民族的中央集权制相抵触，也并不一定与狭隘的县区的或乡镇的利己主义联在一起"⑤。在马克思与恩格斯看来，中央集权与地方分权其实是要达到一个平衡，中央可以集中力量，地方也可以自治。恩格斯认为，无产阶级的集中制共和国也应该有地方的自治权。因此，他建议在党章上加上这样的条文："省、专区和市镇通过由普选权选出的官吏实行完全自治。取消由国家任命的一切地方的和省的政权机关。"⑥ 所以中央与地方从来就不是割裂的，在中央与地方的权力分配问题上不能"把权威说成是绝对坏的东西，而把自治原则说成是绝对好的东西，这是荒谬的。权威和自治是对的东西。它们的应用范围是随着社会发展阶段的不同而改变的"⑦。

最后，现代国家需要有一整套现代化制度安排。在《关于现代国家著作的计划草稿》中，从第四大标题开始直到文末，马克思列出了代议制、权力分开、立法权与立法机构、执行权与公共管理、集权制与联邦制、司法权与法、民族和人民、政党、选举权等现代国家的构成要素，都可看作现代国家为实现"人民主权"所作的制度安排和组织架构。其中对于代议制度作为现代国家运行的核心制度之一，马克思和恩格斯做出

① 马克思恩格斯全集（第 3 卷）［M］. 北京：人民出版社，2002：39-40.
②④⑤ 马克思恩格斯全集（第 7 卷）［M］. 北京：人民出版社，1959：387，297，298.
③ 马克思恩格斯全集（第 41 卷）［M］. 北京：人民出版社，1982：396.
⑥ 马克思恩格斯全集（第 22 卷）［M］. 北京：人民出版社，1965：276-277.
⑦ 马克思恩格斯全集（第 18 卷）［M］. 北京：人民出版社，1964：343.

肯定的评价:"代议制是一个进步,因为它是现代国家状况的公开的、未被歪曲的、前后一贯的表现。"①

(二) 中国现代国家建设的实践基础

19 世纪中叶以后,中国在外强入侵和内部危机频发的环境下开始了自己的现代国家建设,但它可资利用的组织资源是相当匮乏的,中国各阶级阶层立足中国的现实性难题,开始探索从传统国家形态向现代国家形态转变的建国方案。在中国共产党建立之前,无数仁人志士、政治派别,为改良、革新、"建国"而努力求索,先后酝酿和实施了洋务运动、戊戌变法、辛亥革命等重大政治革新事件。尤其是辛亥革命开启了中国建构现代国家的第一次转型,推翻了两千多年的封建君主制中央集权统治,建立了中华民国。但所有这些从根本上都未能改变中国落后挨打和一盘散沙的局面,未能完成国家的统合任务,因而未能真正实现国家的主权独立与统一。只有中国共产党提供了一种不同以往的国家现代化改造方案,领导和动员农民和工人等广大劳苦大众进行革命来建造一个新型现代国家,自此中国开始逐渐向现代化方向迈进。

二、中国共产党主导现代国家建设的实践探索

在中国现代国家的构建与建设之中,中国的基本国情和现代化的内在逻辑共同决定了政党主导型现代国家建设模式的历史必然性。中国共产党在全国范围内实现了全面领导与长期执政之后(唐皇凤,2022),② 实现了中国现代化的飞速发展,也实现了超越西方现代化国家建设的独特形式。

1. 将中国建设成为人民民主专政的中国 (1921~1949 年)

中国共产党从诞生之初就拥有远大的革命理想,"革命军队必须与无产阶级一起推翻资本家阶级的政权""承认无产阶级专政,直到阶级斗争结束,即直到消灭社会的阶级区分""消灭资本家私有制""联合第三国际"等。③ 1922 年中共二大明确指出:"我们共产党应该出来联合全国革新党派,……建设真正民主政治的独立国家为职志。"④ 中国共产党在现实底层社会的政治动员过程中,从基层逐步建立了灵活多样的组织形式。通过成立各种各样的组织,将从旧体系中解放出来的个人重新纳入新的权力组织体系中,"党开辟了人民政权的道路,因此也就学会了治国安民的艺术。党创造了坚强的武装部队,因此也就学会了战争的艺术"(毛泽东,1991)。⑤

---

① 马克思恩格斯全集第 3 卷 [M]. 北京:人民出版社,2002:95.

② 唐皇凤. 政党主导型现代国家建设:基于中国式现代化理论和历史逻辑的阐释 [J]. 四川大学学报(哲学社会科学版),2022(6):13-22.

③ 中共中央文献研究室,中央档案馆. 建党以来重要文献选编(一九二一—一九四九)第 1 册 [M]. 北京:中央文献出版社,2011:1.

④ 中共中央文献研究室,中央档案馆. 建党以来重要文献选编(一九二一—一九四九)第 1 册 [M]. 北京:中央文献出版社,2011:139.

⑤ 毛泽东选集(第 2 卷)[M]. 北京:人民出版社,1991:135-136,611.

抗日战争全面爆发之后，为了一致对外，中国共产党同意"取消现在的苏维埃政府，实行民权政治，以期全国政权之统一"，同时"把这个民族的光辉前途变为现实的独立自由幸福的新中国"。[①] 1940 年 1 月，毛泽东发表《新民主主义论》指出：现在所要建立的中华民主共和国，只能是在无产阶级领导下的一切反帝反封建的人们联合专政的民主共和国，这就是新民主主义的共和国，也就是真正革命的三大政策的新三民主义共和国。它既不是资产阶级专政的共和国，也不是无产阶级专政的共和国，而是"几个革命阶级联合专政的共和国"。[②]

抗战胜利后，国民党挑起内战。中国共产党带领中国人民用三年时间彻底打垮了国民党的反动武装。1948 年党中央号召"各民主党派、各人民团体、各社会贤达迅速召开政治协商会议，讨论并实现召集人民代表大会，成立民主联合政府"[③]。1948 年 9 月在中共中央政治局扩大会议上，毛泽东对于国家政权理论做出新的阐释，"我们政权的阶级性是这样：无产阶级领导的，以工农联盟为基础，但不仅是工农，还有资产阶级民主分子参加的人民民主专政""人民民主专政的国家，是以人民代表会议产生的政府来代表它的"。[④]

2. 把中国建设为一个崭新的社会主义国家（1949～1978 年）

新中国成立前夕，中国人民政治协商会议明确了新中国成立初期的革命性任务"建设独立民主和平统一富强的新中国"。[⑤]

在国内建设时期，党中央提出了新的目标：在国家政权自上而下的领导和广大人民群众自下而上的支持相结合的基础上，完全消灭城乡资本主义的成分，在中国建立社会主义的社会。到 1956 年底，我国已经基本上完成了社会主义改造，公有制在我国的经济结构中占据着绝对的优势。党的八大指出，国内的主要矛盾"已经是人民对于建立先进的工业国的要求同落后的农业国的现实之间的矛盾，已经是人民对于经济文化迅速发展的需要同当前经济文化不能满足人民需要的状况之间的矛盾"，"把我国尽快地从落后的农业国变为先进的工业国"是党和人民的主要任务。[⑥] 1958 年，党的八大二次强调"尽快地把我国建成为一个具有现代工业、现代农业和现代科学文化的伟大的社会主义国家"[⑦] 是社会主义建设的总路线基本点。在 1962 年初的扩大的中央工作会议上，毛泽东进一步提出了"工、农、商、学、兵、政、党这七个方面，党是领导一切的"[⑧] 这个重大命题，强调党要领导工业、农业、商业、文化教育、军队和政府，进一步表明党在现代化中国建设之中的核心地位。

① 中共中央文献研究室中，央档案馆．建党以来重要文献选编（一九二一——九四九）第 14 册［M］．北京：中央文献出版社，2011：369-370.

②④⑤ 毛泽东选集（第 2 卷）［M］．北京：人民出版社，1991：611+675.

③ 中共中央文献研究室，中央档案馆．建党以来重要文献选编（一九二一——九四九）第 25 册［M］．北京：中央文献出版社，2011：283-284.

⑥ 中共中央文献研究室．建国以来重要文献选编第 9 册［M］．北京：中央文献出版社，1994：341-342.

⑦ 中共中央文献研究室．建国以来重要文献选编第 9 册［M］．北京：中央文献出版社，1994：304.

⑧ 毛泽东文集（第 8 卷）［M］．北京：人民出版社，1999：30.

3. 把中国建设成为一个社会主义现代化国家（1978~2012 年）

1978 年的十一届三中全会，开启了党和国家发展的新阶段。改革开放以来，中国共产党人旗帜鲜明坚持党的领导，改革和完善党的领导方式和执政方式成为国家政治生活的重要主题。这一时期果断将"全党工作的着重点和全国人民的注意力转移到社会主义现代化建设上来"①。坚持党的领导是确保改革开放始终沿着正确方向前进、充分调动各方面积极性的根本政治保证。随着社会主义市场经济的逐步建立、发展，中国共产党逐步确立"依法治国"的基本方略，中国共产党通过法定程序，将党的意志上升为国家意志。党在科学执政、民主执政、依法执政的要求下，不断改革不适应时代要求和实践发展的体制机制、法律法规，使各方面制度更加科学，更加成熟和定型，实现党、国家、社会各项事务治理制度化、规范化、程序化。马克思主义执政党带领中国人民更加自信地走在现代化的道路上，步伐日益稳健，定力愈加强劲。

4. 把中国建设成为社会主义现代化强国（2012 年至今）

党的十八大以来，以习近平同志为核心的党中央延续并且深化了新时代以来党对中国基本国情的认识与判断，以巨大的政治勇气和强烈的责任担当提出一系列新战略，作出中国已进入"中国特色社会主义新时代"历史方位的战略判断。提出新时代我国的主要矛盾已经转化为"人民日益增长的美好生活需要和不平衡不充分的发展之间的矛盾"。② 在全面建成小康社会的基础上，从 2020 年到 21 世纪中叶可以分两个阶段来安排。第一个阶段（从 2020 年到 2035 年）基本实现社会主义现代化。第二个阶段（从 2035 年到 21 世纪中叶）把我国建成富强民主文明和谐美丽的社会主义现代化强国。③

党的十八大以来，党领导人民坚持中国共产党领导地位不动摇，不断强化党中央权威和集中统一领导，持续完善党中央重大决策部署落实机制，创新和改进党的领导方式和执政方式成效显著。在中国，中国共产党既是国家现代转型的重要动力，也是驱动国家现代化的主导力量。中国的执政党承担了推动现代化进程、直接治理社会和确保社会转型平稳性的重大历史使命，党的领导核心作用贯穿于中国式现代国家建设的全过程之中。

三、中国现代国家建设的基本经验

一部中国共产党的百年党史，从一定的意义上讲就是一部中国共产党推动现代国家构建、建设、革新的过程；也是一部中国共产党领导中国人民一路赓续奋斗的现代中国建设历史。在现代中国的建设路途中，中国共产党带领中国人民，最终成功走出一条现代化强国的复兴之路，开创了一条具有中国特色的现代国家建设路径，形成了中国现代国家建设的宝贵经验。

---

① 中共中央文献研究室. 三中全会以来重要文献选编（上）［M］. 北京：中央文献出版社，2011：5.

②③ 习近平. 决胜全面建成小康社会 夺取新时代中国特色社会主义伟大胜利［N］. 光明日报，2017-10-28（第 03 版：要闻）.

（一）现代中国建设具有连续性，始终沿着共产主义革命方向向前发展

一百年来，中国共产党人遵循共产主义的最高理想，领导人民进行不懈的斗争，实现了从"站起来""富起来"到"强起来"的辉煌成就。今后的现代中国建设也要坚持这一理想，基本实现国家现代化，把我国建设成为社会主义现代化强国，实现中华民族伟大复兴，并为构建人类命运共同体作出巨大贡献。"科学社会主义在中国的成功，对马克思主义、科学社会主义的意义，对世界社会主义的意义，是十分重大的。"①

（二）始终坚持党的领导是国家建设和发展目标的根本保证

早在新民主主义革命时期，毛泽东将党的建设"党的领导"视为革命成功的根本法宝。社会主义革命和建设时期，他又强调"领导我们事业的核心力量是中国共产党"，②"工、农、商、学、兵、政、党这七个方面，党是领导一切的"③。改革开放新时期，邓小平强调"必须坚持共产党的领导"，"离开了中国共产党的领导，谁来组织社会主义的经济、政治、军事和文化？谁来组织中国的四个现代化？"④进入中国特色社会主义新时代，习近平总书记更加关注党的领导对国家建设和发展目标的决定性作用。他反复强调，中国共产党领导是中国特色社会主义最本质的特征，中国共产党是国家最高政治领导力量，是实现中华民族伟大复兴的根本保证。因此，坚持党对一切工作的领导是实现"第二个百年"国家建设和发展目标的最根本保证。

（三）以人民为中心的立场

人民群众是历史的创造者，始终坚守人民立场，为了人民、依靠人民，是唯物史观的基本要求，是无产阶级政党推进国家现代化建设的根本遵循。纵览中国共产党的百年奋斗史，可以看到，我们党之所以能够取得现代化建设的宏伟成就，归根结底在于党始终恪守与人民同呼吸、共命运、心连心的政治立场，得到了人民的衷心拥护和坚定支持。中国共产党自成立起，就是"民主的忠实追求者、积极探索者和模范实践者"，⑤习近平总书记强调："全党必须牢记，为什么人的问题，是检验一个政党、一个政权性质的试金石。"以习近平同志为核心的党中央守正创新，不断深化对民主政治发展规律的认识，创造性地提出了全过程人民民主。党领导的现代国家建设告诉我们：只有站稳人民立场，才能推进国家现代化建设，为全面建成社会主义现代化强国提供更强劲、更具有持续性的中国力量。

（四）坚持依法治国

依法治国的历史经验，是中国共产党在长期执政中得出的实践经验，依法治国是当代中国发展进步的根本制度保障。依法治国"以马克思主义为指导，把历史唯物主义

---

① 习近平. 习近平谈治国理政（第3卷）[M]. 北京：外文出版社，2023：70.
② 毛泽东文集（第8卷）[M]. 北京：人民出版社，1999：50.
③ 毛泽东文集（第8卷）[M]. 北京：人民出版社，1999：305.
④ 邓小平. 邓小平文选（第2卷）[M]. 北京：人民出版社，2009：164，170.
⑤ 中国共产党的历史使命与行动价值[N]. 人民日报，2021-8-27（02版：要闻）.

关于社会结构和国家制度的基本原理同中国实际结合起来"（李君如，2020）[①]，我们如此一个大国，想要实现有序发展，就需要法律作为发展"轨道"让现代中国可以平稳运行。党的十八大以来，中共中央多次明确指出，要在法治的轨道上推进社会主义现代化建设，通过法治推动制度改革，使法治成为"制度之治最基本最稳定最可靠的保障"[②]。

（五）党的自我革命

政党是推动现代国家建设的主导力量，在国家现代化建设中发挥着政治领导、经济建设、思想指引、战略规划和统筹协调的作用，政党深刻影响着现代化的发展方向和现代国家的能力。从一定意义上说，政党的自我革命决定着一个国家的现代化进程。在推进国家现代化建设的百年实践中，中国共产党的自我革命就是其奋斗的底气，也是中国共产党的鲜明特点。中国共产党推进国家现代化建设的百年实践告诉我们，政党自身现代化是推进国家现代化建设的题中之义和关键所在，也是推进国家现代化建设的核心力量。

中国现代化道路在世界国家现代化建设的过程中越来越具有开拓性和典型性，中国的现代化建设进程为发展中国家走向现代化提供了可资借鉴的全新范本，为科学社会主义注入了强大的实践活力，为解决全球治理问题贡献了中国方案。站在新的历史起点上，面对错综复杂的国内外环境带来的新挑战，我们必须坚持百年现代化进程中形成的宝贵经验，毫不动摇地全面建设社会主义现代化强国。

四、当代中国的国家建设进程与发展方向

党的十八大以来，以习近平同志为核心的党中央肩负带领中华民族伟大复兴的使命，在统筹推进"五位一体"总体布局和协调推进"四个全面"战略布局的伟大实践中，党和国家事业取得历史性成就、发生历史性变革，谱写了中国经济快速发展和社会长期稳定两大奇迹新篇章，为全面建设社会主义现代化强国国家奠定了更为坚实的物质基础和更为完善的制度保证。未来的中国国家建设将从以下方面继续推进。

（一）贯彻新发展理念，促进经济社会高质量发展

高质量发展既是新时代中国经济建设和社会建设的鲜明特征，也是建设社会主义现代化国家的根本立足点。正如党的二十大报告所深刻指出的："高质量发展是全面建设社会主义现代化国家的首要任务。发展是党执政兴国的第一要务。没有坚实的物质技术基础，就不可能全面建成社会主义现代化强国。"[③] 新时代以来，党以新发展理念为指导促进经济社会高质量发展的实践探索具体包括以下五个方面：

---

① 李君如.中国特色社会主义制度是怎么得来的？[J].红旗文稿，2020（3）：1，15-20.

② 习近平.论坚持全面依法治国[M].北京：中央文献出版社，2023：272-273.

③ 习近平.高举中国特色社会主义伟大旗帜　为全面建设社会主义现代化国家而团结奋斗——在中国共产党第二十次全国代表大会上的报告（2022年10月16日）[M].北京：人民出版社，2023：23.

（1）坚持创新发展理念，持续增强发展动力。习近平总书记多次强调："关键核心技术是要不来、买不来、讨不来的。"因此想要畅通国内国际双循环的经济发展格局，不让外国技术"卡脖子"，就需要坚持创新驱动发展在整个新时代社会主义现代化国家建设中的核心地位，未来的中国要实现科技自立自强，抢占全球的技术创新高地，引领全球的创新链。

（2）坚持协调发展理念，增进发展的协同性和有效性。协调的核心在于统筹东中西、协调南北方，坚持实施区域发展总体战略，脱贫攻坚取得全面胜利，乡村振兴战略深入推进，区域协同发展不断推进。党的十八大以来，各地区围绕区域协调发展，在建立区域合作机制、区域互助机制等方面进行了积极有效的探索。

（3）坚持绿色发展理念，增强发展可持续性。坚持习近平总书记的"绿水青山就是金山银山"的思想，以绿色发展理念引领生态文明建设，调整经济结构和能源结构、转变发展方式、创新科学技术，推进黄河流域生态保护和高质量发展，实施长江十年禁渔计划等，在实现人与自然和谐共生的过程中不断增强发展的持续性。

（4）坚持开放发展理念。加强中国的对外开放水平，增强发展的内外联动性。在对外开放中要遵循共商共建共享原则，坚定不移奉行互利共赢的开放战略，积极参与全球治理过程，坚持推动"一带一路"倡议实施，在构建对外开放新格局中不断提高中国经济社会发展的外向度和韧性。

（5）坚持共享发展理念，推进社会公平正义。要优化就业机制，提高就业率与就业水平。在分配角度，提高劳动报酬在初次分配中的比重，完善再分配机制，将公平纳入第二次分配的考量之中，提高低收入者收入水平，扩大中等收入群体，调节过高收入，取缔非法收入，将我国逐步建设为"橄榄型"社会，让改革发展成果的共享程度不断提高。新时代高质量发展就要求，健全多层次社会保障体系，让基本公共服务均等化水平明显提高，使全体人民共同富裕取得实质性进展。

（二）发展全过程人民民主，保障人民当家作主

2019 年 11 月，习近平总书记在上海考察时首次提出"人民民主是一种全过程的民主"。① 坚持全过程人民民主，是全面建设社会主义现代化国家的重要保证。全过程人民民主是中国式现代化的独特优势。党的十八大以来，以习近平同志为核心的党中央，积极完善保障人民当家作主的制度体系，从各层次各领域扩大人民有序政治参与，不断提升中国式民主的质量和水平，为全面实现中华民族的伟大复兴注入动力。具体体现在以下三个方面：

（1）决策层面。全过程人民民主为民主、科学决策提供保障。新时代，但凡涉及群众利益的事情，都是群众说了算。各级党委、政府在做出决策时，要在决策前广泛听

① 全国人民代表大会常务委员会办公厅．中华人民共和国第十三届全国人民代表大会第四次会议文件汇编[M]．北京：人民出版社，2021：401.

取人民群众的意见与建议。通过制度化，畅通人民群众反映意见的渠道，同时，习近平总书记指出，在民主制度的设计中，要"构建多样、畅通、有序的民主渠道，丰富民主形式"①。

（2）充分发挥人民代表大会制度作为全过程人民民主重要载体的保障作用。习近平总书记指出，在民主制度的设计中，必须兼顾多个方面，要"注重历史和现实、理论和实践、形式和内容有机统一"②。并且从实践层面指明"人民代表大会制度是实现我国全过程人民民主的重要制度载体"③。在人民代表大会制度的具体运行过程之中，把代表联系选民、选民经常性向代表反映意见更加制度化、规范化。在选举、协商、决策、管理、监督各环节坚持民主原则，集中体现了全过程人民民主的理念原则和制度安排。

（3）扎实基层立法联系点的实践创新和制度创新。目前，全国人大常委会法工委设立的基层立法联系点22个，覆盖全国2/3的省份，辐射带动全国设立了427个省级立法联系点和4350个设区的市级立法联系点。④ 基层立法联系点制度真正实现立法由人民参与和法律由人民制定，极大拓展了基层群众参与国家立法的深度和广度，丰富了全过程人民民主的实践内涵。

（三）坚持和完善中国特色社会主义制度，推进国家治理体系和治理能力现代化

国家治理体系和治理能力现代化作为继工业、农业、国防和科学技术四个现代化之后的"第五化"，涵盖了社会生活的各个方面，是中国实现第二个百年奋斗目标、以中国式现代化实现中华民族伟大复兴的必由之路。党的十八届三中全会首次提出"国家治理体系和治理能力现代化"的目标，⑤ 将国家治理问题摆到了国家未来政治规划的核心。党的十九届四中全会通过《中共中央关于坚持和完善中国特色社会主义制度，推进国家治理体系和治理能力现代化若干重大问题的决定》深入阐释了国家治理体系和治理能力现代化的制度保障，为国家治理体系和治理能力现代化做出顶层设计与全面部署。⑥ 党的二十大报告深入分析中国的国内外形势，在肯定党的十八大以来中国国家治理体系和能力现代化成果的基础上为接下来深入推进国家治理现代化指明了方向。

（四）贯彻落实总体国家安全观，统筹发展和安全两件大事

安全稳定是国家现代化建设的根基，维护国家安全和社会稳定是全面建设社会主义现代化国家的根本保障。同样，没有高质量的发展，国家安全也无法实现，没有高质量

---

① 中共中央关于党的百年奋斗重大成就和历史经验的决议（2021新版）[M]. 北京：人民出版社，2021：39.
② 中共中央党史和文献研究院. 习近平社会主义政治建设论述摘编 [M]. 北京：中央文献出版社，2017：10.
③ 中共中央关于党的百年奋斗重大成就和历史经验的决议辅导读本 [M]. 北京：人民出版社，2023：250.
④ 全国人大常委会法制工作委员会. 基层立法联系点是新时代中国发展全过程人民民主的生动实践 [J]. 求是，2022（5）：24-29.
⑤ 中共中央关于全面深化改革若干重大问题的决定 [J]. 求是，2013（22）：3-18.
⑥ 《中国共产党简史》编写组，中共中央党史和文献研究院. 中国共产党简史 [M]. 北京：人民出版社，中共党史出版社，2021：490-491.

发展，不可能建成社会主义现代化强国。安全与发展是国家需要在新时代统筹好的两件大事。

2014年4月，习近平总书记在中央国家安全委员会第一次会议上首次提出"总体国家安全观"战略构想，丰富拓宽了国家安全的内涵外延，形成了符合时代潮流和中国实际的国家安全观。党的二十大报告进一步指出要"建设更高水平的平安中国，以新安全格局保障新发展格局"。① 在新时代下，党领导全国各族人民坚决贯彻落实总体国家安全观，统筹实现外部安全和内部安全、国土安全和国民安全、传统安全和非传统安全、自身安全和共同安全，经济社会发展的安全性显著增强。

（五）坚持全面从严治党永远在路上，建设强大的马克思主义执政党

1945年毛泽东在延安"窑洞对"中给出了中国共产党跳出历史周期率的第一个答案。中共十九届六中全会通过的《中共中央关于党的百年奋斗重大成就和历史经验的决议》又给出了第二个答案："坚持自我革命"，并且把这一条概括为中国共产党百年奋斗的历史经验之一。

建设强大的社会主义现代化国家，是中国共产党人的使命。将中国建设为现代化强国，关键在党。这就要求党要管党，全面从严治党，建设强大的马克思主义执政党。习近平总书记在党的二十大报告中指出："中国式现代化，是中国共产党领导的社会主义现代化。"② 这深刻阐释了中国式现代化与中国共产党的深刻内在联系。在新时代我们需要"落实新时代党的建设总要求，健全全面从严治党体系，全面推进党的自我净化、自我完善、自我革新、自我提高，使我们党坚守初心使命，始终成为中国特色社会主义事业的坚强领导核心"。③

 思考题

1. "国家"是怎样形成的？

2. 现代国家的结构形式有哪些？

3. 简述现代国家的形成和发展及其社会基础。

4. 我国正在建设什么样的国家？

---

①②③　习近平. 中国共产党第二十次全国代表大会文件汇编. ［M］. 北京：人民出版社，2022：18+53.

第六章　政府过程

什么叫作"政府过程"？就广义而言，它意味着在特定的政治共同体中获取和运用政治权力的全部活动，几乎与"政治"同义。就狭义而言，政府过程特指政治学的一个研究领域，也是政治学的研究方法。作为一个研究领域，政府过程一般被认为是政府决策的运作过程，主要包括政府的政策制定与执行等功能活动及其权力结构关系。

第一节　政府过程理论

政府过程研究是对传统政治学研究的修正和补充，强调在观察和分析政治体系与制度时使用动态研究方法。它的兴起源于公民意识的崛起以及新的研究方法的出现。公民意识的崛起致使公民的政治活动领域逐渐扩张，各种利益团体、政党纷纷开始参与政治生活，深刻影响了政治生活中的选举过程和其他政治活动。在这一背景下，政府理论的研究不再局限于纯理论和抽象的研究，而是开始对政府决策及其实践进行观察和分析。

西方国家对政府过程理论的研究起源于 19 世纪中后期，总体呈现出规范性研究和实证性研究相结合的特征。我国从 20 世纪 80 年代后期开始对政府过程进行研究，尽管从研究方法到研究内容都受到西方国家很大影响，但随着对这一问题的不断探索，已逐步形成具有中国特色的政府过程理论。

一、政府过程理论的内涵

（一）概念界定

政府过程是政治学理论中的一个重要概念。政府过程中的"政府"是一个泛化的政府概念，一般来说，政府分为狭义政府和广义政府。所谓狭义的政府是指政府和它的行政管理部门；广义的政府是由立法机关、司法机关、行政机关、监察机关等国家机关构成的整体。因此，有的学者认为对政府过程的研究也可以分为狭义和广义两种：狭义的政治过程研究将政治过程视为利益团体参与政治的过程，而广义的政府过程则将政治过程视为政治生活的动态过程，它的研究范围更广，除利益团体、政党等组织之外，还包括选举、沟通、决策等活动。

政府过程研究最早可追溯到美国政治学家亚瑟·F. 本特利，他在《政府过程：社会压力研究》一书中，将政府过程解释为利益集团与政府互动的过程，首次提出政治集团理论并运用于政府过程的研究。之后，政治学家戴维·杜鲁门采用经验性的研究方法，进一步对本特利提出的理论进行探讨，并在《政治过程——政治利益与公共舆论》一书中指出，必须正视各种利益集团的行为，将其视为一个复杂的、多元利益群体交互、博弈的复杂过程。① 阿尔蒙德等运用结构——功能主义的方法对政治体系的实际运作过程进行分析，将政治过程视作政治体系与其自身所处的社会环境之间相互影响、相互博弈的过程。②

在我国，胡伟（1998）和朱光磊（2002）是较早开始政府过程研究的学者。胡伟认为，政府过程也是政治学的一种研究方法，是作为传统政治学的一种反动而出现的。他借鉴广义政府和狭义政府概念，提出广义政府过程和狭义政府过程。广义的政府过程是指特定政治团体获得并运用政府权力的一切活动，而狭义的政府过程则是政治学特定的研究领域的一部分，一般被理解为政府决策的运作过程。③ 朱光磊则认为，政府过程具体包含了国家权力结构关系、政策制定与执行等活动，政府机构和政府官员的操作性活动，即工作程序以及在政府活动中比较重大的变化过程。④

综合上述学者的观点，政府过程既是一种研究方法，又是一种政府理论。作为研究方法，政府过程是相对于传统政治学强调研究法定的政治制度和正式结构，其研究的内容是"政府的实际运作过程"，其理论的核心概念是利益表达、利益整合、决策与执行，以及监督过程和信息传输过程两个辅助和保障机制。这些环节组织在一起，成为一个前后衔接、渐次推进的动态的运作过程。

（二）政府过程与政治过程

由于政府过程与政治过程的研究对象都包含政府、政党、利益集团的活动，且研究的政府都是广义的政府，因此，许多学者也将政府过程称作政治过程，并没有对它们进行严格区分，且经常将两者混用。

虽然本特利的著作以"政府过程"命名，但从其内容来看，其研究对象已经超越了狭义的政府层面，并延伸到整个政治过程。而杜鲁门的著作 *The Govermental Process：Political Interests and Public Opinion* 的中译本被译作《政治过程——政治利益与

① ［美］戴维·杜鲁门. 政治过程——政治利益与公共舆论［M］. 陈尧译，胡伟校. 天津：天津人民出版社，2005：9.
② ［美］加布里埃尔·阿尔蒙德，小 G. 宾厄姆·鲍威尔. 比较政治学：体系、过程和政策［M］. 曹沛霖，郑世平，公婷等译. 上海：上海译文出版社，1987：21.
③ 胡伟. 政府过程［M］. 杭州：浙江人民出版社，1998：10.
④ 朱光磊. 当代中国政府过程（修订版）［M］. 天津：天津人民出版社，2002：12.

公共舆论》。胡伟、朱光磊在其著作中使用的是"政府过程"的概念，王沪宁等则采用了"政治过程"的概念。但从他们的著作内容来看，"政府过程"研究的重点是政府的实际运作过程，而"政治过程"除了强调政府的运作程序，还会重视其他因素，如公众在政治过程中的互动以及沟通。因此，"政治过程"这一概念相较于"政府过程"要更加宽泛。从学术角度来看，对"政治过程"的研究是从"政府过程"研究开始的。

由此可知，在政治学研究中，通常把政治过程看作与政府过程等同的概念，政府过程研究就是对一切可能影响政府决策和运行的所有动态因素的研究。

二、政府过程理论的产生与发展

传统的政治学研究是以规范性与制度性为特征的，早期的政治学研究侧重于抽象的政治理论与政治哲学，具有形而上学的特征，它是在一定的规范性目标驱使下设计出来的政治体制，往往悬于现实之上。因此，许多学者开始探索新的、更能体现真实政治状况的政治学研究方法，政府过程研究应运而生。根据研究重心不同，我们可以将政府过程理论的产生和发展划分为四个阶段：现实政治研究、利益集团研究、过程研究和"电子政府"研究。

（一）现实政治研究

19世纪中期，随着英法美等主要西方资本主义国家政治体系的基本完备和西方政党政治的完全建立，传统政治学在经济学、社会学、心理学等新兴学科的冲击和影响下，开始兴起对政府的动态研究和实证分析，并逐步向正规的过程研究发展。这一时期的沃尔特·白哲特将研究的重点放到影响政治运作的心理动因和社会动因上，于1867年出版《英国宪制》一书。美国学者伍德罗·威尔逊受到白哲特观点的影响，同时在自己的政治实践过程中不断观察，发现美国的政治实践也与宪法规定有很大出入，例如美国总统的选举，虽然创立了选举人制度，由美国选民先选出选举人，再由选举人推选总统，但由于利益集团和政党政治等因素的影响和操控，这一制度也渐渐"流于形式"[1]，很难真正起到应有的作用。他于1885年出版《国会政府》一书，其主要内容包括国会提出问题、讨论问题并提出议案、通过议案或者搁置议案的过程。由此可见，威尔逊也意识到传统政治学在方法论上的缺陷，开始转向对政治活动的动态研究。

这一时期，白哲特和威尔逊通过研究与宪法规定不同的实际政治运行过程，同时引进社会学、经济学和某些自然科学的方法研究政府活动过程，观察现实政治生活或结合其政治实践经验，发现实际政治运行过程与制度规定的偏差，开始将政治研究的重点放在过程研究上，但并没有提出"政府过程"这一概念。

（二）利益集团研究

随着两次工业革命的开展，工业化浪潮席卷西方各国，在此过程中，产业、行

---

① ［美］伍德罗·威尔逊. 国会政体 [M]. 熊希龄，吕德本译. 北京：商务印书馆，1985：96.

业、职业迅速分化，各种社会矛盾日益凸显，政府职能也随之扩大。在制定法律和政策的过程中，政府与众多利益相关者之间往往存在广泛的利益关系，因而引发了社会公众对政府行为的普遍关注，为了维护并壮大自己的利益，各种利益集团迅速发展起来。

到 20 世纪前半叶，政府过程的研究重心开始转移到对利益集团的研究上来。这一时期的研究最为突出的两位学者是本特利和杜鲁门。其中本特利是率先提出"政府过程"这一概念的学者，他认为政府的运作过程是一个不断变化的、利益集团相互争斗的动态过程，而政府则是在不同利益集团之间进行协调，使博弈中的利益集团相互妥协、达成一致的媒介。1908 年，本特利出版《政府的过程：社会压力研究》一书，对"集团""行为""利益""压力""过程"等环节密切关注。他反对传统政治学中对政治结构进行表面的、形式的研究，认为研究政治问题应该借鉴自然科学的研究方法，以具体和实际政治过程为研究对象；他创造性地将"集团"作为其研究的切入点和理论表达的基本概念。他认为政府过程由集团、利益和压力三种因素构成，一个特定的政府过程，就是一个集团的行为、一种利益的表达和一种压力的行使，所有的政治过程都是不同利益集团之间相互作用的结果。

戴维·杜鲁门出版了《政府过程——政治利益与公众舆论》一书。这本书主要论述了压力、利益集团与政府的关系；利益集团的组织结构与领导地位，领导性质与领导技能；公众舆论、宣传工具、政党、选举活动；政府结构、立法过程、政府行政以及利益集团与国家的关系问题。[①]

这一阶段，学术界已经形成了一套比较完善的政府过程理论，其中最核心的概念——集团（团体）已经成形；学科的理论体系也已形成，即集团、利益和压力三者围绕政府的相互作用。

（三）过程研究

第二次世界大战结束后，西方政治学界开始从"过程"的视角对政治和政府运行的方方面面进行考察和研究。这一阶段的发展和成就基于行为主义的基本方法，强调运用科学的方法和观点对政府及其行为进行研究，重视团体和个人的实际政治活动，主张在实际行动过程中验证理论，同时要求实际研究要以理论为指导。行为主义的特征在方法论上与政府过程理论具有一致性。

阿尔蒙德等于 1951 年出版了《比较政治学：体系、过程和政策》一书。该书有意识地将过程研究放在方法论的位置上，并尝试运用结构——功能主义的分析方法对政治体系的实际运行过程进行探讨，并试图研究政治体系及其所处的社会环境之间的联系，

① ［美］戴维·杜鲁门. 政治过程——政治利益与公共舆论［M］. 陈尧译，胡伟校. 天津：天津人民出版社，2005：32.

在具体研究方法上，更多地将经济学、社会学以及自然科学的研究方法融入其中。[①] 这是政府过程学说发展过程中的一个重要变化。20 世纪 60 年代后期，由于行为主义研究忽视对意识形态、价值观念等倾向性问题的主动判断，"过程"研究遭遇挑战。为弥补这一不足，后行为主义应运而生。后行为主义依然是一种行为主义，其产生的目的在于完善和丰富行为主义。这一时期，在西方诸国尤其是美国，更加重视政治体制、政府结构、政府程序与政府监督等问题，并着重关注上述过程中利益集团、政治程序、政党活动、官僚政治、选举过程中民族因素的影响。

（四）"电子政府"研究

计算机和互联网的发展对人类的生活、生产活动均造成巨大的影响，各类社会资源重新整合，社会生产方式和生活方式均发生深刻变革，这给经济、社会以及政府运作方式都带来了前所未有的挑战。20 世纪 70 年代末，各国政府纷纷开始寻求变革，以期推进政府运作过程的创新，建设高效政府。自 2001 年起，联合国开始启动对电子政务的调查评估，到 2022 年已连续发布 13 次报告，由此可见电子政务作为政府数字化转型的重中之重，受到国内外的普遍重视。学术界试图从政治学的角度构建电子政府的理论体系，开始重视对网络政治行为与网络政治参与的研究，逐渐发展为对网络政府过程及政府改革的探索。

在电子政务研究初期，各国学者侧重于关注互联网技术的产生及在此过程中引发的社会影响，从理论层面界定网络社会的形式和实质，进而对网络政治的内涵及其对国家政治生活的影响进行剖析。到了 20 世纪 90 年代末，开始出现了对网络媒体政治功能的研究，并且对网络媒体的政治价值进行了总体性的概括。

三、我国政府过程理论的研究

20 世纪 80 年代末 90 年代初，我国开始对政府过程理论展开系统研究，并一直持续到今天。王沪宁（1987）是我国第一个对政府过程理论进行专门研究的学者。他在其著作《比较政治分析》中专门用一章的篇幅较为系统地阐述了政治过程，认为政府过程研究是对政治的动态研究。[②]

对政府过程的研究较有影响力的当数胡伟教授和朱光磊教授。胡伟于 1998 年出版的《政府过程》是我国第一部专门研究政府过程的著作，他采用结构——功能主义的分析方法，将政府的功能活动与其结构相结合进行考察，对结构的分析是围绕着实际功能开展的，从而区别于对政治结构的静态分析。在此基础上，胡伟将政府的功能活动视作公共政策的运行过程，并从利益输入、政府决策、政策执行等环节对政治过程进行考

---

① ［美］加布里埃尔·阿尔蒙德，小 G. 宾厄姆·鲍威尔. 比较政治学：体系、过程和政策［M］. 曹沛霖，郑世平，公婷等译. 上海：上海译文出版社，1987：96.
② 王沪宁. 比较政治分析［M］. 上海：上海人民出版社，1987：25.

察。该著作实际上依然沿袭了阿尔蒙德等学者创立的理论框架，但在内容上体现出鲜明的本土化研究特色，其中提出的人格化政府结构更是颇具影响力。所谓人格化结构是指"政府过程中与政治角色之间的个人关系紧密相连的政治权力结构"。① 胡伟高度重视人格化结构在中国政府过程中发挥的作用，认为通过对人格化结构的研究可以更好地解释我国诸多政治现实，他将其视为分析中国政府过程的一个重要变量，只有将其与宪政体制、体制机制等结构有机结合起来，才能从宏观上把握当代中国的政府的结构与运行过程。他提出的人格化结构虽然具有人治色彩，但对我国政治运作仍然具有积极意义，它可以弥补体制化结构存在的缺陷，例如，人格化的张力可以对权力进行平衡和制约，但人格化结构的负面影响也不容忽视，在将来的政治运行过程中，我们要不断强化体制结构，而不能仅依靠人格化结构来制约权力，维持"脆弱"的平衡。

朱光磊出版了《当代中国政府过程》。他提到所有在现实中运行的政府，不仅是一种制度，更是一个过程。② 因此，关于政府问题的研究开始在研究方法上突破传统的制度研究的范畴，向过程研究领域发展。《当代中国政府过程》对政府的政治权力结构、政府的职能过程、政府的保障机制、政府与国民的经济和社会生活，以及中央和地方的政府过程等方面进行了较为全面的考察。并将党政关系作为中国政府过程研究的重点，认为党政关系是我国政府过程的核心。另外，他将"单位"看作一个特殊的单元进行分析，从而与西方国家的"集团"分析进行区别。他指出，在20世纪八九十年代，我国公民大多通过所在"单位"和居民自治组织与政府产生联系，"单位"构成了公民与政府之间的重要媒介，在政治过程中发挥了不可替代的作用。随着市场经济的发展，社会的流动性越来越大，人员活动的群体化趋势日益明显，利益逐渐成为公民联系的重要纽带。

随着政府过程理论研究的不断深入，政府过程作为一种研究方法和研究视角，已逐渐渗透到传统的政治学研究中，成为传统政治学研究的有益补充。许多政治学著作都增加了对政府过程的研究。例如，陈振明（2004）的《政治学——概念、理论和方法》一书中就有对利益集团及政治行为、政治沟通等问题进行分析研究的章节。③ 李景鹏（1995）的《权力政治学》中也对政治行为模式、政治行为的心理基础、政治运行机制等问题进行了研究，提出我国政治权力运行的"双轨制"等观点。④

随着计算机技术的广泛应用和互联网的发展，我国政府过程的研究开始向远程、自动、开放的电子政府方向发展。为限定论域范围，突出政府行政部门的信息化，在得到国家信息化领导小组领导们的首肯后将"电子政府"定名为"电子政务"（傅荣校，

---

① 胡伟. 政府过程［M］. 杭州：浙江人民出版社，1998：36.
② 朱光磊. 当代中国政府过程（修订版）［M］. 天津：天津人民出版社，2002：27.
③ 陈振明. 政治学：概念、理论和方法［M］. 北京：中国社会科学出版社，2004：325.
④ 李景鹏. 权力政治学［M］. 哈尔滨：黑龙江教育出版社，1995：211.

2014）。①

20 世纪 80 年代，我国开始逐步推行办公自动化，电子政务开始推广并不断完善，直到 1999 年国家经贸委信息中心和中国电信联合北京的政府部门共同发起了"政府上网工程"，网络化政府由此诞生。进入 21 世纪后，随着全球信息社会化的发展，有些学者认为电子政务是通过信息的输入——整理——转换——输出——反馈等环节来推动政府过程的，在此过程中信息传递持续加速并不断循环，为政府过程注入了新的活力因素（张三清和张清华，2008）。② 信息的产生、传递、存储和应用是政府过程运行的重要基础，电子政务的发展使政府过程网络化成为技术运用和体制革新的必然选择。

国家行政学院发行的《电子政务蓝皮书：中国电子政务发展报告（2014）》指出，大力推进国家电子政务，是国家信息化的重要任务，更是推进国家治理体系和治理能力现代化的重要组成部分（洪毅等，2014）。③ 傅荣校（2014）认为，电子政务的发展是对传统政府运作模式进行改造的过程，是为了与信息时代相适应，满足社会以及公众对政府公共管理和公共服务的需要，推动社会经济的发展，从而利用信息技术、通信技术、网络技术以及办公自动化技术等现代信息手段，提高政府运作的效率的过程。他还认为电子政务的建设与发展的一个重要作用就在于它可以推动政府信息化。政府信息化是一个过程，是信息化建设的重要领域之一，电子政务就是实现政府信息化建设的具体途径，在政府过程中不断拓展电子政务的范围，推进政府信息化进程。因此，政府信息化的过程，就是不断推进政府电子化的过程，也可以说，电子政务是实现政府信息化的一种手段。

第二节　政府过程的运行机制

一般政府过程包括利益表达、利益综合、决策过程、决策执行过程以及监督过程。在上述过程中，还需要政务信息的上传下达，因此信息传输过程也是政府过程的重要环节。

---

①　傅荣校. 电子政务理论与实践［M］. 北京：中国社会科学出版社，2014：36.

②　张三清，张清华. 电子政务对于提高行政效率的机理探析——以政务信息传递过程为视角［J］. 科技资讯，2008（12）：159-160.

③　洪毅，杜平，王益民. 电子政务蓝皮书：中国电子政务发展报告（2014）［M］. 北京：社会科学文献出版社，2014.

一、利益表达与综合过程

当某个集团或个人提出一项政治要求时，政府过程就开始了（阿尔蒙德等，1987）。① 这一提出政治要求的过程就是利益表达。利益综合是指将上述集团或个人提出的政治要求进行整理并最终整合进决策制定计划的过程。在政府过程中，"利益表达"和"利益综合"是前后衔接、紧密联系的，它们共同构成了政府过程的开端（朱光磊，2002）。②

（一）利益表达

利益表达是指个人或团体提出不同的政治要求以满足其自身利益的过程，这个过程通常被称为"意见表达"或"利益表达"。

1. 利益表达的主体

利益表达主体是指承载着社会不同利益的阶层、群体和个人，具体可以分为个体和团体两种。

利益表达个体是指独自向政府、执政党或者其他社会组织机构明确表达自己利益需求的公民个人，仅仅代表个人的利益。公民通过民意代表、建言献策、选举等方式参与利益表达过程，经由公民普遍反映的利益诉求往往更容易受到关注。

利益表达团体通常代表某个特定阶层或集团的组织向政府表达自身的利益诉求，这种团体成立的前提是这一阶层或集团具有广泛的代表性，能够得到社会公众的认可和支持。随着公民社会的逐渐建立，一些社团组织、非营利组织开始在政治生活中活跃起来，特别在环境保护、弱势群体救助等领域发挥着积极作用，不仅可以加强利益表达的分量，而且能够降低利益表达的成本，提高利益表达的效率。

2. 利益表达的渠道

利益表达渠道是指利益表达主体将自身所代表的利益向政府、执政党或者其他社会组织表达过程中所需要的途径和媒介。

利益表达渠道可分为两类：一类是利益组织化表达渠道，另一类是公开舆论表达渠道（姚望，2019）。③ 利益组织化表达渠道又可以分为行政组织表达和社团组织表达。行政组织表达主要是指行政机关（如政府及其代表机构）通过政治手段公开听取公众利益。但行政组织的作用有限，效率不足。经验表明，有许多公共利益在未被重视之前，就有公民向政府及其代表机构提出了自己的诉求，有些诉求经历了艰难、漫长的政治沟通后仍然无法得以满足，由此产生了许多社会问题及纠纷。但由于社团组织自身的组织化水平较低，且难以避免其自发性、依附性等缺陷的限制，因此其成员在利益表达

---

① ［美］加布里埃尔·阿尔蒙德，小 G. 宾厄姆·鲍威尔．比较政治学：体系、过程和政策［M］. 曹沛霖，郑世平，公婷等译．上海：上海译文出版社，1987：179.

② 朱光磊．当代中国政府过程（修订版）［M］. 天津：天津人民出版社，2002：46.

③ 姚望．诉求转向与秩序建构：新生代农民工利益表达研究［M］. 北京：中国社会科学出版社，2019：25.

过程中往往力不从心，难以取得预期效果。

随着科技的不断进步，报纸、电报、广播、电视以及互联网、自媒体的迅速发展，公开舆论表达逐渐走进公众视野，并在利益表达过程中发挥着越来越重要的作用。公开舆论表达指的是公众通过电视、报纸、网络等传播媒介表达自身利益。随着政治社会化程度越来越高，公民希望通过公开舆论表达来提出自己的利益诉求，以期给社会和政府机关造成压力并最终实现自己的利益最大化。

（二）利益综合

为形成公共利益和共同的政治目标，若干利益表达主体通过合理合法的程序将各自的利益诉求整合在一起的过程被称作利益综合。利益综合在本质上是利益分析和利益整合的过程，是利益表达与决策制定的中间过程，有些利益诉求在综合的过程中可能会被舍弃，经过法定程序整合后最终成为利益综合结果的利益才能进入决策制定层面。

利益综合就其内容而言，包括政治利益的综合、文化利益的综合、经济利益的综合等。利益综合就其实现的途径而言，有道德观念方式综合、制度方式综合、法律方式综合、行政手段的综合等。另外，利益综合的过程，不仅仅是对利益矛盾关系的协调，也包括各种公认度较高、合理合法的有效机制的形成。

利益综合的主体主要包括政府部门、政治人物、政党、大众传媒等。

（1）政府部门是利益综合最直接、最重要的主体。政府部门作为公共机构和决策执行机关，负有管理和维护社会秩序、保障个人权利、调整经济运行等职能，可以通过政府系统收集和反馈信息，主动进行利益综合。由于政府部门是决策制定者，行政部门及其官僚在利益综合过程中发挥着重要作用，因此在进行利益综合后往往最容易进入政府的决策议程。

（2）政治人物通常是指通过法定途径在国家及各政党、政治机构中拥有较高的权力和地位的政治领袖。在现代民主国家，政治人物大多通过选举产生，或者由最高领袖或权力机关委任。由选举产生的政治领袖为了获取选民的支持，往往会积极整合社会各方利益，谋求公共利益，一些重要的公共利益形成方案就成为他们的政治主张和政治纲领，因此政治人物也是利益综合过程中一个极为重要的主体。

（3）在近现代社会中，政党是最重要的政治组织，其核心目的在于争取执政，以维护其所代表的阶级或阶层的利益，因而它也是进行利益综合的重要主体。

利益集团是指具有共同政治目标的社会成员，基于共同利益而组成的社会团体。一般认为，利益综合的过程就是代表不同利益诉求的众多利益集团通过竞争、谈判和妥协等方式达成各方均可接受的公共利益的过程。因此，利益集团在利益综合过程中发挥着重要的作用。他们通过游说、宣传、捐款等手段，争取让政府早日将他们提出的利益诉求列入议事日程。

（4）大众传媒在利益综合过程中发挥着非常重要的作用。特别是在如今的信息时代，互联网等新媒体的发展使得大众传媒的影响力空前扩大。一方面，大众传媒能够及时地反映政治生活中公民普遍的利益需求，力图整合这些需求并将其转变为公共利益；另一方面，由于大众传媒也受到意识形态、价值观念以及自身利益等因素的制约和局限，对社会公众利益的传播并不是简单的、机械的反映过程，而是不断进行、整理、加工、筛选和重构的过程，这一过程也是利益综合的过程。

二、决策过程

政府决策过程就是把社会上各种利益和要求整合起来并输入政府决策系统之中，经过一系列复杂的程序转化为决策输出。决策制定过程是相当复杂和无形的，大体说来，包括决策议程的建立、决策方案规划和决策合法化三个环节。

（一）决策议程建立

虽然社会上存在着不计其数的利益诉求，但是能够被政策制定者关注并提上议程的却只有极少数。这些利益诉求被提上政府决策议事日程的过程即为决策议程的建立。

决策议程又可分为公众议程（系统议程）和正式议程（政府议程）两种。[1] 公众议程包括所有被政治群体的成员共同认为值得关注，且属于政府管辖范围内的所有利益需求。一般来说，公众和社会对某一利益的呼声越高，关注某一议题的公众人数越多，就越有可能获得公众议程的地位，接着进入正式议程。正式议程则是由于政府决策者积极关心或密切注意，使特定的社会问题及相关利益需求进入决策议程的过程。

如果某种利益诉求得到大众和社会的高度关注，某件事的发生引发了某种诉求或者吸引了媒体的注意，具有广泛的影响，不容忽视，那么这种利益诉求将会被列入决策议程。或者某一事件受到广泛关注，公众对此有明确的利益诉求，这种利益诉求被充分表达有可能引发公众和政府组织的高度关注，从而进入决策议程。

另外还需要有政治领导人及专家学者的预测和发动。许多潜藏在社会中的利益需求很难得到应有的重视，难以进入决策议程，但是如果政治领导人或相关专家学者对该利益需求有所察觉，那么他们就会及时把它反映出来并提上决策议程加以解决。

要想进入决策议程还需要整个国家和政府的决策体制符合现代民主运作的要求，有民主性的组织与程序设置，在不影响国家安全的情况下向社会各界和群众开放，充分听取和吸收各方面的反映和意见，使其正常和顺利进入政策议程。

（二）决策方案规划

决策规划是指在建立有关决策议程后，为了实现一定的决策目标，公共权力机关组织力量草拟决策方案与行动步骤的过程。一般情况下决策的内容比较复杂，需要进行周密的研究和计划（陈振明，2022）。[2]

① ［美］詹姆斯·E. 安德森. 公共政策制定（第5版）［M］. 谢明等译. 北京：中国人民大学出版社，2009：58.

② 陈振明. 公共治理的技艺：公共管理学研究（中）（分论Ⅰ）［M］. 北京：中国社会科学出版社，2022：275.

决策规划具有以下两个特征：①从决策规划的主体来说，既有多元主体参与，也有政府主导。参与决策规划的主体是多元的，其中政府起着发起规划、组织规划、提供规划信息等作用。②从时间进程上来看，决策规划一般在决策目标的确定与决策抉择之间。在实际的决策过程中，决策规划的修正还可能存在于决策执行过程之中，然而作为政府决策过程中的决策规划还是主要存在于决策目标的确定和决策抉择之间的阶段。它仅仅涉及对于有关决策目标实施方案的构建。

不同的方案实现目标的效率不同，决策要求以最小的成本、最高的效率、最大的收益来实现目标，这就需要对多种方案进行比较和选择。拟订的方案越多，可供选择的余地就越大。在拟订方案时，既要注意科学性，又要注意艺术性。拟定的方案需符合以下三个条件：①能保证决策目标的实现；②拟定的方案需有可行性；③不同方案之间要具有差异性。拟订方案的过程是一个探索的过程，也是补充、修订和选择的过程。既要大胆设想，勇于创新，又要反复思考，精心设计，以确保方案的质量。

方案的选择是决策的关键，拟订出不同方案后根据当前社会背景和对未来的预测，对各种可供选择的方案进行比较、分析、评价和选择。首先要确定适合的评价标准。一般来说，评价标准要在技术上有先进性、经济上有合理性以及必须是可能实现的，另外要具备风险低、副作用小等方面的要求。此外，还应有时效性，即决策者要不失时机地进行决策。

接着要选用科学的评选方法。方案评选的方法通常有以下三种：①经验判断法，即依据决策者的经验选择方案，在这个过程中，决策者的个人素质、知识水平和分析判断问题的能力均起到举足轻重的作用。②数学分析法，即通过建立各种数学模型，采取数学分析手段，寻求最优决策方案。③实验法，即在没有足够的数据和经验进行定量研究的情况下，通过典型的试验获取经验和数据，再根据这些经验来选择最合适的方案。上述三种方法都各有其优劣之处，决策者要结合实际情况灵活运用，才能对决策方案做出合理评估和最佳选择。

经过决策规划以后，就得到了决策方案，这个决策方案须经过一定的合法程序才能转变为正式、具体决策，才能得到社会的认可和遵循。这种使决策方案成为正式决策的过程即决策的合法化过程。

（三）决策合法化

决策方案的最终抉择在整个决策过程中处于至关重要的地位，无论个人决策者还是集体决策者，都必须在制度、规则和程序允许的范围内行使决策权。

决策合法化是指相关决策主体依据法律，按照法定程序对决策方案加以审查、通过或批准、签署及发布的过程。这个过程包括两个层面：决策内容的合法化和决策过程的合法化。

决策内容的合法化，要求决策者最终选择的决策在内容上不能违背既定宪法和法律，必须满足相关法律法规的规定（林水波和张世贤，1997）。[①] 但如果某些既定的决策无法满足社会进步和发展的需要，那么新的决策可以不与原有决策的规定一致，但要明确指出解决同类问题时必须以新的决策为准，这样就在实际上废止了旧的决策及某些与社会发展相悖的具体规定。为了确保决策在内容上的合法化，决策者要认真对照拟采用的决策与已有的相关法律法规，及时发现其中可能存在的相悖内容。

决策合法化的另一个重要方面是决策过程必须符合法定的程序要求，也就是说，法定的决策程序在决策合法化过程中占有极其重要的地位。决策程序通常非常复杂，不仅程序繁多，而且不同机构、不同主体的决策程序也存在很大差异。下面我们主要介绍行政系统和立法系统的决策程序。

1. 行政系统的决策程序

行政系统的决策要求有快捷、高效的行政决策体制，无论是委员会制还是首长制，它们的决策集中化程度都会较立法机关要高。在当代中国，行政决策要求行政首长在行政领导会议集体讨论决定的基础上行使决策权，具体的行政决策程序有以下三个：

（1）由法制部门审查决策方案。中国县级以上各级政府和政府各职能部门均设立了相应的法律服务部门，对政府所制定的各项政策进行合法性审核。

（2）由行政首长召集和主持政府常务会议、全体会议和行政首长办公会议讨论决定采用何种方案，对于最终的结果和决定，行政首长拥有最终决定权。行政首长办公会议是行政首长在日常决策过程中根据工作需要随时召开的集体会议，有些决策特别是政府职能部门的决策必须经过首长办公会议讨论后才能作出最终决定。

（3）该项决策必须由行政首长签署发布。行政首长在行政决策过程中处于核心地位，拥有最高决策权和领导权，他对决策有最终决定权、签署权和发布权。

需要注意的是，有些特殊的决策如政府工作报告、部分行政性立法等，通过行政首长决策后决策程序并没有结束，还要进入人民代表大会或其他权力机关的决策程序才能完成最终的决策。

2. 立法系统的决策程序

立法系统的决策过程包括提出议案、审议议案、通过议案和公布决策四个环节。

（1）提出议案。从现代立法过程的实际情况来看，提出决策议案的主要主体是政府，一方面是因为行政权力扩张的影响，另一方面在于许多与决策相关的利益诉求只能被直接负责相关事务的行政机关感知，被感知后才能纳入决策议程。

（2）审议议案。一项议案在进入投票环节之前，必须经过民意代表和专门委员会的反复讨论、审议和修改。

（3）通过议案。一般情况下投票超过半数即算通过，而对于某些重大议案，如宪法修正案等，则要求更高比例的通过率，有些议案甚至还需要进行全民公决。

（4）公布决策。一项决策议案在投票通过后还必须经过法定程序公布才能生效，该项议案在正式发布之前，必须由国家元首进行签署。

以上四个环节紧密联系，环环相扣，共同构成立法系统的决策程序。

（四）决策的法律化

决策的法律化是指由具有立法权力的国家机关将一些已经成熟和稳定的决策通过法定程序上升为法律的过程，这一过程本质上就是一个立法过程。一般来说，决策立法的主体有两个：一个是立法机关，另一个是行政机关，它有权将一般的行政决策上升为行政法规。

需要注意的是，不是所有的决策都要法律化，只有那些重要的且有立法必要的、比较成熟和稳定的决策才有机会法律化。

三、执行过程

决策方案选出后，决策过程并没有结束，因为决策的正确与否要以执行的结果来判断。决策的执行过程首先需要决策执行机构成员的积极参与，为了决策执行的有效性，决策者应通过各种渠道将决策方案向该机构成员通报，争取成员的认同。另外要对成员给予支持和具体的指导，调动成员的积极性。当然，最好的办法是设计一种决策模式，使相关成员参与决策、了解决策，以便更好地执行决策方案。在方案执行过程中，还要对新出现的问题及时进行协调和解决。

（一）决策执行者

决策执行者是决策执行主体，是指将一项决策通过行政手段付诸行动的工作人员，既包括官方执行人员也包括非官方执行人员。决策执行主体或决策执行者是负责执行决策的组织和人员的统称，不仅包括行政机关、司法机关、被授予执行权的其他公共权力机关以及上述机关的公职人员，也包括负责决策执行的非官方政治团体、社会组织和个人。决策执行者的作用是不言而喻的，任何一项公共决策的执行都有赖于一定的组织、机构及其成员。决策执行者掌握着执行决策的资源、手段和方法，他是负责将决策贯彻到决策对象中的执行者、组织者、管理者和责任者。

决策执行机关是决策执行者的重要组成部分，它包括行政机关、党政机关、立法与司法机关、事业机关、国有企业以及社会第三方组织等，这些机关和组织既具有组织的一般属性和独具的特性，又具有决策执行者所赋予的特性。

（二）执行环节

决策执行活动是一个完整的过程，包括三个环节：一是决策执行的准备环节；二是决策的执行环节；三是决策执行的总结环节。

（1）准备环节。决策执行的准备环节首先要做到认真学习和深入理解决策，要明白决策的指导思想、近期目标和最终目标；接下来根据实际情况和学习理解决策的基础上，制订具体行动方案和计划。在制订计划的过程中要实事求是，统筹内外部环境。其次，要进行物质准备，物质准备是决策执行顺利进行的经济基础和重要保障；同时要做好组织准备，要做到设备完整，职责明确，并且拥有良好的沟通协调机制。最后，要注意制度配套，有效的制度准备能使执行过程统一规范，提高效率。

（2）决策的执行环节。决策的执行环节是实现决策目标的关键环节，包括决策宣传、决策实验和决策推广三个步骤。首先，决策宣传是决策执行的起始环节，决策执行活动需要多主体的相互配合，要想决策能够有效执行，就需要进行宣传，统一大众思想，执行者只有充分了解决策，才能积极主动地执行。其次，决策实验是决策执行的必要环节，它是根据目标人群和决策方案适用范围的实际情况，选择具有代表性的人群或地区进行实验，以减少决策执行的风险。被实验证明能够推广的决策将被全面推广执行。

（3）决策执行的总结环节。决策执行的总结环节是对执行信息的反馈和执行情况的回顾、检查和监测，为决策评估提供材料。

（三）执行手段

决策执行手段是指执行机关和人员为实现既定的决策目标而有针对性地采取的措施和方法的总和。决策执行手段运用的恰当与否直接关系到决策执行目标能否顺利实现。决策执行手段包括行政手段、法律手段、经济手段、思想政治教育手段和技术手段。

（1）行政手段是指行政机关为执行合法决策而采取的手段。行政手段具有权威性、强制性和可操作性。权威性表现在行政机关以国家政治权力为基础，强调上下级之间的垂直领导关系，具体表现为决策执行在全国范围内统一组织、统一指挥、统一行动。强制性指行政机关强制决策对象要服从上级的命令和决策规定，做到令行禁止。可操作性体现在执行手段是为完成某项具体任务而特地选择和配置的，其内容、对象、时间、范围、限度等都必须明确，且措施、工具、行动步骤都必须切实可行。

（2）法律手段是指在法律、法令、规章规定的范围内，通过司法、仲裁等方式调整决策执行活动中各种关系的手段，具有权威性、稳定性、规范性和程序性特点。政府机关依法制定和执行行政法规来调节社会关系。

（3）经济手段是依据经济运行规律，调节决策执行过程中不同经济利益之间的关系，以促进决策顺利执行。执行主体将决策目标与物质利益挂钩，调节执行过程中目标群体的行为，从而减少执行阻力。

（4）思想政治教育手段主要依靠劝导、说服、宣传、鼓励等方式，对决策对象开展思想政治工作，把决策内化为人们的信念，引导公众自觉主动地执行这一决策。

（5）技术手段是指在采用先进的科学技术和科技产品，如办公自动化和电子政务等来执行决策。

四、监督过程

决策是一种事先的设想和安排，但在执行过程中，难免存在一些不可控因素，使执行条件和环境发生变化，可能造成实际执行情况同预设方案出现偏差的情况。决策者应通过追踪监督与评价，及时了解决策执行情况，及时发现实际执行过程中的问题，并采取相应的措施纠正偏差，或对原来的决策进行必要的修订、补充和完善，使之不断适应环境和条件的变化。

因此，为保证执行过程中的各项活动具有合法性、合理性和有效性，应对执行过程中可能产生的偏差进行防范，及时纠正执行过程中出现的偏差，从而提高决策执行效率。综上所述，对决策执行进行检查、监督、指导和纠偏的过程就是决策监督。

（一）监督体系的基本框架

在决策执行过程中，要及时对决策执行情况进行追踪和监督，构建决策执行的监督机制和多层次、多功能、内外沟通、上下结合的监督网络。

监督体系是由监督主体和监督对象之间的关系以及监督主体的行为规则和方式等要素构成的一个系统。一般分为内部监督体系和外部监督体系。

1. 内部监督体系的构成

内部监督主体是指各级行政机关。在联邦制国家，如美国，联邦政府、州政府和地方政府在决策执行过程中一般是按照法律的规定在职权范围内进行监督，只有很少的一部分是在上下级之间进行监督的，如州际关系的决策等。在单一制国家内，如中国，上下级政府之间有严格的等级制度，许多决策监督都是在上下级之间进行。通常情况下，内部监督有以下两种形式：

（1）自上而下监督。这是指上级政府对下级政府的监督，不仅包含中央政府对地方政府的监督，而且包含上级地方政府对下级地方政府的监督，以及上级政府的职能部门对下级政府的职能部门的监督。

（2）自下而上监督。政府之间的检查、纠偏、指导等工作主要是自上而下的，但也包含下级政府对上级政府的督促、建议和批评。因此，下级政府对上级政府也存在着特定范围的监督。自下而上的监督活动是指由下级政府对上级政府决策执行过程的监督，既有地方对中央政府的监督、下级地方政府对上级地方政府的监督，又有下级政府的职能部门对上级政府的职能部门的监督。这种监督活动对及时纠正上级决策制定和执行过程中的失误有重要的现实意义。

除此之外，不少国家有专门的监督行政机关。如中国有自上而下设置的监察部门，承担全部行政行为监督活动，其中包括决策监督；也有自上而下设置的审计部门，对国家财政、经济管理活动进行监督。不管是法律规定范围内的决策监督，还是在行政范围内的上下级之间的监督，都是为了发现并纠正决策差错，使决策符合社会公众的利益要求。

2. 外部监督体系的构成

（1）立法机关对决策的监督。立法机关掌握着一个国家的立法权力，直接监督政府决策。立法机关对决策的监督主要表现在以下四个方面：①以法律形式对决策进行监督。立法机关所制定的法律为政府决策提供了基本的行为规范。②听取和审议政府工作报告、预决算安排等，对决策执行过程中所需要的资源分配与去向加以监督。③通过行使人事任免权对决策制定者的选择产生影响。尽管不同国家对政府人事任免权限的规定不同，但都规定了立法机关有权选举、任命及罢免政府主要领导人及工作人员，立法机关通过影响政府成员间接对决策进行监督。④通过检查、视察或成立特别调查委员会进行监督。立法机关行使监督权，对决策执行情况进行检查和监督，以便找出决策可能存在的问题并针对此问题提出意见和建议，督促政府改进和完善。

（2）司法机关对决策的监督。司法机关对决策的监督最主要的职能在于保护公民的合法权益，主要体现在以下三个方面：①对决策制定过程与原则的合法性进行判断；②对决策内容的合法性进行判断；③对决策执行过程的合法性进行判断。当然，决策监督在各国的表现形式和涉及的范围各不相同，如在中国，司法机关只能监督具体行政行为；而在英美等国，司法机关不仅对具体行政行为加以监督，而且对抽象行政行为进行监督。

（3）政党对决策过程的监督。现代社会是政党社会，国家的管理活动都与政党有密切的关系，特别是执政党对决策的监督尤其重要。主要体现在以下三个方面：①政党参与决策过程的监督一般是将政党成员纳入立法机关作为议员或代表，直接参与决策的制定过程，同时参与立法机关对行政机关的监督活动。②通过政党成员掌握国家权力和政府权力影响决策的制定，并监督决策执行过程。③通过政党影响的社团、大众传媒来制造政党所需的社会舆论，对决策制定和执行施加影响，间接监督决策及执行过程。

（4）利益集团对决策的监督。在现代社会，除了政府与市场两种力量外，还包括社会的力量。社会力量不仅体现为单一的个体，而且还表现为利益集团的力量。利益集团通过组织化的方式表达各种团体的利益和要求，对政府决策施加影响。利益集团对决策的监督主要表现在以下四个方面：①利益集团通过各种方式使自己与决策参谋者或决策制定者进行近距离接触。②继而获取决策者所需要的信息并予以提供，如此便影响了决策过程。③利益集团拥有广泛的资源，借此对决策者进行说服、劝说工作，诱使或促进决策者制定符合其利益的决策，反对或阻止决策者制定对其不利的决策。④利益集团还可以提供竞选支持。利益集团利用议员（代表）或政府领导人竞选的机会，提供物力、财力与人力等方面的支持，使议员（代表）或政府领导人当选后采取有利于利益集团的决策，不出台或延缓有损或无益于利益集团的决策。

（5）大众传播媒体对公共决策的监督。通过大众传播媒体形成的社会舆论，对决策的合法性、有效性和合理性进行有效监督，揭露事实真相，督促政府改进不足，实现维护公共利益和公民的合法权益的目的。

（6）公民对公共决策的监督。作为个体的公民在对相关决策表达自己利益诉求的同时，也对决策进行了监督，从而减少、纠正或避免决策对自身合法权益的损害。

公民对公共决策的监督主要表现为面访、写信、发电子邮件、投诉和提起诉讼等方式。

通过内部决策监督机制和外部决策监督机制，行政机关与立法机关、司法机关、政党组织、利益集团、大众传播媒体和公民等监督主体在对决策监督活动中，互为补充，共同发挥作用，形成有机整体以进行全面监督。

（二）决策监督的过程

决策监督是一个有机的活动过程，它贯穿于整个决策运行的各个阶段、各个环节，对决策制定过程、决策执行过程、决策评估过程和决策调整过程四个方面进行监督。

1. 对决策制定过程的监督

在决策制定阶段，难免会产生导致决策制定缺陷的因素，主要体现在以下四个方面：①决策者有较强的利益偏好，或者决策者群体知识结构配置不合理，能力结构配置不当；②决策信息不完整，不真实；③决策过程没有遵守科学规范；④决策方案不完备或决策偏离客观需求，无法有效解决现实问题。因此需要对决策制定各个环节进行有效的监督，避免决策目标的偏差，从实际需要出发，尽量满足绝大多数人的利益。

2. 对决策执行过程的监督

决策执行过程也是资源配置和利益分配的过程。不同利益主体都会以各种方式对决策执行活动施加影响，企图左右决策执行的方向。因此需要对决策执行过程进行监督，及时纠正执行中的偏差，使决策执行过程中资源配置合理高效，真正做到有效、合法。

3. 对决策评估过程的监督

决策评估是对决策的结果、效率和效益等进行判断的活动。在监督过程中，不同的评估形式有不同的要求：内部评估的监督要求主要评估过程要真实可信、评估人员需掌握相关的知识与技巧、评估标准必须规范、评估程序和方法必须科学合理、评估结论要做到公正合理等；外部评估的监督则要求评估信息客观全面、评估环节完备合理、评估方法具有可行性等。

内部评估监督和外部评估监督各有其优势，但也各有不足。因此，必须把内部评估活动监督与外部评估活动监督有机结合起来，发挥各自优势，互相弥补缺陷，有效实现决策评估过程的监督。

4. 对决策调整过程的监督

在决策调整过程中，需要对以下三个问题加以监督，纠正其中易出现的偏差：①目标调整。决策制定者或执行者出于主观的意愿，而不是出于客观实际的需要，提出决策目标的调整问题，使本来可以实现的目标提前中止，无法实现。②人员调整。对正在有效执行决策的人员进行随意性调整，使决策执行无法继续。③财力和物力调整。由于财力和物力计划上的偏差，在决策执行过程中出现了严重的短缺，而又没有办法根据需要进行及时的补充，因此决策执行过程被迫中止，决策目标也随之无法实现。

五、政治沟通

从某种意义上说，政府过程是对各种信息进行交流和处理的过程。无论是进行利益表达和综合，还是制定或执行某种决策，或者是权力精英在决策过程中发表的各自的见解，甚至领导人的某项决定，都是在掌握了一定的信息资料并加以分析和整理的基础上进行的。且上述各种活动本身仍离不开信息的交流，这种贯穿于整个政府过程中的政务信息交流就是政治沟通。

（一）信息传输过程

信息传输在政府运行中发挥着"政府神经"的作用，它贯穿于政府过程的每个环节，促使政治体系能够正常运转。政府过程的正常运转不仅要求有充分的意见表达机制、完善的意见综合机制、高水平的决策机制和高效的决策执行机制，同时还要求有与决策过程和执行过程密切配合的信息传输机制以及与之相匹配的信息传输过程。

政务信息的传输有从上行传输、平行传输和下行传输三个方向。政务信息从下往上传输需经过信息输入通道，信息输入即上行传输；政务信息在平级政治体系中传输即平行传输；政务信息从上往下传输经过信息输出通道，信息输出即下行传输。

上行传输是指在政治体系内部，下级机关将信息向上级机关传递的过程，这些信息由社会向决策中枢传递，其作用是下情上达，向有关部门提出工作建议。

平行传输指同一层级行政机关或同一机关中各个部门、工作人员之间进行信息交换与工作往来的过程，由于不存在权力的上下级划分，这种传输具有密切性、经常性，但约束程度不高，主要通过工作联系、协调、合作等方式来进行。

如果说上行传输和平行传输是决策中枢获取信息的主要途径，那么决策中枢扩散信息的方式则是下行传输。下行传输指上级行政机关和行政领导依据法律规定的隶属关系，自上而下地输出信息。中央和地方政府向下级机关传达有关决策、文件、会议精神等都属于下行传输。

（二）政治沟通的过程

政治沟通是指对政治资源具有垄断性或控制性的政治主体，为保障国家政治生活的稳定和协调，通过信息传输过程将政治信息和政治资源及时有效地进行接收、传送、处理、互动和反馈的活动过程。政治沟通过程贯穿于政府过程的利益综合、决策过程和决策执行环节，并对这些环节施加一定的影响。

政治沟通在不同的政治体制中有很不相同的实践过程。政治沟通区别于政治宣传的地方在于政治信息的"双向流动"。在具体的政治沟通过程中，这种"双向流动"有"外沟通"与"内沟通"的双重性。这里所谓的政治沟通的"外沟通"主要是指执政党与其他党之间的政治沟通；"内沟通"一是指执政党内部的政治沟通，二是指执政党代表的"官方"与其所统治的"民间"之间的政治沟通。

从政治沟通所经历的历史过程和现实表现来看，尽管民主政治的政治沟通重点在于"外沟通"，即执政党与其他政党之间的政治沟通，但"内沟通"即执政党代表的"官方"与其所统治的"民间"之间的政治沟通也非常畅通。从政党的角度观之，政治沟通运转的原理就在于政党之间能够形成长期的利益冲突，在宪政框架内，政党之间通过合法的利益表达与博弈实现各自的利益。由于利益冲突是永恒的，因此，基于冲突基础上的政治沟通过程也是永恒的，只要存在利益之要求，政党就会进行利益表达，只要存在着利益表达，政治沟通的过程就不会停息。政治沟通的发生就在于各政党之间的利益形成了一种持久的制衡状态。

第三节　中国政府过程

上一节提到，从政府过程的视角来看，政府的运作表现为一个动态的过程，主要体现为逐一进行的利益表达、利益综合、决策、决策的执行和监督这几个环节，以及贯穿于上述环节的信息传输过程和监督过程。在我国，中国共产党、人大与政协主导这一动态运行过程并贯穿于政府过程中所有环节，形成了具有中国特色的政府过程。

一、中国共产党领导下的政府过程

（一）中国共产党领导下的利益表达和综合过程

当代中国的政府过程从广大群众以及代表群众利益的社会团体表达其政治利益及诉求开始，这个表达政治诉求的过程即为"利益表达"。在利益表达的基础上党和政府通过合理合法的方式进行"利益综合"，使多样的利益诉求转换成为大众普遍接受的决策选择。"利益综合"和"利益表达"即我国政府过程的开端。

我国的利益表达主体不仅能够代表一部分公民向执政党和各级政府提出政治诉求，而且能够协助党和政府做好自身所代表的那部分公民的工作。共产党组织和政府机关自下而上逐级向中央决策层传递大众的普遍利益呼声，大众所反映的利益诉求在进行利益综合过程中被上级党组织考虑进去时，就有可能被整合进入中央决策层的规划范围内。因此，党的领导在利益表达和综合过程中发挥着重要作用。

由于共产党员来自社会各个领域，因此可以进行有效的利益表达和综合。这集中体现在各级党的代表大会上，特别是党的全国代表大会上。中共的全国代表大会是当代中国大规模集中进行利益表达和综合的机制，党的代表和党员一样，依据合理合法的程序选举产生，他们来自社会不同阶层、职业、民族、地方、社团乃至民主党派，在党的代表大会上表达公众的利益诉求和意见。在此过程中，利益表达的首要方式是讨论和通过同级党的委员会和纪律检查委员会提交给大会的报告，这是当代中国政府过程一个重要的利益表达环节（朱光磊，2002）。① 其次，通过政治录用，将社会上崛起的各种利益群体中的活跃分子吸收到党组织中，从而平衡不同利益之间的冲突，聚合更多的社会利益。充分表达其所代表的利益后，社会公众的利益表达得到党和政府的认可和重视并能够进入利益综合阶段，那么这种利益表达活动基本上是成功的。

中国共产党的全国代表机关和最高领导机关，是我国最基本的、居于主导地位的利益综合主体。中国共产党统筹的中国政府过程中的利益综合，是中国政府过程最具特色的一个环节。

党内民主生活是中共中央领导意见综合过程的基础，实行充分的党内民主，是党的重要政治纪律。从利益综合的过程看党内民主有以下三个要求：①党内民主的原则要求少数服从多数，个人服从组织；②党内民主程序规定领导机关必须由选举产生；③重大事项由委员会集体商议决定。

在中国共产党的领导下，利益综合过程有以下三种情况：①在党的各种会议特别是党的中央会议上，必须按照合理合法的程序进行商讨，参会人员充分交流直至最终表决。②在党中央的领导下，广大党员对公民的利益诉求展开讨论和研究。③信访工作不仅是党的群众工作的重要内容之一，也是我国进行利益综合的重要渠道，

中共中央领导下的党的"正式会议"是实现利益综合的最后一道工序。党的"正式会议"是指党章和其他党的法规规定了权限、范围和参加成员的法定会议（王贵秀，1994）。② 在会议开始前告知参会人员会议即将讨论和决议的事项，使参会者对会议要讨论和决定的内容有足够的了解，做好思想和技术上的准备，以便在会议过程中形成讨论的氛围。通过正式会议对社会公众所表达的利益的综合，要经过表决才能进入下一阶段——决策与执行过程。

（二）中国共产党领导下的决策过程与执行过程

中国共产党不仅具有利益表达和利益综合功能，还具有决策与执行功能。中国共产党组织的严密性和优越性是其具有决策和执行功能的结构性因素。党的中央机构不仅是全国性决策的制定者，同时也是决策实施和监控的操纵者，而党的各级地方组织和基层组织则是具体决策的执行者。

一项决策的制定通常要在一定的利益表达和综合的基础上。各种不同的利益诉求在经过一系列合理合法程序的表达和综合后，就进入到决策制定的过程。决策制定过程是复杂的，这个过程包括决策议程的建立、决策规划和决策合法化三个环节。

决策过程实际上就是把社会中公众普遍反映的各种利益和诉求输入党和政府系统之中，由决策机关正式会议讨论后转化为决策输出。然而只有少数具有普遍性或全局性的利益诉求能够得到决策者的重视，才能进入到政府的议事日程之中，这就是决策议程的

① 朱光磊. 当代中国政府过程（修订版）［M］. 天津：天津人民出版社，2002：68.
② 王贵秀. 关于实行民主集中制的程序［N］. 人民日报，1994-11-18.

建立。

在中国，促使和决定建立决策议程的契机，主要有政治领袖和权威人士的倡议、突发公共危机事件、公众强烈的诉求、大众传媒的宣传等。决策议程创立最普遍的方式是政治领袖的发动，当代中国的重大决策，特别是关系到全局的、长远的和根本性的决策，大多是在党的政治领袖的领导下进行的。决策议程建立之后，就需要对决策进行规划，一般来说，中共高层领导人的意见是决策方案起草的依据，下级在起草决策规划的过程中，也必须考虑到党的领导人的思想。决策规划完成后，决策方案由此诞生，但它必须经过一系列合法程序才能转变为正式的决策，这个过程即决策的合法化过程。中国共产党作为当代中国决策制定的主体，其关键就在于把握决策议程和决策方案。

决策的执行即施政过程，决策与执行是一个连续的过程，因此政府过程中的决策和执行很难截然分开，很难理清楚决策从哪里结束、执行从哪里开始。

当代中国政府过程中，决策执行的主体是党政组织机构，强大的党政系统是决策执行的组织力量和根本保证。我国大大小小的决策都要依靠党和政府组织来贯彻执行，正是在各级党政组织的共同努力下，我国的各项决策才能有效执行，并取得极大的成就。

在当代中国，政府决策与政府执行的关系主要表现为两个方面：一方面是通过决策推动执行；另一方面是通过执行反馈来修正决策。当代中国许多重要的决策，都不是一次形成的，而是经过试点、推广后形成公共决策，并在决策执行过程中不断发现问题，对已有决策进行补充和修正。

（三）中国共产党领导下的政治监督过程

中国共产党的监督是中国最高层次的政治监督。从中国政府过程的角度看，中国共产党作为我国唯一的执政党，在国家一切事务及方方面面都处于领导地位，中国共产党对政府过程的监督就是党的政治监督。

党的各级组织都是监督的主体，对我国所有事务都有监督的权力，党的政治监督主要包括两个方面：

1. 党对中国政治权力结构中一切要素的监督

党与当代中国政治权力结构中其他要素的关系，是政治领导的关系。实际上，政治领导就包括政治监督。监督各个国家机关的决策和决策的执行过程是否符合中国人民的根本利益，监督党在一个时期的基本路线、方针以及大小事务和决策，是否违背社会主义民主和法制，是否与社会主义精神文明规范相契合等。这一监督的程序性特点，主要是强化法制环境的建设、决策约束和干部调配。党的政治监督，还包括中国共产党和各民主党派相互监督。这一监督，依照党的统一战线工作程序进行。

2. 党对人民团体和各种群众组织的监督

中国共产党和工会、共青团、妇联之间是领导关系，也是监督关系。各个层次的社会科学联合会、文学艺术联合会、科学会等带有较强的文化色彩的社会团体以及侨联、残联等社会结构性或功能性的社会团体、群众组织，也都是在党的宏观领导下开展工作。中国共产党虽不直接领导人民团体和群众组织，但也有权对它们进行监督，这种监督主要体现在工作方向和组织建设上。

另外，党的监督也是党和国家监督体系的重要组成部分。因此，党在监督过程中要坚持依法治国原则，形成规范的监督体系。党的二十大报告指出，全面依法治国是国家治理的一场深刻革命，关系党执政兴国，关系人民幸福安康，关系党和国家长治久安（习近平，2022）。① 依法治国与党和国家监督体系之间互动互构。一方面，依法治国内在地要求建立健全党和国家监督体系，为实现法治国家、法治政府、法治社会一体化建设搭建制度体系。另一方面，党和国家监督体系是推动全面依法治国的重要内容，在制度体系、方式方法、动力机制等方面推动依法治国实践。依法治国将宪法法律而不是权力置于国家治理的第一层级，党和国家监督体系要求对权力进行制约与监督，两者在本质要求上高度契合。因此，坚持依法治国原则意味着必须不断推进党和国家监督工作形成规范制度体系，确保权力始终在宪法法律范围内合理运行。

二、"两会"在中国政府过程中的作用

"两会"即全国人民代表大会和中国人民政治协商会议的简称。其中，人民代表大会是国家权力机关，具有立法权、监督权、任免权和重大事项决定权，各级人大代表由公民直接或间接选举产生；政治协商会议是中国人民爱国统一战线的组织，是中国共产党领导的多党合作和政治协商的重要机构，具有政治协商、民主监督和参政议政的职能，各级政协委员经推荐、协商和表决三个步骤产生。尽管从法定地位和性质上讲人民政协并不属于国家机关，对于国家的重大决策没有表决权，但是由于其特殊的历史地位和现实中广泛的影响力，它实际上履行了国家政权机关的职能，其作用无可替代。关于两会的关系，周恩来在 20 世纪 50 年代就曾经说过："人大、政协两个会有不同之处，权力上有分别，但应该说两会只是有权力之分，无高低之别。人民代表大会和中国人民政治协商会议是有权力之别的，但政治地位上是平等……"② 从实际的运行情况看，政治协商制度已经成为人民代表大会制度的补充机制。

（一）提供更广泛的利益表达和综合平台

目前，中国公民进行利益表达主要依托体制内的渠道。其中，各级人大代表和政协委员代表是具有法定地位与合法身份的表达主体，代表公民或不同利益群体行使表达社情民意的权力。同时他们也是主要的意见表达主体。

作为专业性利益表达个体，人大代表和政协委员在"两会"闭会期间与常委会保持联系并进行利益表达，他们其中的很多人也参与了重要决策的利益综合过程。但是对于其中的大多数利益表达个体而言，每年的"两会"是他们进行利益表达的最重要的

---

① 习近平：高举中国特色社会主义伟大旗帜 为全面建设社会主义现代化国家而团结奋斗——在中国共产党第二十次全国代表大会上的报告［EB/OL］. 中国政府网，［2022-10-25］.

② 全国政协秘书处. 中国人民政治协商会议资料选集（第 3 册）［M］. 北京：会刊编辑委员会. 1962；11.

制度平台。

与其他利益表达途径相比，"两会"更具有广泛性。在这种机制下，人民代表大会主要由代表地方利益的代表团组成；而政治协商会议按界别划分，由中国共产党、各民主党派、无党派及各人民团体和社会各方代表组成。近年来，全国"两会"的人大代表和政协委员有5000多人，他们来自全国各个地方和各个领域，基本覆盖了各个地方和群体的利益。"两会"期间，大量的来自各地和各领域的利益表达输入到政治决策中枢，拓宽了决策的民意基础。此外，人大代表和政协委员的利益表达属于直接利益表达。与间接利益表达需要通过党政系统自下而上逐级上传直至决策中枢不同，人大代表和政协委员可以将各方面公众的利益诉求以意见、建议、议案或提案的形式直接输入到政治决策中枢，避免了信息传输过程中的"漏损"或"偏离"，例如，在全国"两会"上，政协举办提案办理协商会，组织各承办单位的负责人直接与政协委员沟通交流，由此，政协委员的利益诉求得到更好的回应。

（二）是政府重大决策过程中的关键环节

决策是政治过程的关键性阶段，是把有效的政治要求转换为权威性决策的阶段（阿尔蒙德等，1987）。① 从政府过程的视角来看，中国政府重大决策具有以下两个特点：

第一，重视"会前酝酿和协商"。中国政府的重大决策是一个复杂的过程。人民代表大会是行使国家重大决策权的法定机关，然而，在国家权力机关行使这一决策权力之前，中国共产党、政府、政协等相当多的权力结构和个人就已经参与到决策过程中。

第二，中国政府决策过程和利益综合两个阶段并非界限分明，一般情况下，政府的决策过程和与各界人士的政治协商往往交替进行。政治协商属于利益综合阶段。从某种意义上说，政府决策过程内在包含着利益综合的因素。政协委员因其特殊的利益群体背景和较高的专业知识素养而成为政治协商的重要参与主体，主要形式包括政协各种会议和座谈会、协商会等。"两会"机制中，政协委员列席人大全体会议，听取"一府一委两院"的工作报告和立法草案的说明，进行讨论并提出修改意见。从现实情况看，政协委员确实提出了一些重要的修改意见并被采纳，成功地参与了重大决策的利益综合过程。在此基础上，人大全体会议依法作出表决，通过后该决策便具有了法律效力并正式生效，此后便进入决策实施阶段。这一决策过程在确保政府决策科学化、民主化的同时，保证了决策的顺利通过，避免了西方国家片面强调分权和制衡带来的"议而不决"、效率低下等问题。在当前中国的政治框架下，人民代表大会的表决是重大决策被公众认可和接受必须经过的法定程序。所以，"两会"对国家或地方的重大决策进行最后的意见综合和最终的表决，是政府重大决策过程中极为关键的一个环节。

---

① ［美］加布里埃尔·阿尔蒙德，小 G. 宾厄姆·鲍威尔．比较政治学：体系、过程与对策［M］．曹沛霖，郑世平，公婷等译．上海：上海译文出版社，1987：245.

（三）"输入"过程与"输出"过程的枢纽

政治系统理论将政治体系与其所处环境之间的关系划分为三个阶段，即输入阶段、转换阶段和输出阶段。在中国政府决策过程中，社会和政府之间的关系也可以分为三个阶段，公民或组织通过各种体制内和体制外的渠道进行利益表达，参与利益综合，这一过程属于社会向政府的"输入"过程，利益"输入"后大量信息将集中到政治体系内，这些信息经过筛选、分类、整合、提炼、加工等复杂的转换过程后形成决策选择方案，再经过一定的形式转变为正式的决策而具有合法性，之后便以决策的方式进行"输出"。对于中国的国家和地方的重大决策而言，"两会"之前和"两会"期间，各个地区和领域的意见、建议、议案和提案依托地方党政机关、社会团体、媒体、信访制度、人大代表或政协委员等渠道"输入"到政治决策中枢，之后在以中国共产党为主导的转换过程中介入政府决策过程，在"两会"进行过程中，人大表决通过之前，针对某一重大决策的信息"输入"过程和政府对信息的转换过程是两个并行的动态过程，这两个动态过程以人大的表决通过为终点，此后政府决策的实施过程实际上是政府和社会之间发生的一系列权威性行动（张英秀，2010），① 进入政府向社会的"输出"阶段。"两会"机制是重大决策过程中社会向政府"输入"过程转变为政府向社会"输出"阶段的枢纽。

三、中国之治

习近平总书记指出，国家治理体系和治理能力是一个国家制度和制度执行能力的集中体现，两者相辅相成。要深刻理解和把握全面深化改革的总目标，进一步完善和发展中国特色社会主义制度，推进国家治理体系和治理能力现代化，形成具有中国特色的治理体系。

（一）全过程人民民主

"没有民主，就没有社会主义"。民主是社会主义的生命，是社会主义的本质特征和根本要求。习近平曾多次指出民主对我国的重要意义，"实现民主的形式是丰富多样的，不能拘泥于刻板的模式"，"我国社会主义民主是维护人民利益最广泛、最真实、最管用的民主"。"中国式民主"即人民民主，它的特殊之处在于它是一种"全过程的民主"，这种"全过程的民主"要求将民主贯穿于国家治理的各个方面和全部环节。从习近平总书记对全过程人民民主的相关论述中可以看出，全过程人民民主的要义首先体现在决策过程的民主方面。也就是说，决策过程民主化是我国全过程人民民主的重要着力点。

现代民主政治突出主权在民的基本原则，讲究人民利益高于一切，将人民的利益与诉求置于国家与社会的核心地位。与此相应，人民群众的利益诉求如何有效传输到政治

---

① 张英秀. 政府过程视阈中的"两会"机制［J］. 中共福建省委党校学报，2010（7）：4-9.

决策中枢，就成了民主政府运行的重点关注对象。但人民群众利益诉求和意见建议往往是分散的、模糊的甚至是情绪化的，因此需要寻求恰当的途径和机制使之得以过滤、综合和传递。在政府过程中能够承担这一功能的是政党、政府、社会组织甚至个人。

中国共产党承担着最基本和最主要的利益输入和综合功能。但共产党不可能体察到社会中所有利益需求，最终的决策也不可能完全包容和兼顾这些利益需求。面对社会中充斥的多样利益需求与格局，中国共产党必须不断提升自身利益表达和综合功能，同时，积极利用各种组织和主体资源，探索和构建既能有效体现中国共产党的领导作用，又能广泛动员各民主党派、社团组织乃至公民个体等多元主体共同参与的利益表达和利益综合机制。

输入的利益诉求在经过利益综合及决策前的准备阶段后，才能进入正式的决策设计和制定阶段，通过一系列合理合法的程序提出决策方案，随后经过"正式会议"对其进行协商、审查，最终在达成共识的基础上确定并通过决策方案，这就是决策制定过程。决策制定后，必须得到有效执行。其次我国的决策实施过程也是民主的，公民、社会团体、民主党派对决策制定和执行过程的参与和影响主要是通过决策宣传、政治动员、建言献策、决策监督、信息反馈等方式间接实现的。决策监督和信息反馈过程不仅存在于决策实施环节，而且贯穿于整个决策过程。

决策的监督主体通常包括立法机关、司法机关、行政机关、政党组织、利益集团、社会舆论、大众传媒等。在我国，中国共产党、人民代表大会、人民政府、监察委、司法机关、政协、民主党派、新闻媒体、社会组织和公民等都是决策监督的主体，它们的决策监督是我国决策监督体系的重要组成部分。但民主监督的强制力有限，无法形成强有力的约束，尽管如此，民主监督过程中产生的合理建议与批评都可能被采纳或接受。从政府过程各环节来看，民主监督是全方位的，既有决策前和决策时的监督，也有决策实施过程中的监督。

（二）协商民主

协商民主既是一种民主理论，也是中国特色社会主义民主政治中特有的民主形式，它包括政党协商、人大协商、政府协商、政协协商、人民团体协商、基层协商、社会组织协商七种协商渠道，极大地丰富了民主形式、拓宽了民主渠道、加深了民主内涵。协商民主是中国共产党在历史唯物主义的指导下，将民主的本质同中国历史、社会和文化等客观现实深入结合而创造的伟大民主形式，是对民主理论和制度的优化和创新。

社会主义协商民主是实现全过程人民民主的重要形式，把实现全方位的、真正的人民民主作为民主社会的基本目标和价值基础，全过程人民民主充分体现了过程民主与成果民主、形式民主与结果民主的结合。衡量民主制度的标准既要从过程和形式的角度出发，也要从结果和成果的角度考量。民主不仅需要形式和过程上的体现，还需要经过协商、讨论、管理和监督等活动来实现。

资本主义国家的民主更关注民主制度的形式和民主选举的过程，尤其是投票过程。

在选举过程中选民看似受到了充分的尊重，但在选举结束后，执政者往往难以履行其在选举时做出的承诺。而社会主义协商民主将过程民主和成果民主，形式民主和结果作为我国民主的本质要求，坚持在推动国家治理体系和治理能力现代化的总体格局下，推进经济社会发展，促进社会公平正义，改善民生，增加人民福祉。社会主义协商民主通过多种形式的民主协商，将不同利益相关者的诉求综合起来，纳入决策过程，能够有效降低多次决策、反复决策、决策失误的风险和成本，避免西方"否决政治"的出现。因此，中国的社会主义协商民主不仅体现出高度的民主共识，而且在保证民主决策的同时保证了决策效率。

协商民主是中国社会主义民主政治中独特的、独有的、独到的民主形式。在党的领导下，人民群众通过多种途径和渠道，就关乎其切身利益的问题进行协商，体现了人民民主的本质和真谛。在我国，为保证决策科学化和民主化，党和国家在决策过程中始终坚持民主集中制原则，最大限度听取和采纳民意、集中民智、凝聚民心，公众可以直接参与社会事务管理，实现自我管理、自我服务、自我教育和自我监督。依照宪法和法律规定，公民有权对国家机关及其工作人员提出自己的意见和建议，有权检举国家机关及其工作人员的违法失职行为。民主选举、民主协商、民主决策、民主管理、民主监督的每个环节都是环环相扣、彼此贯通的，这些程序对于形式民主和实质民主、过程民主和结果民主、直接民主和间接民主的统一起到了促进作用。

不仅如此，协商民主在决策制定与执行过程中发挥着重要作用。一方面，协商民主有助于实现民主决策与科学决策的结合。政府过程涉及多元利益主体，作为利益相关者的利益主体理应进入决策过程中，这是实现民主决策的基本要求。另一方面，作为决策主体的多元利益主体不能完全保证按照科学的方式进行决策，因此需要公众参与决策建言献策并时时监督，以保证决策过程科学合理，协商民主就是一种有效的公众参与方式。

综合来看，社会主义协商民主兼具广泛性、实践性和科学性，通过回答在哪些领域协商、协商什么、通过什么渠道协商、怎样协商等重要问题，社会主义协商民主制度成为实现全过程人民民主的重要依托。如此，社会主义协商民主在中国得以广泛运用，彰显出独特的治理效能。

（三）"共建、共治、共享"的治理理念

党的十八届五中全会上，习近平总书记首次提出"构建全民共建共享的社会治理格局"的思想。在之后的实践过程中，这一理念被应用于我国内政外交的诸多领域。党的十九大报告中，习近平总书记进一步将"共建共享"思想阐发为"共建共治共享"理念（习近平，2017），① 并以此为标准提出打造这一社会治理格局的总体规划。

---

① 习近平：决胜全面建成小康社会　夺取新时代中国特色社会主义伟大胜利——在中国共产党第十九次全国代表大会上的报告［EB/OL］. 新华社，［2017-10-27］.

"共建共治共享"治理理念与中国特色社会主义协商民主相契合，同时，中国特色社会主义协商民主也为"共建共治共享"治理理念的提出和运用提供了民主基础。

"共建"的主体是中国特色社会主义事业的建设者。我国宪法序言指出，社会主义建设事业必须"依靠工人、农民和知识分子，团结一切可以团结的力量"。"共建"的对象包括两部分，一是社会实体建设，如社会中基础设施建设、各项事业建设等；二是社会制度建设，如社会结构的调整、社会保障体系建设、社会管理体制建设等（陆学艺，2008）。① "共建"的成果是社会的物质财富及保障社会物质正常运行的法律法规或制度体系，提供的是公共服务及公共产品。因此，"共建"既是为了满足人民对美好生活的需要，也是出于转变经济发展方式，适应国内外经济社会发展等方面的多重考虑。可以说，社会建设是社会治理的核心内容，是建立健全完善的社会治理体制的基石（姜晓萍，2014）。②

"共治"的主体是国家、人民以及社会组织。党的十九大报告指出，要加强社会治理制度建设，完善党委领导、政府负责、社会协同、公众参与、法治保障的社会治理体制（习近平，2017）。③ 我国的社会治理要求社会中广泛存在的多元主体主动参与到社会治理中来，由此可见，在新时代的社会治理过程中，共治的主体是多元的，不仅包括各级党委和政府，还包括其他社会主体和最广泛的人民群众。另外，"公民的参与权利"构成了"共治"的基本正当性。我国宪法第二条规定，我国人民有权依法通过各种途径和形式，管理国家事务、社会事务及经济、文化事业。习近平总书记高度重视人民的历史决定作用，党的十九大报告指出，人民是历史的创造者，是决定党和国家前途命运的根本力量，必须坚持人民主体地位，坚持立党为公、执政为民，践行全心全意为人民服务的根本宗旨，把党的群众路线贯彻到治国理政全部活动之中（习近平，2017）。④

"共享"，即所有社会成员共同享有社会治理成果。让广大人民群众共享改革发展成果，是社会主义的本质要求和社会主义制度优越性的集中体现，也是我们党坚持全心全意为人民服务根本宗旨的重要体现（习近平，2015）。⑤ "共享"是人民的共享，是社会成员的普遍共享，而不是部分人的专享。党的领导是实现"发展成果由人民共享的"根本保证，只有坚持党的领导，才能保证全体人民在共建共享发展中有更多获得感，不断促进人的全面发展、全体人民共同富裕，实现共享目标（习近平，2017）。⑥ "共享"的内容是社会治理的成果。现阶段，创造和改善治理成果是实现全面共享的主要任务，这包括：优先发展教育事业，确保人民有能力、有渠道通过学习实现自我发展；坚持就

---

① 陆学艺. 关于社会建设的理论和实践 [J]. 学理论，2008（12）：32-35.

② 姜晓萍. 国家治理现代化进程中的社会治理体制创新 [J]. 中国行政管理，2014（2）：24-28.

③④⑥ 习近平：决胜全面建成小康社会 夺取新时代中国特色社会主义伟大胜利——在中国共产党第十九次全国代表大会上的报告 [EB/OL]. 新华社，[2017-10-27].

⑤ 习近平：在党的十八届五中全会第二次全体会议上的讲话（节选）[EB/OL]. 求是，[2015-10-29].

业优先战略，鼓励人民通过劳动实现自我价值；完善社会保障体系建设，保障社会弱势群体平等地享有生存和发展的权利。"共享"要求"均衡享有"，因此我们要加快推进基本公共服务的均等化，缩小分配差距，坚持多予少取、为政裕民。

在"共建、共治、共享"治理理念的影响下，政府过程需立足人民切实需要，全心全意为人民提供良好的决策，以实现最广大人民的利益。在此过程中，要充分体现民主，实现良好的政治沟通，为政府过程的各个环节提供民意。

 思考题

1. 我国政治权力结构的要素有哪些？

2. 请结合党和国家机构改革的内容谈谈中国新型政党制度的含义和特征。

3. 中国共产党如何实现对中国政府过程的领导？它的作用是什么？

第七章　技术、政治与政府治理

当今时代，新技术的发展迅速而且影响广泛，任何领域都受到技术革命的深刻影响，政治生活也不例外。因此，政治社会学的一个重要关注点就是研究技术是怎样塑造社会、政府和政治权力的。对技术与政治关系的理解对于解析当今复杂的政治和社会问题非常重要，因为技术不仅是工具，还是政治和社会变革的重要因素之一。

第一节　技术的政治维度

技术与政治之间存在深刻的相互关系，技术的发展和应用可以对政治产生重大影响，同时政治决策也可以塑造技术的发展方向。因此，技术与政治之间的互动关系在现代社会中日益重要。

一、技术的定义、分类及其政治化趋向

（一）技术的定义与分类

技术是"人类在利用自然、改造自然的劳动过程中所掌握的各种活动方式的总和"（陈凡和张明国，2002），[①] 它是一个广泛的概念，涵盖了人类设计、制造和应用的各种工具、方法、过程和系统，旨在解决问题、改善生活和实现特定目标。技术在人类历史和文明中发挥着重要的作用，并不断发展和演进。

从概念来看，技术可以被定义为一种将知识、技能和资源转化为实际应用的方式。它是人类对自然和社会环境的主动干预，以实现特定目标或满足需求的手段。技术通常包括以下五个要素：①知识和信息。技术是基于自然、科学、工程和其他领域的知识和信息而生成的，这些知识包括了解事物如何工作、如何相互作用以及如何被改进等内容。②工具和设备。技术通常需要使用工具、机器、设备或其他物理资产，以便将知识

---

① 陈凡，张明国. 解析技术［M］. 福州：福建人民出版社，2002：7.

和信息转化为实际应用。③过程和方法。技术通常包括一系列的步骤、过程和方法，用于完成特定任务或达到特定目标。④资源和材料。技术通常需要使用资源和材料，包括原材料、能源和人力资源，以支持其应用和实施。⑤目标和需求。技术的应用通常是为了实现特定的目标或满足特定的需求，这些目标和需求可以是生产、通信、娱乐、医疗保健、教育等各个领域。

从类型来看，技术可以根据不同的标准和特征进行分类，常见的技术分类主要包括四种：①根据应用领域，技术可以分为工业技术、信息技术、医疗技术、农业技术、环境技术等。工业技术是制造和生产领域的技术，如机械工程、化学工程、电子工程等；信息技术是用于信息处理、存储和传输领域的技术，如计算机科学、通信技术、网络技术等；医疗技术是用于医疗保健领域的技术，如医疗设备、生物技术、药物研发等；农业技术是用于农业和农村发展领域的技术，如农业机械、生物技术、农业信息技术等；环境技术是用于环境保护和可持续发展领域的技术，如清洁能源技术、废物管理技术、环境监测技术等。②根据复杂程度，技术可以分为简单技术和复杂技术。简单技术包括日常生活中的基本技能和工具，如烹饪、车辆维修、木工等；复杂技术则涉及高度专业化和先进的科学知识和设备，如航空航天技术、核能技术、基因编辑技术等。③根据发展阶段，技术可以分为传统技术和现代技术。传统技术是那些经过长期发展和演化的技术，通常在特定文化和社会背景中传承；现代技术是基于科学研究和工程创新的技术，通常是高度复杂和先进的。④根据技术的政治化趋向，可以将其分为民用技术和军事技术。民用技术是用于满足社会和市民需求的技术，如基础设施建设、医疗保健、教育等。与之相对，军事技术是用于国防和安全领域的技术，如武器、情报系统、军事通信等。

（二）技术的政治化趋向

纵观人类历史，技术的发展和进步与当时所处的社会和政治环境十分相关，技术与政治是相互影响、彼此制约的。但从政治学的实践和研究传统来看，技术与政治的关系及其相互影响一直处于较为边缘的位置，没有被广泛讨论。现在，这一情况正在发生转变。随着信息技术革命的深刻发展，技术对政治的影响日益加深，政治对技术的关注也变得空前重要，技术呈现出一种政治化的倾向。这种倾向具体来说就是"技术卷入到政治生活的旋涡，政治通过对技术的控制和干预而影响技术的发展，从而使技术政治化"（刘同舫，2005）。① 技术的政治化趋向主要表现在以下三个方面：

首先，政治的目的和需要对技术发展产生重大影响，因为政府通常代表着社会的利益和需求。政治决策者在制定政策时会考虑到社会问题、经济发展和国家安全等方面的需求。这些需求将引导政府支持特定领域的技术研究和发展，以满足社会和国家的目标。在社会问题解决方面，政府通常会关注解决社会问题，如环境污染、医疗保健、教

① 刘同舫. 技术与政治的双向互动［J］. 学术论坛，2005（8）：75.

育等。政府可以通过资助相关技术的研究和创新来应对这些问题。例如，政府可能会资助清洁能源技术的研究，以减少环境污染。在经济发展方面，政府追求促进国家经济发展的目标，这通常涉及支持新兴产业和技术创新。政府可以提供资金、税收激励和研发补贴来推动科技领域的创新和竞争力。在国家安全方面，技术在国家安全和国防领域具有重要作用。政府可能会投入大量资源来支持军事技术研发，以确保国家的安全和国防力量的现代化。在公共服务和效率方面，政府致力于提供高效的公共服务。数字化和信息技术可以帮助政府提高服务效率，提供更方便的公共服务。

其次，政治决策在很大程度上塑造了技术的方向和发展速度。政治决策是引导技术发展的主要驱动因素之一。政府通过资助研究、制定法规和政策，以及推动技术项目来塑造技术的发展方向。在资金分配方面，政府可以通过资助特定领域的研究项目来推动技术的发展。例如，政府可能会资助生物技术研究，以促进医学科学的进步。在法规和标准方面，政府可以通过法律和标准制定来规范技术的开发和应用，确保技术的安全性和合法性。例如，隐私法规可以影响互联网和社交媒体平台的数据处理方式。在政策支持方面，政府可以制定政策来鼓励或限制特定技术的发展。政府可以提供税收优惠、研发补贴或知识产权保护来鼓励技术创新；反之，政府也可以制定政策来限制某些技术的使用，以保护公共利益或安全。在国际合作方面，国际政治关系和贸易政策也可以影响技术的国际传播和市场准入。例如，政府间的合作协议和贸易协议可以塑造技术的国际合作和交流。

最后，政治伦理和价值观在一定程度上规范了技术的应用和影响，政治体系和社会对技术的道德和伦理标准可以影响技术的研究、设计和应用。在隐私权方面，政治伦理和价值观通常涉及到个体隐私权和自由的权利。政府和社会对技术的数据收集和隐私保护提出要求，以确保技术的应用不侵犯个体权益。在公平性和公正方面，政治伦理要求技术的应用应该公平和公正，不应加剧社会不平等。政府可能会监管和干预技术领域，以防止技术的不公平应用。在伦理标准方面，政治伦理可以影响科学研究和技术开发的伦理标准。例如，生物技术和基因编辑领域的伦理问题涉及到政府和社会对人类基因编辑的态度。在社会影响方面，技术的社会影响也与政治伦理和价值观密切相关。政府可能会考虑技术应用对社会的影响，如工作岗位变革、教育改进和文化变化等。

在当今复杂的社会环境中，政治和技术之间的互动日益重要，需要全球社会共同努力来确保技术的发展符合人类的最佳利益和道德价值观。技术政治化趋向可以影响技术的发展方向、社会的包容性、创新的速度和社会权力的分配。在某些情况下，技术政治化趋向可能导致技术的滞后发展、不平等和伦理挑战。因此，了解和审视技术的政治维度对于有效管理和引导技术的应用至关重要，以确保技术更好地服务社会和人类的需求。

技术是人类社会的重要组成部分，其定义和分类涵盖了广泛的领域。技术的政治化趋向是技术决策和应用如何受政治因素影响的重要方面，它对社会、经济和政治产生广泛和深远的影响。了解技术的政治维度有助于我们更好地理解技术的作用和影响，以及更好地管理和引导技术的发展。

二、技术与社会变革

技术与社会变革是一个广泛讨论的主题，因为技术的快速发展和广泛应用已经在各个领域引发了深刻的社会变革。

（一）技术与社会创新

通过科技创新和技术应用，社会、经济和文化领域都产生了一些积极变革，这些变革帮助人们提高生活质量、解决社会问题和创造新的价值。技术驱动的社会创新是当代社会中一个备受关注的主题，强调技术和社会变革之间的紧密联系，它不仅涵盖技术本身的创新，还包括技术如何影响人们的行为、观念和组织形式。因为在这一过程中，技术不仅是一种工具，还是社会变革的催化剂。

技术在社会创新的各个方面都发挥着重要作用，在社会生活的各个领域，技术驱动的社会创新都在不断地改变着我们的生活和社会。主要体现在以下六个方面：

（1）技术在经济领域的社会创新中起到了关键作用。数字技术、人工智能、区块链等新兴技术已经改变了商业模式、生产方式和市场竞争。例如，电子商务平台的崛起使传统零售商面临着巨大的竞争压力，同时创造了新的商业机会。共享经济模式也在改变人们对资源和服务的利用方式，如共享单车、共享汽车和共享住宿。

（2）医疗科技的发展推动了医疗保健领域的社会创新。新的诊断工具、药物研发技术和远程医疗服务改善了医疗保健的质量和可及性。例如，远程医疗技术允许患者在线咨询医生，减少了就诊等待时间，同时提供了更多的医疗服务选项。

（3）技术也在教育领域引发了社会创新。在线教育平台、虚拟教室和电子学习资源改变了传统教育模式。学生可以通过互联网获得教育资源，同时也促进了个性化学习和远程教育的发展，这种教育创新在全球范围内提供了更多的教育机会。

（4）环保方面也看到了技术驱动的社会创新。可持续能源技术如太阳能和风能，已经改善了能源生产的可持续性，减少了对化石燃料的依赖，降低了温室气体排放。智能城市技术有望改善城市规划和资源管理，提高了城市生活的质量。

（5）技术在社会服务领域带来了创新。数字化政府服务使政府机构更加高效，能够提供更好的公共服务。社交工作、卫生保健、紧急救援等领域的社会工作者可以利用技术来改进工作流程和服务交付方式，更好地满足社会需求。

（6）数字技术也对文化和艺术领域产生了深远影响。数字艺术、虚拟现实和增强现实技术创造了新的创作和欣赏方式，文化机构和艺术家可以通过在线平台将文化内容传播给全球观众，扩大了文化的传播范围。

总的来说，技术在社会创新中扮演着关键角色，推动了经济、医疗保健、教育、环保、社会服务、文化和艺术等各个领域的变革。这些社会创新不仅改善了我们的生活质量，还应对了社会面临的各种挑战。随着技术的不断发展和创新，我们可以期待更多的社会创新，为未来社会带来积极的影响。

（二）技术与社会运动

社交媒体的崛起已经彻底改变了我们的社会，这一变革不仅影响了我们的日常生活，对信息传播、社交互动和公众参与产生了深远影响，还塑造了政治、文化和社会运动的格局。

社交媒体是指通过互联网和移动技术，使用户可以创建、共享和交流内容的在线平台。社交媒体的崛起源于互联网和移动设备的普及，人们能够随时随地访问和分享信息。一方面，社交媒体改变了信息的传播方式。传统媒体通常由专业编辑控制，而社交媒体允许任何人发布信息。这使得信息传播更加去中心化，每个人都有机会发表自己的观点和意见。此外，社交媒体也改变了社交互动的方式，人们可以与朋友、家人和陌生人建立联系，分享生活和观点。另一方面，社交媒体已经成为政治参与的重要平台。政治候选人和政府部门利用社交媒体来与选民和公众互动，传达政策和信息。同时，公众也可以通过社交媒体表达他们的政治观点，参与政治运动和抗议活动。

社交媒体的崛起带来了社会运动的数字化。数字技术如互联网、智能手机和社交媒体平台赋能了社会运动，改变了它们的组织方式和影响力。首先，互联网允许社会运动组织者更广泛地传播信息和呼吁行动，在线论坛、博客和社交媒体成为组织者传播信息和互动支持者的重要工具。其次，社交媒体平台成为组织示威活动和抗议行动的关键工具，示威者可以通过社交媒体传播呼吁、组织集会，分享示威活动的照片和视频。这使得示威活动的影响力更大，可以吸引数量更多、距离更远的参与者。最后，社交媒体还能够帮助社会运动的参与者实现全球连接。那些跨国社交媒体平台的存在使不同地区的社会运动可以相互学习和互相支持，示威者可以借助社交媒体传播他们的信息，得到国际社会的关注和支持。

尽管社交媒体为信息传播提供了新的途径，但也面临虚假信息和信息滥用的挑战。社交媒体上的信息传播速度和广度使虚假信息更容易传播，这可能对社会产生负面影响。比如，虚假信息和信息滥用。不实信息、假新闻和虚假事件经常在社交媒体上传播，这可能引发恐慌、混淆和社会不安。为此，社交媒体平台采取了措施来应对虚假信息，例如，标记虚假信息、限制信息传播和合作查证机构。

总之，社交媒体的崛起已经彻底改变了信息传播、社交互动和公众参与的方式。它赋能了社会运动，推动了在线活动和抗议，同时也带来了虚假信息和信息滥用的挑战。了解社交媒体的影响以及如何应对相关问题对于理解现代社会非常重要。社交媒体继续塑造着我们的文化和政治，需要不断研究和讨论，以更好地应对社会变革和挑战。

（三）技术与社会不平等

尽管数字技术的迅猛发展在全球范围内带来了深刻的社会变革，但也引发了数字不平等问题。数字鸿沟是指在数字技术的获取、应用和利用方面存在的不平等现象。这种不平等可以在多个维度上出现，既包括个体、地区、社会阶层和国家之间的差异，也体现在技术资源的不平等分布，如互联网接入、电子设备、数字技能和信息获取等方面的不平等。

数字鸿沟对社会产生了广泛而深刻的影响，涉及教育、就业、健康和社会参与等多个领域。首先，在教育领域，数字鸿沟可能导致教育不平等。在数字化时代，学生需要访问互联网和使用电子设备来获取教育资源。如果某些学生没有适当的互联网接入或电子设备，他们可能会失去与在线教育相关的机会，从而影响其学业成绩和未来职业发展。其次，在就业领域，数字技术已经改变了劳动市场的需求，对数字技能的依赖越来越大。数字鸿沟可能导致一些人在就业市场上处于不利地位，因为他们缺乏必要的数字素养和技能。这可能会加剧就业不平等，导致某些人更容易失业或获得低薪工作。再次，在数字化医疗保健方面，数字鸿沟可能意味着一些人无法充分享受远程医疗、电子健康记录和在线健康咨询等数字医疗服务。这可能导致健康保健的不平等，一些人可能无法获得及时的医疗服务。最后，数字技术也改变了社会参与的方式。数字鸿沟可能导致一些人在政治参与、社会活动和文化交流方面处于劣势，因为他们无法充分利用数字平台来参与社会活动。

未来技术的发展可能会进一步影响数字不平等。例如，人工智能和自动化技术可能会改变工作和就业市场的需求，导致一些职业面临消失，而其他领域可能出现新的就业机会。因此，政府、教育机构和社会组织需要密切关注技术的发展，制定相应的政策和计划，以减轻数字不平等带来的社会问题。

总的来说，数字鸿沟是一个重要的社会问题，可能导致教育、就业、健康和社会参与等多个领域的不平等。提高数字素养、政府政策干预以及关注未来趋势都是减轻数字鸿沟的重要举措，以确保技术的普惠性和社会的公平性，实现更加包容和公正的社会。

三、技术对政治的影响

技术在当今政治领域发挥着越来越重要的作用，它已经从最初人类为利用和改造自然、改善生存条件的物质功用，发展为谋求最大限度地实现人性更高层次需求的手段。近代来，日益发达的技术依托物质性基础，全面地满足人的包括政治性需求在内的多种需求和愿望，因此不可避免地作用于社会和政治关系（徐骏，2016）。[①] 具体而言，技术对政治的影响涉及政治参与、政策制定以及政治行为和文化等政治生活的各个方面。

（一）技术改变了公民政治参与的方式

技术的快速发展已经深刻地改变了政治参与的方式，为公民提供了更多的机会来参与政治过程，促进了政治参与的多样性。

首先，互联网和社交媒体改变了政治信息的传播方式。传统媒体仍然扮演重要角

---

① 徐骏. 技术政治化趋向下的民主技术功能 [J]. 长白学刊, 2016 (6): 28.

色，但互联网和社交媒体提供了更广泛、更实时的信息来源。一方面，政治候选人和政府机构可以通过社交媒体渠道直接与选民互动，传递政治信息和政策主张，这种信息的迅速传播使政治更加开放和透明。另一方面，公民也可以通过这些平台发布政治观点、分享政治信息和与政治运动互动。社交媒体的迅速传播性使政治信息能够更快地传播到广大公众中，从而激发了更广泛的政治对话和参与。

其次，技术改变了选举和投票的方式。一些国家已经引入了电子选举系统，允许选民通过电子方式投票，从而提高了投票的便捷性和效率。同时，在线选民登记和投票信息查询也为选民提供了更多的便利。这些技术创新可以提高人们的政治参与热情，促进更多人的政治参与。而且，互联网提供了广泛的政治教育和信息获取渠道。随着各类信息的公开化，公民可以在线查找政治候选人的背景信息、政策立场和选举信息，从而更好地了解并参与选举过程。

再次，技术为政治活动和社会运动提供了新的工具。一方面，许多公民通过政治博客和独立新闻网站来分享政治观点。这些平台使公民能够独立报道政治事件、深入探讨政策问题，并对政府和政治行为提出挑战。另一方面，社交媒体和在线运动可以迅速传播政治信息，助推社会运动和政治抗议。这使得公民能够更容易地组织和参与政治活动，发声对政府政策的不满。

最后，技术促进了政治参与的多样性。人们不仅可以通过传统方式参与政治，如投票和示威，还可以通过在线请愿、电子签名和社交媒体上的政治活动来表达政治意见，这为更广泛的人群提供了参与政治的机会。甚至有些抗议活动主要通过线上方式进行，人们可以借助互联网开展虚拟示威和数字抗议来表达自己或所在群体的不满，而无须亲临现场。

同时需要注意的是，尽管技术改变了政治过程的许多方面，但也伴随着一些挑战。虚假信息和信息滥用可能导致误导和混淆，同时也对保护个人隐私问题提出了更高的要求。此外，数字不平等还可能导致一些人失去参与政治过程的机会。因此，政府、社交媒体平台和公民社会需要共同努力，以确保技术的应用符合政治道德和公平原则，以及确保政治过程的透明度和公正性。

（二）技术改变了公共政策制定的方式

从政府的角度来看，技术的迅猛发展正在深刻地改变着政策制定的方式。政府需要积极适应由技术带来的变化，以更好地满足公众需求、提高政府效能并促进社会进步。

首先，技术改变了政策制定的过程。一方面，大数据分析已经成为政治过程中的重要工具。行政机构可以借助大数据的分析工具来更好地理解社会趋势、评估政策效果，从而使得政府可以制定更具针对性的政策。对于参加选举的政治候选人来说，也能够通过大数据来了解公民的需求和偏好，制定精确的竞选策略。另一方面，技术能够帮助进行政策模拟和预测。技术使政府能够使用模拟和预测工具来评估政策的可能影响。政府可以模拟不同政策方案的结果，并在实施前进行风险评估。这有助于政府更谨慎地制定政策，减少潜在的不良影响。

其次，技术提升了政策决策的透明度。随着信息技术的大规模应用，政府能够更容易地将各种数据和信息公开，包括预算、政府活动、政策文档和决策过程。公众可以通过在线平台获取这些信息，从而了解政府的运作方式。而且，当出现突发情况时，政府可以借助公共媒体实时更新信息，以及时通报官方决策。当需要制定新政策或者进行政策修订时，政府可以举行在线会议和公开听证会，通过调动公众的网络参与，收集公民意见。此外，随着越来越多的政府文件实行公开化和在线共享，不同部门不同层级的政策制定者和公众可以更容易地访问和搜索相关文档。政务公开既提高了政府的效率和公共服务的可及性，也为研究人员、公众和非政府组织提供了更多的数据资源，以便进行政策研究和监督政府行为，从而有助于建立更加负责任和透明的政府。

最后，技术帮助政府增强安全和进行风险管理，因为它为政府提供了相应工具和方法来应对各种威胁和挑战。在数字安全和网络防御方面，技术可以用于保护政府的数字资产和信息安全。政府通过采用先进的网络安全技术，如防火墙、入侵检测系统和加密，可以防止网络攻击、数据泄露和恶意软件入侵；同时，利用技术进行情报的收集、分析和共享，能够帮助政府更好地了解潜在的威胁和漏洞，并及时采取措施应对。例如，政府可以利用监控摄像头、生物识别技术和大数据分析来预防犯罪和恐怖袭击，保护公共安全。在灾害管理和紧急响应方面，政府也可以利用大数据分析来监测和分析各种风险因素，包括自然灾害、公共卫生事件和经济波动，这有助于政府更好地准备应对突发事件。例如，利用无人机、卫星图像和通信技术，政府可以进行自然灾害监测和预警。

（三）技术塑造了政治行为和文化

技术在塑造政治行为和文化方面发挥了重要作用，数字化正在改变人们与政治相关的思想、价值观、参与方式和政治行为。

首先，技术提供了更多的政治教育机会，这对促进公众的政治知识和参与意识具有重要意义。互联网为政治教育提供了广泛的资源，在线政治课程、政治信息网站、数字图书馆和政治研究材料都可以帮助公众了解政治体系、政策问题和政治历史；在线政治论坛和社交媒体社群提供了讨论政治问题、分享政治观点和参与政治辩论的平台，这些平台有助于促进公众的政治互动和政治意识提高。与之相对，互联网技术的发展也带来了政治信息的爆炸式增长，这一过程中就会不可避免地伴随着虚假信息和新闻的传播，这也对民众的政治素养提出了更高的要求，需要更加谨慎地筛选和评估信息的真实性。

其次，技术创造了数字政治文化。一方面，包括政治追踪、政治博客和在线政治新闻等的内容政治新闻和事件可以在互联网和社交媒体上迅速传播，引发公众关注和参与，这使政治变得更加实时和互动性。因此，技术影响下的政治文化鼓励公民更加关注政治事件，参与政治讨论，并对政府和政治行为提出挑战。另一方面，技术使政治宣传更加数字化和个性化。政治广告和宣传可以根据个体的特定兴趣和位置进行定制，这种定制化的宣传可以塑造公众对政治候选人和政策的看法，并影响选民的决策。此外，新兴技术如虚拟现实（VR）和增强现实（AR）为政治宣传提供了新的工具和体验。例如，候选人可以创建虚拟竞选活动，吸引选民参与。

最后，技术促进了政治社交化的兴起。一方面，公众可以通过社交媒体和在线论坛提供的开放空间表达政治观点、参与政治讨论和辩论，实现公众之间的信息交流。在这样的情形下，不同地域不同民族的人们可能因为相同的政治观点而在虚拟空间建立起联系，形成一种跨时空的政治互动。另一方面，公众可以与政治领袖、政党和政治组织在网络空间开展互动，实现公众与组织之间的互动。例如，政治领袖和政治组织可以举办在线问答活动，回答选民的问题和关切；而公众也可以在社交媒体上关注政治领袖、政党和政治组织，并且与他们就某些具体的政治议题展开讨论。这种在线社交互动使政治变得更加可见和亲近，并增强选民的政治参与感。

总的来说，技术已经改变了政治领域的方方面面。它增加了公众的政治参与度，提高了政府的透明度，同时也塑造了新的政治行为和文化。然而，技术的影响也伴随着挑战，包括虚假信息的传播、个人隐私的侵犯和数字不平等的加剧。因此，我们需要继续探讨技术在政治中的作用，以更好地理解和应对当今复杂的政治环境。并且在技术的帮助下，促使政治过程和文化更好地适应不断变化的社会需求。

第二节　技术与政府治理

技术与政府治理的结合代表了一个重要趋势，即通过采用现代技术手段来提升政府的服务质量、效率和透明度。这一转变不仅影响了政府如何运作和提供服务，也改变了公民与政府的互动方式。随着技术的不断发展，政府治理的数字化转型将持续深化，为创建更加有效和包容的治理结构提供动力。

一、数字技术对政府治理的影响

数字技术时代，打破了政府内部数据孤岛、重塑业务流程、革新组织结构，为解决政府治理顽疾、提升政府治理效能提供了新视角、新方法、新手段和新范式。数字技术为政府职能转变、公共服务供给、公民互动、政府决策能力等优化提供了技术赋能，从而实现了政府治理范式的转变，推动了政府治理变革与发展。

（一）数字技术推动政府职能转变

数字技术与政务实践的深度融合，促进政府治理形成多中心、网络型、扁平化治理结构。政府治理从过去的政府一元主导变成政府与社会互动的多元共治模式，从传统单向自上而下的官僚治理变成各个方向平行协调的数字治理，最终形成多元共治、多方协作、多层互动的政府治理新格局。数字技术嵌入各层级、各部门政务服务、决策研判、政民互动等领域，改善了政府内外权力结构、运作业务流程、政府服务的供给方式等，并与社会多元主体协同，共同推动政府数字化转型。

互联网、物联网、人工智能等新一代信息技术的作用和价值在政务领域不断凸显。政府网站、在线政务服务平台让政府更加高效地提供信息和服务；"浙政钉""粤政易"等移动办公平台让政府办文、办事、沟通协作等可以随时随地进行；摄像头、传感器的大量应用使政府可以更加全面、及时地感知环境、发现问题；政务事项的"秒批"和智能问答机器人让政府的办事程序、政民互动模式发生显著改变。随着数字化手段的深入应用，政府治理正朝着更加科学、高效的方向发展。

（二）数字技术创新公共服务供给

数字化时代，数字技术可以对越来越多的社会问题或公共管理问题进行量化、可视化。通过全息的数据呈现，有助于管理决策实事求是和数据驱动靶向治理，促使政府治理方式从人为静态管理向智能动态治理转变、政府服务理念从"人找服务"的被动响应向"服务找人"的主动前瞻转变、政府服务方式由"无序索取"向"靶向推送"转变，真正实现政府治理方式的精准滴灌和靶向治理，重塑政府治理的方式。

随着信息技术在公共服务中的广泛应用，政务服务正从政府供给导向向群众需求导向转变，从"线下跑"向"网上办"、由"分头办"向"协同办"的趋势更加明显。例如，上海推出的"随申码"就可以在多个场景中使用：当人们出入公共场合时，它是"健康码"；当乘坐地铁时，是"地铁码"；当去医院看病时，可以当医保卡用。部门联动的"一网通办"持续走向纵深，新的应用场景还在应需开发。依托数字技术手段，各级政府通过"互联网+政务服务"推进了便民服务、商事证照登记和企业投资项目审批的流程再造，实现了跨部门的数据共享等，实质性地推进了"一站式服务"，一些地区甚至通过线上线下一体化服务，以网上办、移动办等为载体，实现了市民、企业家从"最多跑一次"向"一次不用跑"的转变，较为显著地减少了各类人群的办事成本，大大提高了办事效率，改善了政府服务品质。

（三）数字技术促进公民互动变革

数字技术打破了政府与公民之间的沟通屏障，从原先的"政府主动"转变为"公民主动"，公民的被动性大大减少，公民有所言、有所求的权利得到了一定保障，从过去政府保持与公众的距离感到现在政务公开透明，数字技术推动了公民互动的变革，改变了政府与公民之间的互动方式，例如在线公民参与、电子投票和政府数据开放等。

有些地方政府运用互联网构建的公民互动渠道包含了四种类型：①高层级政府运用互联网开展针对地方政府或职能部门的公民满意度调查，并基于调查结果督促一些地方政府扎实推进"放管服"改革。②不少地方政府都开始依托互联网构建在线信访平台。③不少地方政府和职能部门开始运用大数据等开展舆情分析，及时发现人民群众关心的重要议题，并在必要时提前介入解决。④一些地方政府开始运用"互联网+"探索公共事务治理中的合作共治。在实践中，数字技术为更加广泛、深入的公民参与提供了重要渠道，通过更加充分的民情集聚发现政府改革中的痛点、难点和堵点，推动政府开展更为深入的公民互动革命。

（四）数字技术提升政府决策能力

数字技术在政府快速决策、包容治理、精准施策等方面发挥了重要支撑作用。主要体现在以下两个方面：①数字技术使各级政府能够掌握、分析更多信息，提高了公共决策的前瞻性。各级政府已经开始运用传感器、摄像头等与数字技术相关的基础设施，将物理世界映射到虚拟世界。在此基础上，不少政府开始探索依托大数据、区块链、云计算等技术手段提高自身对复杂经济社会事务变化发展的研判能力。②数字技术使得各级政府能够更加准确地辨别区域、企业和个人的基本情况，提高了政策的准确性。正是依托数字技术，一些地方较好平衡了多样化的政策目标，实现了收放自如，进退裕如，形成了更具包容性的基层治理新格局。

可见，数字技术正在改变政府组织及其治理方式，通过跨部门的数据共享、流程再造和业务协同，政府公共服务逐渐转向无缝隙、一站式的协同服务。数字化时代，由数字技术驱动的数字治理和开放包容的人文治理，共同成为推进政府治理体系和治理能力现代化的重要支撑，最终形成政府主导、社会协同、公众参与、靶向治理的新型政府治理形态。

二、政府治理的数字化转型

数字化转型是以互联网为载体对信息进行交换和传输的过程，以此提高信息处理效率。就政府治理而言，数字化转型是通过数字技术手段，在治理全过程中实现数字资源的流动与共享。随着人民对政府提供更好公共服务的要求逐渐提高，信息化、数字化在满足人民对美好生活的需要方面发挥着越来越重要的作用。政府数字化转型的核心特征是全社会的数据互通、数字化的全面协同与跨部门的流程再造，进而形成"用数据说话、用数据决策、用数据管理、用数据创新的治理体系"。因此，实现政府治理数字化转型是当今时代适应信息化数字化发展的需要，也是提升政府治理能力、增强政府公信力的必要路径。

（一）政策制定和决策支持的数字化趋向

（1）数字技术是政策制定和决策的有效工具。随着互联网、物联网、人工智能等新一代数字技术的深入应用，政府的政策制定正朝着更加科学、高效的方向发展。建立健全大数据辅助决策机制，加强无感监测、机器视觉、语义理解、语音识别、算法模型等辅助决策新技术应用，有效地提升了政府决策预警能力、预测能力和战略目标管理能力。

（2）数据为政策制定和决策提供了必要支持。①公共数据的归集有利于统筹建设人口库、法人库、信用信息库、电子证照库、自然资源和空间地理信息库等基础数据库以及应用驱动的专题主题库。加快推进"一数一源一标准"治理，推动数据服务增值产品开发。②数据共享开放有利于充分发挥平台的枢纽作用，实现各行业各领域系统互联互通和数据共享回流，推动公共数据精准、高效、权威共享。探索利用联邦学习、多方安全计算等新型技术，推动税务、海关、金融等国家垂管部门数据的按需归集及回流共享，促进数据赋能基层治理。同时政府相关部门通过隐私计算、数据服务等方式实现数据价值的共享，而不拘泥于数据本身的共享。基于数字技术的数据共享，能够盘活政府基于数据进行治理的能力，让公共数据发挥的作用不再局限于以往的一体化政务服务之中，而是接入到了整个数字经济发展的大环境下，既便捷地为人民服务，亦高效地助力社会财富的创造。

（二）公共部门管理和效率的数字化提升

政府在各方面全方位深化数字技术应用，提高政府数字化和协同办公水平，实现跨层级、跨地域、跨系统、跨部门、跨业务协同联动。

一方面，通过数字化协同提高机关运行效能。在政府组织内部和政府机构之间推动审批、服务和办事数字化。构建政务数据资源体系，强化政务数据资源的有效供给，促进部门间数据驱动的业务协同，建设数据融通、业务协同、能力共享的一体化协同办公体系，全面提升政府共性办公应用水平，推动机关内部服务事项线上集成化办理，不断提升机关运行效能。统筹推进各行业各领域政务应用系统集约建设、互联互通、协同联动，提升协作效率，构建上下耦合、协同互促的治理体系。

另一方面，通过数字化协同优化内部业务流程。充分发挥数字技术优势，创新协同方式，推动政府履职效能持续优化。通过数字化协同完善政府组织的内部流程、结构，实现数字技术和政务业务的连接与协同，助力实现"一网通办""一网统管""跨省通办"。

（三）危机管理和应急响应的数字化助力

围绕疫情防控、自然灾害风险预警防控、安全生产等影响人民群众生命财产安全的关键领域，构建数字化全链路风险闭环管理体系，显著提升了政府重大风险防范化解能力。

当前，大数据应用已经嵌入当前的公共危机治理，极大提高了治理的时效性和灵活性。以自然灾害风险预警防控为例，围绕城市内涝防治、燃气安全管理、小流域山洪灾害等典型场景，依托 CIM、BIM、GIS、物联网、人工智能、卫星遥感、干涉雷达等新型技术手段，整合自然资源、水利、气象、城市管理、城市建设等相关部门数据，全面重塑物理空间和社会空间、城市地上空间和地下空间，集成打造城市运行管理数字孪生底座，构建"感知—分析—处置—评价"闭环指挥管理体系，形成城市运行管理生命体征指数一张图，通过"一屏掌控""一触即发""一体指挥"，推动预警决策从传统人工判断向机器辅助智能决策转变，使应急指挥从"单打独斗"向"合成作战"转变。

三、数字政府的兴起与发展

数字政府的兴起与发展是一个全球性的趋势，反映了信息和通信技术在政府运作中的日益重要角色。它是一个动态和持续演进的过程，不仅涉及技术的应用，还包括治理模式、组织结构和文化的变革。

（一）数字政府的概念与特征

所谓建立"数字政府"，是指在现代计算机、网络通信等技术的支撑下，政府机构日常办公、信息收集与发布、公共管理等事务在数字化网络化的环境下进行的国家行政管理形式。它包含多方面内容，如政府办公自动化、政府实时信息发布、各级政府间的可视远程会议、公民随机上网查询政府信息、电子化民意调查和社会经济统计等（胡春艳，2009）。①

从数字政府的概念可以看出，数字政府与传统的政府相比呈现出一些新的特征，主要体现在四个方面。

（1）数字政府具有虚拟性。互联网最大的特点就是能实现信息的快速传递和信息资源的广泛共享。数字政府最重要的任务实际上就是打破传统政府部门之间的组织界限，构建一个全面电子化的虚拟政府，使人们可以从不同的渠道获得政府的各种政策信息和服务，因此数字政府也被称作"虚拟政府"。

（2）数字政府具有数字性。这表现为政府需要对相关的政务信息进行数字化处理：大量的政务信息经过数字化处理以后，传统的政府业务就可以用数字技术来完成或辅助完成。信息处理的数字化有效地降低了重复劳动，大大提高了行政管理的效益。当信息被数字化和共享以后，空间距离对于信息流动而言就变得微不足道了，这使远程合作和协同解决问题成为可能，信息的同步分发和获取也使时间变得更加富有弹性。

（3）数字政府具有高效性。数字政府的目标之一是旨在通过信息化的过程改变传统的政府组织形式，使行政程序简单化、统一化，政府业务电脑化、网络化，从而提高政府的效率。一方面，信息网络技术加强了政府的信息置换功能，新型政府可以使用各种新技术手段实现信息化管理；另一方面，信息的收集、处理和传递将以更为便捷经济的方式进行，因此大大提高了政府的整体行政办事效率。

（4）数字政府具有开放性、互动性。政府通过互联网平台，可直接面向社会用户，进行信息查询、数据交换等工作。在以互联网为核心的全球互联的虚拟空间中，只要人们需要，政府就可以跨越时空障碍执行公务。当政府的触角以数字方式深入地伸向机构、公民和所有服务对象，而机构、公民和服务对象也能以数字方式广泛而深入地伸到政府内部时，一个全新的、类似企业/客户沟通的政府在技术上就已经建构起来。这时，政府可以产生一些新的行政程序来赢得民众的支持和认同，如允许人民在重要议题上参与"电子听证会"，借助"电子民意调查"取得大众观点等；而公众也将以极大的政治热情介入到"数字化政治行为"中，从而形成良性的互动。

---

① 胡春艳. 科学技术政治学的"研究纲领"——对科学技术与政治互动关系的研究［M］. 长沙：湖南人民出版社，2009：166-168.

（二）数字政府建设的重要性

数字政府是借助现代信息技术，精准计算和高效配置各类数据资产，应用于政务管理、公共服务、经济社会发展等领域而构建的政府形态，是一种新型的政府治理模式。与以往强调以数字化手段进行治理的"电子政务"不同，数字政府更加侧重对数据要素本身的系统化治理与利用。传统电子政务将"数据"视为提高行政管理效率、提升经济社会治理能力的工具，"以数据治理"，强调数据利用的规范化、标准化和流程化，来实现对特定政务目标的高效实现，是以管理者为中心的行政化治理模式。而数字政府则将"数据"视为重要的社会资源，是推动经济社会发展的关键要素，"用数据治理"，强调数据利用的个性化、精准化和敏捷化，侧重大数据分析、数据融合、数据共享等对数据系统化利用，核心目标是为服务对象创造更大价值，是以服务对象为中心的服务型政府模式。

对中国来说，数字政府建设在数字中国战略中具有重要的基础性、规约性、导引性作用。数字政府建设是推进国家治理体系和治理能力现代化的核心举措，是实现国民经济和社会高质量发展的基本要求。建好数字政府，是坚持党全面领导，确保大政方针统筹协调、整体推进和督促落实的重要抓手；是坚持以人民为中心，增进人民福祉，促进人的全面发展的重要保障；是坚持新发展理念，促进行政管理质量变革、效率变革、动力变革的重要方式。数据已经成为当今时代重要的生产要素和管理要素，建好数字政府，不断提高政府数据治理能力，是增强国家创新力和竞争力的重要体现，对于夯实经济社会数据资源底座基础具有重要意义。数字中国是一个有机关联的整体，建好数字政府，有助于增强数字中国的系统性和协调性，确保数字化事业的健康、安全、可持续发展。

（三）数字政府建设面临的挑战

随着信息网络技术的快速发展，网络时代的大潮正以不可抵挡之势扑面而来。它将深刻地改变我们的生产方式与生活方式，同时也给政府的管理模式带来一场革命，数字政府的建设面临着极大的挑战。

（1）在数据安全和隐私保护方面，一是存在网络攻击和数据泄露的风险。随着政府数据的数字化，数据安全成为重大挑战。因为政府机构存储和处理大量敏感信息，包括公民的个人数据、国家安全信息等，因此，政府需要建立强大的网络安全防御体系，包括使用先进的加密技术、实施严格的数据访问控制、持续监测网络安全状况，并对公务员进行相关的安全意识培训，来防范黑客攻击、数据泄露等安全风险。二是存在隐私保护的挑战。政府如何在收集和使用公民数据的同时保护好公民的个人隐私，平衡公共服务的高效性与公民个人信息的私密性，是数字政府建设中的一个关键问题。

（2）在应对数字鸿沟方面，不同社会群体和地区间存在的技术可及性差异可能导致数字鸿沟。技术可及性差异主要体现在硬件设备的获得、互联网接入的可用性以及相关服务的可负担性上：在一些低收入或偏远地区，公民可能无法负担智能手机或计算机，这限制了他们访问数字政府服务的能力；而宽带和移动互联网等信息基础设施的覆盖不均可能导致一些地区的居民无法顺畅地上网，这在城乡之间尤其明显；对于低收入家庭而言，即使硬件和网络接入问题得到解决，高昂的互联网费用也可能是一个障碍；此外，对一些不熟悉数字技术的老年群体而言，参与数字政府的互动也是较为困难和不便的。可见，数字鸿沟会限制某些群体获取数字政府服务的质量和效率，当这种情况长期持续并无法改善时，可能会加剧公民群体之间的不平等，引发社会动荡。

（3）在成本投入方面，一是技术更新和维护成本可能会超出政府的投入能力。一方面，信息技术的发展速度远快于早期工业革命时期的技术更新换代，为了保持对最新技术的应用，政府需要不断更新数字基础设施，这可能涉及显著的成本和资源投入。另一方面，数字化项目需要长期的维护和技术支持，这对政府的财政和人力资源构成挑战。二是政府需要投入大量精力确保系统集成和兼容性的可持续。一方面，不同层次和不同地区的地方政府往往使用与各自地域相匹配的系统，这就给将不同地区的多个政府信息系统集成为一个协调一致的整体带来巨大的技术和政策挑战。另一方面，随着系统的更新换代，如何确保新旧系统之间的衔接和不同技术平台之间的兼容性成为另一大技术挑战，为了避免信息孤岛的形成，政府可能需要投入大量资源来解决这一问题。

（4）在政策和法规制定方面，一是需要法律体系的不断完善。随着技术的快速发展，特别是在人工智能、大数据、物联网等领域，现有的法律体系可能无法完全覆盖或适应新兴技术带来的各种问题。因此，不断完善的法律体系对于数字政府至关重要。为此，立法机构需要密切关注技术发展，及时更新或制定相关法规，以解决由新技术应用所带来的法律和伦理问题。同时，为数字技术的应用建立清晰的规则框架，包括数据保护、隐私权、网络安全等方面。此外，还需要加强法律的执行力度，确保各方严格遵守规定，保障数字政府的顺利运行。二是政府需要解决跨界合作难题。数字政府的实现不是一蹴而就和一劳永逸的，可能涉及跨部门、跨地区甚至跨国的合作，协调这些合作关系是政府面临的一大挑战。例如，在国内，政府需要打破不同部门之间的壁垒，实现数据共享和业务协同；在国际上，国家之间需要针对跨国数据流动和网络安全等问题开展国际合作；在公私合作方面，政府也需要与私营部门合作，利用其技术和专业知识，共同推进数字政府的建设。

第三节　中国的数字政府建设

为了适应信息化时代的发展趋势，提高政府治理水平，更好地服务公众，推动国家治理体系和治理能力现代化，中国积极抢抓数字化发展机遇，推进各领域的数字化改革。在推动政府数字化转型方面，中国提出建设数字政府，利用大数据、人工智能等现代科技手段提高政府工作效率和服务质量，实现更加开放、透明、高效、便民的政府服务。

一、中国数字政府建设的提出

信息技术的迅猛发展给政府治理和社会发展带来巨大的机遇和挑战。在信息时代，政府的治理方式和服务模式需要进行创新和升级，以更好地满足社会各界对政府的期望。因此，中国适时提出了数字政府建设的战略目标，旨在推动政府向数字化、智能化转型，更好地履行职责、提供公共服务、维护社会稳定，这是中国着眼于践行国家治理现代化的时代诉求、遵循政府治理范式变迁及发展规律、回应公众新需求及新期待的战略选择。

中国数字政府建设的提出源于多方面因素。从技术发展来看，一方面，信息技术快速进步给政府的数字化转型带来了机遇。随着互联网、大数据、人工智能等信息技术的发展，政府面临着数字化转型的历史性机遇。例如，随着宽带和移动互联网的普及，政府能够通过互联网提供各种政府服务，如在线申报、信息查询、电子支付等，大幅提高服务效率。另一方面，移动互联网的普及也使得数字政府建设更具现实可操作性。例如，智能手机和移动应用的广泛应用为政府服务提供了新的交互渠道，政府可以在手机客户端推出各种移动应用程序，使公民能够轻松获取信息和服务，如缴税、社保查询等。从社会需求变化来看，一方面，人民群众对政府服务质量和效率的要求在不断上升。当前，随着经济的发展和生活水平的提升，公民对政府服务的效率有了更高的期待，包括更短的处理时间、更方便的服务渠道以及更高的服务质量。另一方面，人民群众对政府工作透明度和公共信息可获取性的要求日益增长。例如，在公共信息的可获取性方面，越来越多的公民希望能够轻松便利地访问政府公开的数据和信息，并且对政府工作进行监督和评估。

为了回应技术的进步和社会的诉求，党的十八大以来，党中央、国务院从推进国家治理体系和治理能力现代化全局出发，准确把握全球数字化、网络化、智能化发展趋势和特点，围绕实施网络强国战略、大数据战略等作出了一系列重大部署。党的十九届四中全会上首次明确提出了"推进数字政府建设"这一概念，指出要"推进数字政府建设，加强数据有序共享，依法保护个人信息"①。2021年3月，国家"十四五"规划纲要提出要"迎接数字时代，激活数据要素潜能，推进网络强国建设，加快建设数字经济、数字社会、数字政府，以数字化转型整体驱动生产方式、生活方式和治理方式变革"。② 2022年6月，《国务院关于加强数字政府建设的指导意见》正式发布，这是我

———————————

① 中共中央关于坚持和完善中国特色社会主义制度推进国家治理体系和治理能力现代化若干重大问题的决定［EB/OL］. 中华人民共和国中央人民政府网，［2019-11-05］.

② 中华人民共和国国民经济和社会发展第十四个五年规划和2035年远景目标纲要［EB/OL］. 中华人民共和国中央人民政府网，［2021-03-13］.

国首份由国务院印发的数字政府建设指导意见，也标志着数字政府改革建设工作正式从各地的自主创新探索上升为国家战略，并开始在全国全面铺开。其中提出要构建协同高效的政府数字化履职能力体系、构建数字政府全方位安全保障体系、构建科学规范的数字政府建设制度规则体系、构建开放共享的数据资源体系、构建智能集约的平台支撑体系、以数字政府建设全面引领驱动数字化发展并加强党对数字政府建设工作的领导。①

总之，中国数字政府建设的根本目标在于更好地为人民服务，不断增强人民群众的获得感、幸福感和安全感。数字政府建设是一项系统工程，贯穿于政治、经济、社会、文化、生态文明建设各方面，我们要坚持党总揽全局、协调各方的领导核心作用，以前瞻性思考、全局性谋划、系统性布局、协同性推进的思路与方法统筹制度、组织、人员、技术和数据等各种资源，协调一致地开展数字政府建设的各项工作。

二、中国数字政府建设的发展历程

虽然"推动数字政府建设"的明确提出是在 2019 年党的十九届四中全会，但将"数字"的手段运用到政府治理之中，却已经有了较长的实践过程，可追溯到 20 世纪 90 年代。以此为基础，至今，中国的数字政府建设已经历三个发展阶段：政府信息化起步期、电子政务时期和数字政府时期。过去的 30 余年，政府行业信息化经过了起步期、电子政务两个时期，已经完成了大量的基础信息建设，为数字政府发展奠定了基础。

（一）政府信息化起步期（1993~2002 年）

政府信息化起步期的标志性事件是成立国家经济信息化联席会议、启动重大信息化工程建设，该阶段的建设目标是注重政府内部行政事务管理。在这一时期采取的重大举措包括 1993 年提出的"三金工程"和 1999 年提出的"政府上网工程"等。所谓"三金工程"，指的是金桥工程、金卡工程和金关工程，其中金卡工程指金融交易卡建设及推广普及工程，金关工程指国家经济贸易信息网建设工程，金桥工程指国家经济信息网建设工程，开展"三金工程"的目标是建设中国的"信息准高速国道"。"政府上网工程"是由中国邮电电信总局和国家经贸委经济信息中心等 40 多家部委（办、局）信息主管部门联合策划发起，各省、自治区、直辖市电信管理局作为支持落实单位，联合信息产业界的各方面力量（ISP/ICP、软硬件厂商、新闻媒体），推动我国各级政府各部门在 163/169 网上建立正式站点并提供信息共享和便民服务应用项目，构建我国的"电子政府"。

2000 年，时任福建省省长的习近平同志就已极具前瞻性和创造性地作出了建设"数字福建"的战略部署，提出了"数字化、网络化、可视化、智慧化"的奋斗目标，开启了福建推进信息化建设的进程，成为今天数字中国建设的思想源头和实践起点。两

---

① 国务院关于加强数字政府建设的指导意见［EB/OL］．中华人民共和国中央人民政府网，［2022-06-23］．

年后，福建政务信息网正式开通，大规模推进数字政府建设的浪潮在福建涌动。"数字福建"理念的提出不仅深刻影响了福建经济社会发展，也被学界普遍认为是数字政府乃至数字中国建设的起点。

（二）电子政务时期（2002～2019 年）

电子政务时期的标志性事件是 2002 年 8 月，中共中央办公厅和国务院办公厅联合下发《国家信息化领导小组关于我国电子政务建设指导意见》，这是首次以中共中央办公厅和国务院办公厅名义印发的电子政务全局性指导文件，规划的"两网四库十二金"作为后续一段时间重点建设的信息化工程。这一阶段的建设目标由"注重垂直行业管理"向"注重社会公共服务"转变，采取的重点措施包括"两网一站四库十二金""互联网+政务服务"等。其中，"两网"是指政务内网和政务外网，"一站"是指政府门户网站，"四库"即建立人口、法人单位、空间地理和自然资源、宏观经济四个基础数据库，"十二金"则是要重点推进办公业务资源系统等十二个业务系统。"两网一站四库十二金"覆盖了我国电子政务急需建设的各个方面，初步构成我国电子政务建设的基本框架。

这一阶段的数字政府建设与深化政府改革、转变政府职能紧密相关，以人民为导向，重点是为人民群众提供更加便捷的公共服务，提出了"互联网+政务服务"的新概念。2016 年 4 月 19 日，习近平总书记在网络安全和信息化工作座谈会上指出，加快推进电子政务，鼓励各级政府部门打破信息壁垒、提升服务效率，让百姓少跑腿、信息多跑路，解决办事难、办事慢、办事繁的问题。2018 年 3 月，《政府工作报告》中明确提出要深入推进"互联网+政务服务"，使更多事项在网上办理，必须到现场办的也要力争"只进一扇门""最多跑一次"以及"加快政府信息系统互联互通，打通信息孤岛"等具体要求。①

（三）数字政府时期（2019 年至今）

进入数字政府时期的标志性事件是党的十九届四中全会首次明确提及"推进数字政府建设"，数字政府时期的建设目标是服务于国家治理体系与治理能力现代化，推动政府职能全方位数字化转型。这一阶段的重大举措是建立全国一体化政务服务平台跨省通办。2020 年 9 月 30 日，国务院办公厅发布《国务院办公厅关于加快推进政务服务"跨省通办"的指导意见》《全国高频政务服务"跨省通办"事项清单（共 140 项）》等文件，加强全国一体化政务服务平台服务能力，提升数据共享支撑能力，统一业务规则和标准，加强政务服务机构"跨省通办"能力建设，为企业和群众提供线上线下多样化办事渠道。

党的十九届四中全会明确提出，推进数字政府建设，加强数据有序共享。党的十九

① 政府工作报告——2018 年 3 月 5 日在第十三届全国人民代表大会第一次会议上 [EB/OL]. 中华人民共和国中央人民政府网，[2018-03-22].

届五中全会强调，加强数字社会、数字政府建设，提升公共服务、社会治理等数字化智能化水平。2021 年"十四五"规划纲要再次提出，加快建设数字经济、数字社会、数字政府，以数字化转型整体驱动生产方式、生活方式和治理方式变革。党中央一系列部署表明，数字化已成为推动国家治理现代化、提升国家治理效能的有力抓手。

互联网时代，网络信息技术日新月异，引领了社会生产新变革，创造了人类生活新空间，拓展了国家治理新领域。对任何国家和政党来说，互联网是重要的执政条件，网络空间是重要的执政环境，信息化是重要的执政手段，用网治网能力是执政能力的重要方面和体现。面对数字化、网络化、智能化的时代浪潮，党如何更好治国理政，如何推进政府治理理念、方式、手段创新，让网络信息技术充分赋能国家治理体系和治理能力现代化，让互联网发展成果惠及全体人民、更好满足人民日益增长的美好生活需要，成为摆在我们面前的一个重大而紧迫的实践课题。加强数字政府建设，正是立足时代背景、针对现实问题、着眼未来发展作出的科学回答。

三、中国数字政府建设的实践

近年来，党中央、国务院为推进国家治理体系和治理能力现代化，在准确把握当前信息化、数字化、智能化发展趋势和特点的基础上，围绕实施网络强国战略、数字中国建设等作出了一系列重大部署。各省各地也纷纷结合党中央政策和自身实际创造出独具特色的数字政府建设路径，例如，浙江省实施的"最多跑一次"改革，江苏省实施的"不见面审批"政务服务，广东省数字政府建设的"一网统管"、政务服务"一网通办"、政府运行"一网协同"模式等，打造了我国数字政府建设的典型发展路径。我国数字政府建设在系列挑战面前发挥了重要的支撑作用，治理能力和治理成效不断显现。但与此同时，我国数字政府建设也存在着区域发展不平衡、数据共享不充分、数字安全保障缺乏等问题亟待解决，要基于数据共享与数字共治，加快数字经济时代下政府职能的转变和升级，推动数字政府建设。

（一）中国数字政府建设的成效

中国数字政府建设近年来取得了显著成效，根据联合国发布的《2022 联合国电子政务调查报告》数据，我国电子政务排名在 193 个联合国会员国中从 2012 年的第 78 位上升到了 2022 年的第 43 位。与此同时，中国的电子政务发展指数（EDGI）值为 0.8119，远高于全球 EDGI 平均值 0.6102，属于联合国划定的"非常高水平"之列。[①] 而且，中国的数字政府建设不仅提升了政府治理效能，也创新了新的治理机制。

在政府治理效能提升方面，自 1978 年改革开放以来，中国政府治理进入大转型时期，从过去计划经济时代下的政府"管理"转变为社会主义市场经济体制下的政府

---

① E-Government Survey 2022: The Future of Digital Government [EB/OL]. United Nations, https://publicadmin-istration. un. org/egovkb/en-us/.

"治理"。如今，数字时代加速发展，我国的数字政府治理能力不断提升。我国政府积极开展数字化办公，当前国家电子政务外网覆盖范围持续扩大，已连接 31 个省（自治区、直辖市）和新疆生产建设兵团，实现地市、县级全覆盖，乡镇覆盖率达到96.1%。[①] 数字化办公的普及能够更快地传达政策和命令等信息，大大缩短了信息传递的时间损耗，同时也加强了对政府治理的监督，减少其懒政怠政、不作为乱作为现象。对于政府本身，有利于提高各种群众政务服务处理效率，及时准确地为人民服务，树立政府良好形象。对于人民群众来说，更快完成相关审批事项，改善先前"门难进、脸难看、事难办"的现象，人民对政府的满意度也得到了提升。我国政府积极开展"互联网+政务服务"的模式，大大提高了政府公共服务效能。从 2012 年到 2022 年，我国电子政务发展指数国际排名从 78 位上升到 43 位，全国 96.68% 的办税缴费实现"非接触式"办理，[②] "一站式服务"大大缩短群众办理时间，数字政府建设使公共服务提质增效，更好地满足了人民群众美好生活的需要。同时，我国专门化的数据管理机构也相应设立——根据 2023 年 3 月党的二十届二中全会《党和国家机构改革方案》，2023 年10 月设立国家数据局。作为国家专门统筹数据资源、推进数字中国建设规划的机构，国家数据局设立的意义重大，为更好发挥政府治理效能和数字政府建设起到了重要的推动作用。此外，我国政府积极营造良好的数字环境以提升公共服务效能，《中华人民共和国数据安全法》《国家标准化发展纲要》《互联网信息服务算法推荐管理规定》等一系列政策措施的颁布更好地为中国数字化建设保驾护航，营造良好的数字环境，便民利民，统筹好发展与安全。

在政府治理机制创新方面，我国政府通过一系列体制机制的创新实现了数字技术与政府治理的结合，更好地满足了政府治理的需要，更好地服务于民。首先，数字化下的高效协同治理机制。如"川渝通办"，实现了川渝两省的政府治理互联互通，建立起来了政策协调治理体系、规则互认治理体系等大大促进两地的政府协调治理效能。同时在长江经济带、京津冀、粤港澳大湾区等共同治理的实践要求之下，数字政府治理应用广泛。如"粤省心"12345 便民服务热线平台为企业解决各种营商环境问题、长江经济带要实现高质量发展要以"区域协调"为着力点，互联网等数字技术作为强有力的科技支撑。其次，"互联网+政务服务模式"创新。诸如上海"一网统管"、江苏"不见面审批"、浙江"数字化改革"、项目建设管理办法等（陈小华，2023）。[③] 具体形式的创新形式层出不穷，真正实现了运用互联网技术满足群众日常生活需要。中央纪委国家监委机关推动基层小微权力"监督一点通"信息平台建设完善，已覆盖 16 个省份 836 个县（市、区），累计办结群众投诉 68.7 万件。智慧法院服务能力覆盖 100% 高院中院和97% 基层法院。政府网站精简，访问量大幅提升，政府网站回复办理群众留言由过去

---

①② 数字中国发展报告（2022）［EB/OL］. 中华人民共和国国家互联网信息办公室，［2023-05-23］.
③ 陈小华. 数字政府发展的中国经验及其路径优化［J］. 中共杭州市委党校学报，2023（4）：39-46.

10 个工作日缩减到 2 个工作日内。最后，多主体协同参与政府治理。通过运用互联网、大数据技术，公民个人、企业、政府、其他社会组织等被纳入到政府治理的范畴。群众、企业、社会组织积极为政府治理建言献策，为政府治理水平的提升发挥重要作用。伴随着数字化的链接，更多主体参与到政府主导下的社会治理。一方面充分地调动了人民群众参与治理，另一方面提高了治理透明度、民主性，政府治理受到广泛监督。

（二）中国数字政府建设亟须解决的问题

当前信息技术为代表的新科技革命突飞猛进，对我国的数字政府建设提出了更高的要求，当前数字政府建设在取得了一系列成效的同时也存在一些问题，就国内而言，主要表现在以下四个方面。

（1）我国数字政府建设在地区之间仍然存在着发展不平衡。总体来看，我国东部地区省份数字政府的发展水平和数字政府建设的基础设施水平显著领先于中西部地区。根据清华大学数据治理研究中心发布的《中国数字政府发展指数报告（2022）》对我国 31 个省份的数字化发展水平进行综合评价，东部地区有 63.63% 的省份数字政府建设属于引领型与优质型，发展水平较高省份占比大；而中部地区以发展型省份较多，占比 37.35%；西部地区则以追赶型省份为主，占比 50%，数据呈现出较为明显的东西部发展不均衡现象。同时，以信息基础设施、融合基础设施和创新基础设施三方面内容构成的新型基础设施方面也存在着供给不平衡的问题，成为制约中西部地区数字经济发展的影响因素。各地数字政府建设的基础和资源存在的差异，使数字政府的发展进度参差不齐。从区域内部来看，东中西部三个区域内均存在着两极分化的现象，根据指标加总计算公式计算出的得分，东部地区和中部地区内部省份得分最大差值均超过 14 分，而西部地区省份则超过 21 分，这也体现出各省之间数字政府建设存在着较大差距。此外，信息互联互通和政务数据共享不充分。各地区各部门从各自工作需要出发，开发建设了各类业务平台和应用软件，但目前存在信息互联互通难、数据共享和业务协同不充分等问题，大大影响了跨地域跨系统政务服务成效，成为数字政府及政务大数据应用发展的关键阻碍。究其原因，主要有三个：①缺乏标准化引领，由于各地建设的数字化平台在数据接口、共享机制等方面缺乏统一标准，导致与纵向和横向平台之间形成鸿沟；②不同地区之间政务系统数字化水平存在差异，政务信息整合共享能力不尽相同；③不同部门之间缺乏政务信息整合共享的积极性，不同程度存在着建设各自为政、管理各行其道的情况。

（2）我国数字政府建设在数据共享方面缺乏整体性与协同性。信息孤岛和信息壁垒是数字政府建设中的必然产物，任何国家都难以避免，我国也面临着这一难题（张勇进和章美林，2018）。[①] 在政府部门内，我国政务信息化建设中政府纵向的层级之间和横向的部门之间互联互通难、资源共享难、业务协同难的问题一直存在，一体化和高

---

① 张勇进，章美林. 政务信息系统整合共享：历程、经验与方向 [J]. 中国行政管理，2018（3）：22-26.

效协同的数字政府建设作为国家数字政府建设方面的顶层设计经常活跃于国家的相关政策文件之中，然而由于缺乏专门的政务信息整合共享机制和专门的管理机构，数据共享又对技术支持和安全保障提出了较高的要求，因而数据共享的协同性实施难度较大。例如，在杭州市余杭区 312 套信息系统中，税务、民航、通信管理等垂管部门系统达 232 套，垂直系统相对独立、技术架构复杂、数据格式不一致等情况导致一体化、协同化的数字政府建设面临困境。同时在共享过程中，依赖哪些数据、共享哪些数据、制定各类通用技术平台和数据接口都是政府部门实现数据共享前要解决的问题。在政府与社会间，各类政务信息的公开难以较好满足社会的各方面需求，大部分政府部门的数据通常通过静态表格的方式发布，实时动态信息资源占比较低，同一领域的数据可能由多个部门同时管理，因而不能对社会需求实现完全覆盖。对于政企合作下的数字政府建设也会衍生出一系列问题，政府信息公开的边界难以把控，公开过多可能会造成信息安全隐患，公开较少则会影响双方合作。

（3）我国数字政府建设在维护数字安全方面仍面临较大挑战。数据安全是数字政府建设的生命线，网络空间安全作为新时期国家安全的重要领域可能会受到黑客组织、犯罪团伙、不法分子的攻击。随着我国数字政府建设的推进，各类政府数据进行大规模整合存储，大量重要数据和涉及国家安全的数据高度汇聚，大量政务数据的上网上云带来了不可忽视的安全风险，是数字政府建设进程中需要持续面对和解决的问题。2018年我国建立了国家数据共享交换平台，实现了 71 个部门、31 个地方与国家共享交换平台的对接，建立了数据共享"大通道"，在发挥数据价值的同时，也存在着信息泄露的风险。政务信息的流通涉及多环节、多部门、多领域，有较多的人员参与其中，而信息泄露的主要方式即为人为因素，包括但不限于凭证丢失、网络钓鱼、漏洞利用等。政务信息的公开也有可能造成信息的泄露，政务信息公开使得信息由可控的安全范围向不可控且具有风险的领域延伸，与之相对应的安全与保密体系难以严密防控整个政务信息体系，政务信息存在被复制、盗用和窃取的风险。一方面，数据安全管理权责还不够清晰，相关部门主体责任和监督责任有待落实，同时对参与数字政府建设运营的企业需强化规范管理；另一方面，政务数据涉密传输机制有待完善，在日益增长的数据共享需求下，跨地区、跨部门、跨层级的数据共享需要完善涉密传输通道，同时过程中的风险防范机制有待健全，以实现对数据全周期的安全管理和防护。此外，中国数字政府建设的关键核心技术保障有待强化，受国产电脑芯片、操作系统等技术发展水平的限制，数字政府建设关键核心技术自主可控尚未完全实现，在近年来中美贸易摩擦和地缘政治风险加大的情况下，数字政府建设面临着更大的安全风险。

（4）我国数字政府建设过程中的海量数据资源的价值仍有待挖掘。各地各部门在政务服务信息化进程中积累了海量数据，但从当前来看，数据的资政潜能和公共价值都有待释放。

1）政务大数据利用能力不足。各级部门、政府智库开展调查研究主要依赖统计数据，但目前各部门间数据整合不足，导致信息孤岛现象，阻碍了数据的有效利用；而且，不同部门或机构收集的数据缺乏统一的标准和格式，使数据整合变得困难。因此，利用政务大数据进行决策支撑和数字化治理的创新实践仍需要积极探索。

2）政务数据应用场景开发不够。目前，政务数据的应用主要还是局限于一些传统的管理和服务领域，如人口统计、资源分配等，缺少在新兴领域，如智慧城市、环境监测等方面的创新应用。而且，对数据缺乏深度整合和分析，政务数据多停留在收集和基础应用层面，未能充分发掘政务数据在预测分析、趋势识别等方面的潜力。因此，进一步开发政务数据在社会治理、公众服务、市民生活等多维度应用场景的应用十分重要。

3）数据要素市场化配置需加快推进，数据要素生产、流通、应用和分配机制亟须健全，从而促进政务数据、公共数据、产业数据等的优化配置，为市场主体开发利用数据提供权益保障。一方面，目前还缺乏成熟的数据市场，市场机制不够完善，缺乏有效的机制来定价、交易和管理数据资产，导致数据的经济价值没有得到充分体现；而且，缺少专业的数据交易平台，这也导致数据买卖和共享过程不透明和低效。另一方面，还存在法律法规滞后和缺乏政策激励的问题。现有的法律法规未能跟上数据市场的发展，不足以支撑数据要素的市场化配置，而缺少有效的政策来激励和促进数据的市场化交易和应用也限制了市场化的发展。

（三）中国数字政府建设的未来展望

当前，以互联网为代表的网络信息技术日新月异，引领了社会生产新变革。顺应经济社会数字化转型趋势，进一步加快创新发展数字政府建设是推进国家治理体系和治理能力现代化、适应人民日益增长的美好生活需要的必然要求，也对我国数字政府建设提出了更高的要求。

要加强党对数字政府建设工作的领导。坚持党总揽全局，协调各方的领导作用，将党的全面领导贯穿数字政府建设各领域各环节。坚持以人民为中心。始终把满足人民对美好生活的向往作为数字政府建设的出发点和落脚点，着力破解企业和群众反映强烈的办事难、办事慢、办事繁问题，坚持数字普惠，消除"数字鸿沟"，让数字政府建设成果更多更公平惠及全体人民。

要构建协同高效的政府数字化履职能力体系。以一盘棋的眼光和思维促进我国数字政府建设，打破部门和条块之间的数字壁垒，促进政府上下级之间、部门之间信息的互联互通和高效协作，更好地促进政府服务水平与能力的提升，提高政府的办事效率。将数字政府建设作为一个系统推进，整合数字资源和现有政府机构、人员等资源，以推进国家治理体系和治理能力现代化为导向指引，以中国式现代化为方向，构建新时代服务型政府，建设符合中国特色的政府治理模式。

要构建数字政府全方位安全保障体系。建立健全动态监控、主动防御、协同响应的数字政府安全技术保障体系。加大对涉及国家秘密、商业秘密、个人隐私和个人信息等数据的保护力度，完善相应问责机制，以全方位、多层次的防护体系应对网络安全领域日益增多的风险与挑战。

　　民之所望，政之所向。在全面深化改革的新征程上，以数字政府建设优化治理模式、创新治理手段、提升治理效能，有力推进国家发展、社会进步，不断增进人民福祉，数字化正在书写发展新答卷。"人民对美好生活的向往就是我们的奋斗目标。"以数字化转型驱动治理方式变革，全面提升政府治理的数字化、网络化、智能化水平，充分发挥数字政府建设对数字经济、数字社会、数字生态的引领作用，全方位赋能经济社会高质量发展，为强国建设、民族复兴提供更加坚实有力的保障！

思考题

1. 如何认知技术的政治化？技术与政治之间具有怎样的相互关系？
2. 技术如何推动了社会变革？
3. 技术如何影响了政治？又如何影响了政府治理？
4. 中国应该如何推动数字政府建设？

第八章 国际政治中的社会化

国际政治是政治学研究的一个重要领域，它涉及国家与国家之间的关系，政治学研究中的社会化在国际政治中亦有表现。国际政治中的社会化是一个动态和复杂的过程，涉及到国际社会中各种参与者之间的相互作用和互动。它有助于塑造国际行为的规范和准则，促进国际合作和稳定，同时也反映了国际社会的动态变化和发展。社会化是国际政治中维护国际秩序和国际和平的重要机制之一。

第一节 国际政治与国际社会的界定

在研究中，国际政治与国际社会是不一样的概念。国际政治强调国家之间的政治互动和国际政治体系，而国际社会更广泛地考虑了国际社会中各种参与者和各种国际关系现象。这两个概念通常用于不同的背景和语境中，以描述国际关系领域中的不同方面。

一、国际政治与国际社会的概念辨析

从学科来看，国际政治学是政治学的一个分支，是研究国际体系中各行为体之间的政治关系及其发展变化的一般规律的学科，基本研究内容是国际体系、行为体、政治关系和一般规律。[①] 在国际政治学这一学科内，国际政治与国际社会是两个常被讨论的概念，它们之间的关系和区别构成了理解国际关系的基础。

国际政治是一个多层次、多维度的概念，它与"国内政治"这一概念相对应，主要关注国家之间、国际组织等非国家行为体之间、国家与非国家行为体之间的互动及其对全球秩序和治理的影响，涵盖了国际权力的分配、国家利益的维护以及国际合作与冲突的各个方面。国际政治不仅是关于权力和利益的竞争，还涉及如何通过多边合作来解决全球性问题，如环境保护、公共卫生和国际安全等。首先，国际政治涉及国家间的关

---

① 《国际政治学》编写组. 国际政治学 [M]. 北京：高等教育出版社，2019：1.

系和互动。这包括国家之间的外交关系、战略合作或竞争、贸易和投资关系等。其次，权力和利益的分配。国际政治关注全球层面上的权力和利益的分配，包括不同国家或国际集团在国际事务中的影响力和地位。再次，国际冲突与合作。国际政治中包括了国家或其他国际行为体之间的冲突和合作，这可能涉及领土争端、经济贸易关系、环境保护等多方面。最后，全球治理和国际体系。国际政治涵盖了全球治理的各个方面，包括国际组织的运作、国际法律和准则的制定及执行以及多边协议和机制的建立等。当然，国际政治也关注国际规范和价值的传播与接受，如人权、民主、自由贸易等，以及这些国际规范和价值如何影响国家的外交政策和国际行为。总体来看，国际政治是一个宏观且宽泛的概念，包含了国际关系中涉及到政治问题的方方面面。

国际社会通常用来描述国家、政府间与非政府间国际组织、跨国公司和其他非国家行为体在全球层面的相互关系和互动，泛指存在于国家交往和世界性活动层面的国际共同体，是一个由多种主体、规则和机制构成的复杂网络，多用来与"国内社会"的概念相对应，不带有价值判断和政治色彩。不过在英国学派的描述中，国际社会包含了一定的规则和准则的共识以及对共同价值的追求。前者意味着国际社会成员通常会遵守一些基本的国际法律和规范，以确保国际关系的稳定和可预期性，后者是说国际社会成员在某些全球性问题上可能会有共同的价值和目标，如人权、环境保护和可持续发展等。

这是因为"社会"一词本身即指生物与环境形成的关系的总和，而关系就意味着互动。马克思主义关于社会的论述指出，社会"是人们交互作用的产物"。[①] 同时，从比较研究的视角来看，不同的国内社会有着不同的文化习俗与传统，如中国社会和美国社会之间具有文化意义上的不同。将这种视角延续到国际关系中来看，国际社会这一概念也就包含了文化和观念的意义。例如，赫德利·布尔认为，如果两个或两个以上的国家之间有足够的交往，并且对彼此的决策有足够的影响，使得它们（至少在一定程度上）作为一个整体的组成部分来行为时，"国家体系或国际体系就出现了"。从这一意义上说，共同存在不能构成体系，只有产生经常性的交往和互动，且这种互动能够影响彼此的行为时才能形成体系。而国际社会意味着在交往和互动的基础上有了更深层的观念联结，用布尔的话说就是"如果一群国家意识到它们具有某些共同利益和价值观念，从而组成了一个社会，即它们认为在彼此之间的关系中受到一套共同规则的制约，并且一起确保共同制度的运行，那么国家社会（或国际社会）就形成了"。换言之，有国际体系不等于形成了国际社会，因为国际体系既先于国际社会而存在，也可以独立于国际社会而存在；但拥有了国际社会也就表明存在一个国际体系，因为国际社会的形成需要先有国际体系，在此基础上通过共同观念和共同规则与制度的约束和影响逐渐产生。在布尔看来，能够形成国际社会的一些要素包括共同的语言、共同的认识论与世界观、共

① 马克思恩格斯全集第 4 卷［M］. 北京：人民出版社，1995：320.

同的宗教、共同的道德观以及共同的审美观或艺术传统。①

当今时代，全球化的深入发展使得国家间的交往空前频繁，将世界各地联系为一个彼此相互依存的整体，因此国际体系本身即是一个全球性的世界体系。在此基础上，随着主权平等观念在世界范围内的确立以及国际法和国际制度的约束，国家间形成了一系列共同认可的规范彼此行为的共识，促使一个全球性的国际社会的出现。因此，我们今天所处的国际社会从范围上来看是一个覆盖了全球各地的国际社会，生活在这个社会中的各个国际行为体彼此联系，形成了一种你中有我、我中有你的关系。

二、国际社会的基本特征

国际社会是由国家、国际组织和非国家行为者共同构成的一个社会体系，它们相互依赖、共同遵守某些基本的国际规则和准则。国际社会的存在反映了国际政治行为体全球层面上的互相联系和互相依赖。总体来看，国际社会具有三个方面的特征。

（1）国际社会具有无政府特性，这也是国际社会的根本属性。国际社会的无政府特性是与国内社会相对的，在国内社会，生活在某一国家内的个人都受到一个统一的中央政府的管辖，且每个国家都有各自的政府，并通过这一合法政府来行使国家主权。但国际社会中不存在高于主权国家的世界政府，也就是说，主权之上没有更高的权威，因而在国际系统中缺乏一个中央权力或上级政府来制定和执行规则，这就使得国际社会具有不同于国内社会的无政府特点，主要体现在四个方面：①主权国家具有自主性。在国际社会中，缺乏一个统一的中央政府，每个国家都是主权独立的，拥有自己的政府和法律系统，没有任何上级权力能够强制它们服从，可以独立处理其内外事务。②规则的自愿遵守。国际法和国际规范通常是基于国家的自愿遵守而非强制。虽然国际社会中有国际组织和国际法庭来制定和执行相应的规则，但它们的权力通常是有限的，而且依赖于国家的合作和承认。③安全的竞争与合作。由于无政府性的存在，国家通常会优先考虑自身的安全和利益。这种结构性的不确定性导致了国家之间的竞争，但也有可能促进合作以实现共同的安全和利益。④国际社会是一个自助系统（Self-help System）。在国际无政府性的环境下，国家通常被视为自助系统的参与者，它们必须依赖自身的力量和策略来保护自己的利益。

（2）国际社会具有一定的社会性。没有一个世界政府并不意味着不存在一个国际社会，这种社会性体现在三个方面：①国际社会的多元主体特征。一个社会包含着多种多样的社会主体，国际社会也是如此，包括多种国际行为主体，如主权国家、政府间国际组织、非政府组织、跨国公司等，它们之间的互动和交流是国际社会的社会性基础，这些不同的主体在国际舞台上相互作用，共同影响国际关系的发展，塑造国际关系的走

---

① ［英］赫德利·布尔. 无政府社会——世界政治中的秩序研究（第4版）［M］. 张小明译. 上海：上海人民出版社，2015：12，15，17.

向。而且随着全球化的加深，国家之间的经济、政治和社会联系日益紧密，形成了高度的相互依赖关系。②国际社会的社会性也表现在共享的规范和价值上。例如，国际法、自由贸易等基本原则，为国际社会的成员提供了一种共同的行为准则和价值导向，规范了它们相互之间的行为。奈和韦尔奇（2021）指出，国际社会"存在着行为规则、内容日益丰富的国际法、明确规定的权利与义务，甚至是国际礼仪规则（外交惯例、荣誉之类的）等，简单地说，这些都是'文明社会'（polite society）的特征"①。③国际社会的社会性还体现在文化多样性方面。国际社会包括不同的文化、信仰和价值体系，不同国家和地区的多元文化、语言、宗教、传统和价值观在全球范围内共存共生。文化多样性为国际交流和合作提供了广泛的平台和可能性。通过了解和尊重不同的文化，国家和个人可以开展多方面的交流和合作，共同推动全球问题的解决。当然我们也要看到，文化多样性也可能导致文化的碰撞和冲突。不同的文化观念和价值观可能会导致误解和对立，尤其是在敏感和争议性的议题上。

（3）国际社会是动态变化的。国际社会是一个不断变化和发展的系统，受多方面因素影响，呈现出多元和复杂的特征。从历史阶段来看，亚当·沃森（2019）认为，国际社会经历了一个从欧洲向世界扩展的过程，这个过程可以分为四个历史时期。第一个阶段是中世纪时期欧洲国家对伊比利亚和波罗的海周围地区的十字军远征；第二个阶段长达三个世纪，主要是地理大发现后欧洲各国的海上探险和殖民扩张，与此同时伴随着欧洲地区确立起了一个以均势原则、国际法体系、由君主或其代表参加的国际会议来解决欧洲事务、欧洲各国间外交对话等为核心的精心设计的国际社会；第三个阶段是19世纪，工业革命使得欧洲协调扩大到了全球范围并统治了世界的大部分地区；第四个阶段是20世纪，欧洲统治的浪潮日益衰退，但在欧洲模式的基础上建立起了一个全球性国际社会，欧洲只在其中起着有限的作用。②从体系文化来看，温特（2014）认为，国际社会存在三种无政府文化，分别是霍布斯文化、洛克文化和康德文化。其中，霍布斯文化中的国家将彼此视为敌人，这样的国际社会是一个完全的自助体系；洛克文化中的国家将彼此视为竞争对手，这样的国际社会中即使没有中央权威，国家间也能保持一定的秩序；康德文化中的国家将彼此视为朋友，可以很好地达成利益一致。而这三种体系文化都可能发生变化，一种是垂直方向的内化，即某个体系文化的核心理念与价值观在国际社会中的不断深化，是一种程度的加深；另一种是水平方向的"进步"，比如国际社会的体系文化从霍布斯文化演变为洛克文化，再从洛克文化演变为康德文化。③

① ［美］小约瑟夫·奈，（加）戴维·韦尔奇.理解全球冲突与合作——理论与历史（第9版）［M］.张小明译.上海：上海人民出版社，2021：57-58.

② ［英］赫德利·布尔，［英］亚当·沃森.国际社会的扩展［M］.周桂银，储召锋译.北京：中国社会科学出版社，2014：27-28.

③ ［美］亚历山大·温特.国际政治的社会理论［M］.秦亚青译.上海：上海人民出版社，2014：255-301.

· 199 ·

总体上看，国际社会的变化发展主要受到六方面的影响：①政治变化。国际政治局势的变化，例如，国家之间的冲突和合作、政权更迭、政治制度的变革等，都会影响国际社会的结构和关系。②经济发展。全球经济的增长、危机，以及经济全球化的进程，都会对国际社会产生深远的影响，推动其向不同方向发展。③技术进步。科技的快速发展，特别是信息技术和通讯技术的进步，已经深刻改变了国际社会的交流方式和全球治理结构。④社会文化交融。文化交流的加深和多元文化的相互影响，推动了国际社会的社会文化变化，也为国际社会带来更多的多元化和包容性。⑤非国家行为体的崛起。非国家行为体如国际组织、跨国公司和非政府组织等，在国际政治和经济中的影响力不断增强，为国际社会的动态变化提供新的动力。⑥人类观念的转变。人类对于自身、社会和自然的认识在不断深化，新的观念和价值观的形成也会推动国际社会的变化和发展。国际社会的动态变化性要求各国和国际组织能够及时适应变化，更新认知和策略，以应对不断出现的新问题和挑战。同时，也为国际社会的成员提供了探索新的合作机会和解决问题的可能，促进了国际社会的发展和进步。

三、国际政治与国际社会的联系与区别

国际政治和国际社会是两个紧密相连而又有区别的概念。从它们之间的联系来看，国际政治和国际社会是相互依存的，国际政治是在国际社会的背景和框架下展开的。国际社会提供了国际政治活动的基础环境和条件，包括国际法律、国际组织和多边机制等。反过来，国际政治的发展和变化也会影响国际社会的结构和运作，例如，通过国际合作或冲突重塑国际关系和全球治理结构。在规范的形成与执行方面，国际社会是国际规范、准则和价值观的传播、接受和执行的场所；而国际政治则涉及到如何在国际层面上形成和推动这些规范，以及如何解决国家间的利益冲突和规范的不一致。在主体的互动方面，国际社会包括多种国际行为体，如国家、国际组织、非政府组织等；国际政治则涉及到这些行为体在全球舞台上的互动、合作和竞争，以及如何通过政治手段实现各自的目标和利益。在全球治理方面，国际社会为全球治理提供了基础平台和机制，而国际政治则关注全球治理的实际过程和效果，包括权力的分配、国际合作和冲突解决等。在意识形态和价值观的传播方面，国际社会是不同文化、价值观和意识形态交流和碰撞的场所，而国际政治则关注这些差异如何影响国家间的政治关系和全球政治格局。在反馈与调整方面，国际政治的动态变化会对国际社会产生反馈，推动其调整和演变。同时，国际社会的变化也会反过来影响国际政治的走向和发展。

虽然国际政治和国际社会密切相关，但也存在明显的区别。首先，两者关注的研究焦点不同。国际政治更倾向于政治行为、政治决策等，更多关注权力和利益的分配、国家之间的互动以及全球秩序的维护和变化；国际社会研究则包括文化、经济、社会和环境等多方面的交互和影响，更关注国际规则和准则的构建、国际合作的机制以及全球共同价值的追求。其次，两者的功能不同。国际政治是解释和理解国家行为和国际关系动

态的重要框架；国际社会为国际政治提供了一个基本的运作平台和规则体系，使国家和国际组织能够在某些基本规则的基础上进行互动。再次，两者的结构不同。国际政治往往呈现出较高的结构性和层次性，具有明显的权力中心和利益分化；国际社会更倾向于强调平等、合作和共同发展，试图构建一个更为和谐和可持续的全球社会体系。最后，两者对规范与法律的关注点不同。国际政治更关注国际法律和制度的形成、执行和影响；国际社会则关注更为广泛的社会规范和文化准则，以及它们如何影响国际关系和全球治理。

综上所述，国际政治与国际社会是相互影响、相互作用的两个方面。理解它们之间的联系和区别有助于深入理解国际关系的多维性和国际政治的复杂性，从而更好地分析和应对全球性的挑战和问题，为进一步研究国际政治和国际社会提供了有益的理论和实践参考。

第二节　国际政治社会化的理论性趋向

国际政治的社会化转向表现在理论研究中，主要在于强调国际关系中国家和国际组织如何通过社会化过程来接受和内化共同的规范、价值观和行为准则。这一理论性趋向在国际关系理论和研究中逐渐崭露头角，并为解释国际行为提供了重要的框架。

一、对国际政治社会化的基本理解

（一）国际政治社会化的内涵

社会化是个体或团体适应和内化社会规范、价值和行为模式的过程。它包括从他人和社会环境中学习和吸收知识、技能、价值观和行为规范，使个体或团体能够适应社会环境，成为社会的有效成员。在国际关系领域中，社会化的主体则是各类国际行为体，它们在国际社会中的社会化过程包括学习和适应国际规则、准则、习俗和价值，以及与其他国际社会成员的互动和交流。学者苗红娜（2014）将其表述为，在国际政治一体化进程中，国际行为体（包括主权国家、国际组织、跨国公司和个人）在互动过程中接受其他国际行为体的教化，学习和内化国际体系的文化、价值观、规范和制度，形成新的国际身份和利益认同，并进而影响其他国际行为体的辩证过程；国际政治社会化是国际体系文化的交流与融合机制，是国际体系的延续与变革机制，是全球治理规范的形成和传播机制。[①]

国际政治社会化是一个涵盖了国际关系中社会互动和规范传递的概念。它主要关注

---

① 苗红娜. 国际政治社会化：国际规范与国际行为体的互动机制［J］. 太平洋学报，2014，22（10）：15.

国家和其他国际行为体如何通过交互和学习过程，逐渐吸收、适应和实施国际社会的规范和价值。国际政治社会化包括国际规范和价值的传递，通过这种传递，国家和其他国际行为者能够了解并逐渐接受国际社会的基本规则和原则，它们将这些规范和价值纳入自己的决策和行为体系中，最终实现了国际规范和价值的内化。同时，通过国际交往、合作和竞争，国际行为体在互动和学习中逐渐形成或改变自己的行为和态度，行为体之间可能会逐渐形成共同的身份和价值观，从而促进国际社会的合作和稳定。在这一过程中，国际组织发挥着重要的作用，它们为国家和其他国际行为者提供了交流、合作和学习的平台，有助于建立和维护国际规则和秩序。

总之，国际政治社会化涉及国际关系的许多重要方面，包括国际规范的形成和传播、国家行为的改变、国际组织的作用以及全球治理的发展等。通过理解国际政治社会化，可以更好地理解国际社会的运作和发展，以及全球治理的挑战和机遇。

（二）国际政治社会化的方式

从社会化的方式来看，国际政治中的社会化是一个复杂且多层次的过程，国际规范和准则的传播是国际社会化的基础，国家和非国家行为体通过各种渠道如国际组织、双多边协议、国际会议等传播和接受国际规范和准则，方式多样。主要体现在以下八种：

第一种是对话和交流。国际行为体通过对话和交流，促进了相互理解和认知，形成共识，促进国际社会化的进程。例如，国家之间通过双边或多边会议、国际论坛等，促进信息交换和意见交流。

第二种是国际合作。通过合作解决共同面临的挑战和问题，各方可以共同学习、适应并推动国际社会化的进程。比如在应对全球气候变化时，各国间签署了许多重要的协议，如《联合国气候变化框架公约》（UNFCCC）和《巴黎协定》，这些协议设定了全球减排目标，推动国家采取实际行动应对气候变化。

第三种是依靠国际组织的推动。国际组织如联合国、世界贸易组织等，是国际机制的重要制定者和监督者，同时也为国家提供了一个共同遵守国际规则和准则的平台，是推动国际社会化的重要渠道。

第四种是依靠多边机制。多边机制如七国集团峰会、亚信峰会等，为国家提供了一个协商、合作和解决问题的平台；同时，通过多边机制的反馈和评估，国际社会能够不断调整和完善国际规范，使其更符合实际的需要和发展趋势，促进国际社会化的进程。

第五种是国际法和国际仲裁。国际法和国际仲裁机构为解决国际争端提供了规范和程序，也为解决国际争端提供了一种非暴力、法律化的途径，帮助各方在法律框架下解决问题，在国际政治社会化的过程中起到了桥梁和催化剂的作用，也为国际关系的持续发展和全球治理的完善提供了法律和制度保障。

第六种是教育和培训。国际间的教育和培训交流，如学术交流、专业培训等，也是推动国际社会化的重要方式，通过这些交流，各国可以共享知识、经验和最佳实践。同时，它有助于构建长期的国际合作网络和伙伴关系，为国际政治社会化的持续推进提供支持。

第七种是国际援助和发展援助。通过提供国际援助和发展援助，发达国家和国际组织可以帮助发展中国家增强其能力，缩小发展差距，为国际政治社会化提供良好的条件。比如国际援助和发展援助为实现联合国可持续发展目标（SDGs）提供了重要支持，推动了全球发展议程的实现。而且，国际援助和发展援助体现了国际社会对全球发展和人类福祉的责任和义务，增强了国际社会的共同体意识。

第八种是公共外交和文化交流。公共外交和文化交流是增进国家间理解和友好的重要手段，通过沟通、理解和合作，有助于提高公众的国际问题意识和参与度，培养全球公民意识，提升公众对全球问题和全球责任的理解和关注；同时，促进了国际社会的相互认知和共同发展，是推动国际社会化的重要途径。

以上这些方式相互交织，共同推动了国际政治中的社会化进程，使国家和非国家行为者能够在国际舞台上更好地理解、适应和参与国际事务。

（三）国际政治社会化的影响

国际政治社会化是一个涵盖国家、国际组织、非政府组织等多方面参与者在国际舞台上的互动过程。从体系的角度来看，国际社会化对国际关系的影响是多方面的，不仅影响了国家间的关系，也影响了全球治理的模式和效率。在规范的形成与传播方面，国际政治社会化促进了国际规范和准则的形成与传播，如人权、环境保护和贸易规则等，为国际关系提供了基本的行为准则和框架。在促进信任与合作方面，通过国际政治社会化的过程，国家和其他国际行为者能够建立信任，增进了解，为国际合作提供了社会和文化基础。在缓和国际冲突方面，通过对话和交流解决分歧，国际政治社会化可以帮助缓解国际冲突，维护国际和平与稳定。在全球治理方面，国际政治社会化促进了全球治理机制和模式的发展，为解决全球性问题提供了重要的平台和机制。在加强文化交流与多样性方面，国际政治社会化促进了国际文化交流和文化多样性的推广，丰富了国际关系的内容和形式。在国际法律体系的完善方面，国际政治社会化推动了国际法律体系的完善和发展，为国际关系提供了法律和制度保障。在国际公共意识的培养方面，国际政治社会化有助于培养国际公共意识和全球责任感，促使国家和公众更加关注和参与国际事务。

从单元的角度来看，国际社会化过程可以改变国家的利益和身份认知，进而影响国家的外交政策和国际行为。一方面，影响了国家利益和身份的构建。社会化进程可以帮助国家构建和认识自身的利益和身份，从而影响其在国际舞台上的行为。通过国际社会化过程，国家可能会重新评估和定义其国家利益。例如，通过参与国际合作，国家可能会认识到环保、气候变化和全球公共卫生等全球性议题的重要性，从而将这些议题纳入国家利益的考量范围。在这一过程中，国家可能会发现与其他国家在某些领域存在共同的利益和目标，从而推动国际合作的深化。同时，国际社会化过程可能会促使国家接受和遵守国际规范，从而影响国家的国际行为。例如，通过参与国际人权机制，国家可能会加强对人权保护的努力。另一方面，影响了国家外交政策的形成。通过与其他国家和国际组织的互动，国家能够更好地理解和适应国际环境，在社会化过程中形成或调整其外交政策和战略。这是因为国际社会化可以影响国家的身份认知。例如，一个国家可能从一个区域性力量转变为一个负责任的全球行为者，这种转变可能会影响该国的外交政策和国际行为。而且，国际社会化过程可能会促使国家调整其外交政策，以适应国际规范和国际社会的期待。例如，通过接受和履行国际环境保护协议，国家可能会调整其能源和环境政策。更进一步，国家会通过积极参与国际社会化过程，塑造和改善其国际声誉和形象，从而在国际舞台上获得更多的支持和认可。

二、国际政治研究的社会学转向

国际政治研究的社会学转向指的是本体论方面把国际政治学探讨的对象从物质事实转向社会事实，在方法论和工具论上引入社会学视角。① 国际社会化的概念和过程随着国际关系学科的发展而逐渐形成和演进。从早期的现实主义和自由主义，到后来的建构主义和其他理论，国际社会化的理论框架不断丰富和发展。

（一）现实主义视角

在现实主义的视角下，国际社会化的重点更多在于国家之间的权力平衡和利益追求，国际规则和准则的形成和遵守被视为维护国家利益的手段。比如，摩根索虽然承认国际道德和国际法的存在，但他告诫人们，"承认国际法的存在，并不等于断言它是像国内法律制度一样有效的法律制度，特别是不能说它能够有效地控制和约束国际舞台上的权力斗争"，国际法的分散性使其不能发挥足够的作用（摩根索，2006）。②

国际政治中的社会化进程能够对国家行为产生影响，新现实主义强调国际体系的结构对国家行为的影响，认为社会以自发的、非正式的方式建立起了行为规范，并通过这些规范影响行为体的行为。具体来说，在一个社会中，行为者那些符合规范的行为会得到赞许，从而使这些规范被进一步强化；而那些偏离规范的行为则会受到其他成员或社会的惩罚，使这些行为者要么离开团体，要么重新回归正轨，从而也就保证了社会成员的同质性。国际社会中也存在这种社会化进程，在无政府状态下，作为国际政治系统中最主要行为体的国家，虽然能力各异，但它们都面临着相似的任务，也就是确保自己的生存和发展，尤其是生存，是国家"实现任何目标的前提"。从而，那些总是采取冒险行动的国家最终会走向灭亡，只有关注自身安全的国家才能够长久生存，这样的国际互动就会导致国家之间在功能上变得相似。从这个意义上说，国际政治是由"同类的、重复彼此行为的单元"构成的。国际体系中的社会化进程减少了国家之间的差异，使

---

① 王逸舟.西方国际政治学：历史与理论（第3版）[M].上海：上海人民出版社，2018：168-169.
② [美]汉斯·摩根索.国家间政治：权力斗争与和平[M].徐昕，郝望，李保平译.北京：北京大学出版社，2006：311.

国际社会的成员在行为上表现出来的差异小于它们之间的实际差异（华尔兹，2012）。① 进攻性现实主义也认为，国家可以理性地适应国际环境，成功的扩张者会从过去的错误中吸取教训，试图以最不引起其他大国注意的方式进行扩张。

当然，现实主义者在接受国际制度的重要性之后，也在不断修正现实主义理论的解释力。例如，张发林（2022）指出，在当今时代，随着全球化的深入发展，制度性逐渐成为国际体系的重要特征。制度性是指国际制度逐渐成为国际体系的重要内涵，是国际体系的基本且最重要构成元素和方式，国际体系逐渐具体化为一个国际制度网络所构成的国际制度体系。② 也就是说，那些能对行为体产生规范和制约作用的国际制度已经被一部分现实主义学者看作国际关系的基本研究内容了，并对它产生的影响进行了理论性探究。

（二）自由主义视角

自由主义强调国际合作和国际法，国际社会化被看作促进国际合作和全球治理的重要过程。早在 18 世纪，康德就提出，人类能够学会通过世界大同主义和普世主义避免战争。第一次世界大战之后，理想主义的代表人物美国总统伍德罗·威尔逊在其提出的改造世界的十四点计划中提出了"民族自决""公海航行自由""公开外交""集体安全"等理念，认为国家之间的利益可以协调一致，理性能够帮助人类消除愚昧和偏见，通过建立国际联盟这样的国际组织，国家之间可以实现和平与合作。对自由主义者来说，"国际经验的景观不必被绘制成现实政治的单一颜色——只显示对权力的黑暗欲望。全球秩序面临的多样威胁呼唤一个基于国际合作的希望甚至预期的理论框架。现实主义者悲观地认为，历史是为战争做准备、进行战争和从战争中恢复的记录。但近期历史给予我们打破这个循环的希望。我们经常贬低地称这种希望为理想主义或自由主义，但它是一个丰富的传统，值得我们重新审视"。在这样的思考下，自由主义者指出，"正如威尔逊预测的、但现实主义者否认的，激发国家目标的动机并不是不变的"。③ 国家能够根据现实的需要不断更新对自身国家利益的理解和诠释，而这种更新总会在一定程度上反映当时国际社会的一些新特征和新理念。

20 世纪七八十年代新自由制度主义的兴起就是对国际社会中的合作和国家对制度的遵守这种现象的回应。在新自由制度主义理论中，学者们把国际机制定义为"一系列围绕行为体的预期所汇聚到的一个既定国际关系领域而形成的隐含的明确的原则、规范、规则和决策程序"，④ 而通过遵守国际机制能够帮助国家解决彼此间的信息不确定

---

① ［美］肯尼思·华尔兹. 国际政治理论［M］. 信强译. 上海：上海人民出版社，2008：79-80，97-103.

② 张发林. 现实制度主义：一种国际关系理论的合成［J］. 国际政治研究，2022，43（4）：82-83.

③ Charles W. Kegley, Jr. The Neoidealist Moment in International Studies? Realist Myths and the New International Realities［J］. *International Studies Quarterly*, 1993, 37（2）：141, 137.

④ ［美］罗伯特·基欧汉. 霸权之后：世界政治经济中的合作与纷争［M］. 苏长和，信强，何曜译. 上海：上海人民出版社，2012：57.

问题、降低谈判的交易成本和缓解道德风险降低协商成本，从而促使国家之间合作的达成。

（三）建构主义视角

建构主义是受社会学影响最深的理论流派，新现实主义和新自由制度主义都是移植了经济学理论框架来分析国际关系，而建构主义则主要迁移了社会学的概念和理论来讨论国际社会中的事务。它进一步强调了社会化的重要性，认为国家和非国家行为者的身份和利益是通过社会化过程构建的，国际结构和国家行为体之间是相互影响的。

温特在他建立的国际政治的社会理论中指出，身份是有意图行为体的属性，可以产生动机和行为特征。也就是说，一个行为体的行动是由他所具有的身份决定的。如果把国家比作人，那么国家也应该至少具有四种身份，分别是个人身份（如果是组织则为团体身份）、类属身份、角色身份和集体身份。其中，个人/团体身份对国家来说就是诸多个人和领土，是国家关于自我观念的自生特征，是其他身份的基点或平台；类属身份的对应物是国家的政权类型或国家形式；角色身份依赖于文化，是相对他者而言的；集体身份则是自我和他者的关系在认同这一认知过程中结合起来形成的。① 这四种身份除了第一种之外，另外三种都是可以变化的，不同的身份会形成国家对本国利益的不同认知，从而就激发了国家的不同外交行为。例如，假定 A 国有 50 枚核弹，而 B 国有 1 枚核弹，当只有这两个信息时，按照现实主义理论，C 国应该对 A 国更加防备，因为 A 国可能给自己带来更大的威胁；但当三个国家有社会意义上的交往和互动时，如果 A 国是 C 国的盟友，而 B 国是 C 国的敌人，那么 C 国更可能反对 B 国拥有核武器。也就是说，有了交往和互动，国家之间就产生了在国际社会中的角色和身份。在 C 国和 A 国的关系中，彼此的身份是以朋友界定的；在 C 国和 B 国的关系中，彼此的身份是以敌人界定的，从而 C 国会依据自己在不同关系中的身份来判定自己的利益，并采取相应的行动。

建构主义研究有两个主要议题：一个是讨论国际规范对国家身份和利益的外部建构，另一个是研究国内因素对国家身份的内部建构（曹玮，2020）。② 随着国际社会的发展和成熟，观念、制度、规则和社会互动对国家行为的影响越来越大，以此为核心的建构主义视角在国际关系和国际政治的研究中的应用也越来越多，成为国际政治研究社会学转向的一个主要分支。

（四）国际社会学派视角

英国学派是"二战"后在英国逐渐发展起来的一支独具特色的国际关系理论流派，这一学派的代表人物大多在英国国际关系学院接受教育或担任教职，其形成历程基本不受美国国际关系学界的影响。与此同时，英国学派强调从社会视角来解释国际政治和界

---

① ［美］亚历山大·温特. 国际政治的社会理论［M］. 秦亚青译. 上海：上海人民出版社，2014：220-225.
② 曹玮. 国际关系理论教程［M］. 北京：中国社会科学出版社，2020：189.

定国际体系的基本规则与结构，因此也被称为国际社会学派。如果说现实主义、自由主义和建构主义的核心关键词可以被概括为权力、制度和观念，那么英国学派理论的核心概念则可以被凝练为社会。

英国学派关于国际社会设想的三个理论要点：①强调西方文明的价值及其扩展意义。②强调国际社会与国际体系的概念之分。③强调国际社会与世界社会的观念差异（王逸舟，2018）。① 在西方文明的价值及其扩展意义方面，英国学派重视欧洲经验和价值的扩散。从历史的角度来看，他们强调欧洲经验的推广。通过对古代国际体系、欧洲国际社会以及全球国际社会的考察，亚当·沃森提炼出了"古代国际体系—欧洲（区域）国际社会—全球国际社会"的演进脉络。在文明的作用角度，他们重视欧洲文化传统的价值，被现代社会所广泛接受的国家主权观念、外交规范等都是从欧洲发祥的，这些观念和规范的扩散也受到了英国学派的重视。在国际社会与国际体系的内涵方面，英国学派认为国际社会和国际体系之间是不能画等号的。国际体系能描述不同行为体之间相互影响的状态，但不能描述这些行为体之间是否拥有共同认可和遵守的价值观念，而国际社会则包含了这两个程度上的内涵。在国际社会和世界社会的差别方面，布赞认为，国际社会主要是"关乎国家（或组成国际体系的任何政治单位）之间关系的性质"，世界社会则是"将个人、非国家组织以及最终把全球人口作为一个整体，作为全球社会身份和安排的焦点"。

第三节 国际政治社会化的实践性表现

在理论之外，国际政治社会化也表现在当前的国际政治实践中。国际政治实践中的社会化推动了更多的国际合作、行为体对国际法的遵守、人权保护、民主价值观的普及，以及全球治理和国际组织的发展，对现实及国际关系的未来发展具有重要的影响作用。

一、国际政治影响因素的社会化

国际政治的影响因素多种多样，它们共同决定了国际关系的走向和国际政治事件的发展。随着全球化的深入发展，这些因素都受到了社会化的塑造。因此，国际政治影响因素的社会化是指国际政治的各种影响因素如权力、利益、规范和制度等，在社会交往和学习过程中逐渐被吸收、传递和内化的过程。这个过程有助于国家和其他国际行为者更好地理解和适应国际社会的规则和要求，也影响着国际关系的构建和发展。国际政治

---

① 王逸舟. 西方国际政治学：历史与理论（第3版）[M]. 上海：上海人民出版社，2018：277-280.

影响因素的社会化主要体现在以下六个方面：

（1）国家利益的社会化。国家利益是推动国家行为的核心动力，国家追求安全、经济发展和国家声誉等方面利益的行动，常常是国际政治冲突和合作的源头。国家利益的社会化是一个涉及到国家利益如何受到社会因素影响以及如何在国际社会中形成和演变的过程，可能导致国家重新定义其核心利益和长期利益。例如，通过国际合作和交流，国家可能会将环保和气候变化问题纳入其国家利益的范畴。同时，国际制度的构建和遵守也被国家纳入自己的利益考量中，也促进了国际关系的稳定和发展。国际制度是规范化的国际关系框架，它们的构建和遵守反映了国际政治影响因素的社会化。国际制度为国家和其他国际行为者。

（2）国际规范和法律的社会化。国际规范和法律是国际关系中的重要影响因素，为国际关系提供了基本的框架和规则，它们的传递和接受是国际政治社会化的核心内容。国际规范的扩散促使了国际社会认同的形成。国际社会认同的建立基于共享的价值和利益，它的形成是国际政治影响因素社会化的重要表现。随着国际交往的频繁，国家间逐渐形成了共同的认同和价值，它们的行为有了规则和参照，更加趋向文明和进步，从规模上抑制了国际战争的爆发和冲突的扩大。在这一过程中，非国家行为体如国际组织和非政府组织在国际政治影响因素的社会化中发挥着重要的作用。它们通过各种渠道为国家和其他国际行为者提供了交流和学习的平台，影响着国际政治影响因素的传递和接受。

（3）经济影响因素的社会化。全球经济的状况、经济全球化以及经济利益分配等，都在很大程度上影响着国际政治的走向。经济影响因素的社会化是指国际经济活动和经济政策如何在社会和国际关系中被理解和执行的过程。它涉及全球经济规则的形成、国际经济合作和竞争以及全球经济治理等方面。它会影响国家利益和外交政策，在经济社会化过程中，国家可能会根据全球经济的变化和国际经济合作的需要，调整其外交政策和国际行为。它也会塑造国际经济秩序，经济社会化通过制定和推广国际经济规则和标准，对国际经济秩序的形成和发展起到关键作用。

（4）技术与信息的社会化。科技进步和信息传播能力的提高，对国际政治有着深刻的影响，它们改变了国家间的交流方式和战争的形态。技术与信息的社会化是指技术和信息如何在社会和国际关系中被理解、应用和传播的过程。随着信息通信技术的迅速发展和全球互联网的普及，技术与信息的社会化对国际关系产生了深远的影响。信息技术的发展促进了全球化的进程，使得信息的传播和交流跨越了国界，促进了国际社会的相互连接和交流。同时，信息技术的发展和应用改变了国际政治力量的分布和国际政治格局，还改变国际安全环境，比如网络安全问题、数据保护等成为新的国际安全议题，促使国际社会制定新的国际法律和规则，以应对技术带来的新挑战和问题。

（5）文化与价值观的社会化。不同的文化和价值观可能导致国际政治中的理解和信任缺失，也可能成为合作的基础。文化与价值观的社会化指的是文化和价值观念在国际间的传播、接受和共享过程，它对国际法律和国际规范的形成具有重要影响，例如，人权、民主和法治等国际通用价值的传播和接受。同时，它塑造了国际关系的性质和方向，不同的文化和价值观对国际关系的性质和方向有重要影响，例如，对于和平、安全和发展等核心议题的理解和处理。而且，文化和价值观的社会化有助于形成全球治理的共识和基础，推动国际社会共同应对全球性挑战和问题。通过影响国家外交政策和战略，如对外援助、人道主义干预和国际发展合作等方面的政策选择，为国际社会的和平、安全和发展提供了重要的文化和价值基础。

（6）全球公众舆论和公共意见的社会化。公共意见和媒体的角色也不容忽视，它们影响着政府的外交政策和国际行为。全球公众舆论和公共意见的社会化是指全球范围内的公众舆论和公共意见形成、传播和影响国际关系的过程。随着信息通信技术的发展和社交媒体的普及，全球公众舆论和公共意见在国际关系中的影响日益明显。它能够影响国家形象和声誉，可以提升或降低国家在国际社会中的影响力和吸引力。因而也就能够在一定程度上影响国际政策和决策，例如，对于国际危机和冲突的处理以及对全球性议题如气候变化的关注。同时，通过社交媒体和网络平台，全球公众可以共同关注和讨论国际公共议题，增加国际政治的透明度和公众参与。

国际政治影响因素的社会化是一个复杂而多层次的过程，它涉及到国际关系的许多重要方面，包括国际规范的传递和接受、国际制度的构建和遵守、国际社会认同的形成等。通过理解国际政治影响因素的社会化，可以更好地理解国际关系的发展和变化，以及全球治理的挑战和机遇。

二、大国关系的社会化

大国关系的社会化是指在国际政治舞台上，大国之间通过交流、合作、竞争和相互学习，逐渐形成一套共同遵守的规范和准则，以及相互理解和认同。这个过程对于维护国际秩序、促进全球治理和处理全球性问题具有重要意义。大国关系的社会化主要体现在以下五个方面：

（1）在规范的形成与遵守方面，通过多边或双边的交流与合作，大国之间逐渐形成了一套关于和平、安全、贸易和人权等方面的国际规范和准则。而且，大国往往在国际规范的制定过程中起到领导和推动作用。通过国际组织、多边论坛或双多边谈判，大国能够影响国际规范的内容和方向。与此同时，大国遵守国际规范通常具有示范效应，能够鼓励其他国家也遵守相应的国际规范，从而增强国际规范的权威和效力。而当国际规范遵守出现争议时，大国通常在解决争议、调解矛盾和维护国际规范体系中起到核心作用；并且，由于大国具备较强的资源和能力，所以它们可以执行和监督国际规范的实施，确保国际规范得到有效执行并达到预期目标。在某些情况下，大国在国际法律和规范的解释、裁决和实施过程中具有重要影响，例如，在国际法庭或仲裁机构中提供国际规范的解释与裁决。

（2）在相互理解与信任的建立方面，通过高层次的官方访问、双边或多边会议等，大国之间能够增进相互理解，明确各自的立场和意图，为建立相互信任奠定基础。这些交流也会促使大国间建立持续、机制化的对话与合作平台，例如战略对话、经济对话等，为大国间的长期交流和理解建立渠道，促进信任的累积。在重大国际或区域议题上的政策协调与合作能够增加大国之间的相互理解与信任。例如，通过协调解决国际危机，或在全球性议题如气候变化和反恐合作中找到共同立场。而通过军事交流、联合军演、军事透明度增加等信任建设措施，大国能够减少战略误判和安全困境，促进相互理解与信任的建立。此外，清晰和透明的外交信号传递能够帮助大国间减少误解和猜疑，明确各自的政策意图，为信任建设提供基础。在复杂多变的国际环境中，大国间的相互理解与信任的建立对于防止冲突、促进合作具有重要作用。

（3）在战略沟通与协调方面，通过定期的战略对话和协调，大国之间在重大国际和地区问题上形成了一定的共识和协调机制。大国之间通常会建立战略对话机制，以定期交换意见，解释自己的战略意图，减少误解与误判，通过定期的政策说明、媒体交流和外交途径，大国能够增加政策透明度，减少对彼此战略意图的猜疑和误解，从而促进相互理解和信任的建立。而且，为了避免或缓解危机，大国通常会建立危机管理与沟通机制，确保在危机发生时能够及时、有效地交换信息和协调立场。通过联合国等多边国际组织和机制，大国能够在全球或区域性问题上进行协调和合作，共同寻求解决方案，推动国际规范和制度的形成与完善。大国间可能签署双边战略协定或建立合作框架，明确合作领域和目标，为双边关系发展提供战略指导。在重大国际议题如气候变化、全球健康、国际安全等方面，大国通过沟通协调寻求共识，推动国际合作的发展。通过这些战略沟通与协调机制，大国能够在复杂多变的国际环境中保持相对稳定的关系，减少误判和冲突风险，同时在全球和区域性问题上寻求合作，推动国际关系和全球治理的发展。大国关系的社会化在战略沟通与协调方面是非常重要且必要的，为大国间的相互理解、信任与合作提供了有效的渠道。

（4）国际组织与机制的建设方面，大国参与建立和运行多边国际组织和机制，推动全球治理体系的建设和完善。大国通常在推动新的国际组织的建立或现有国际组织的发展中起到主导作用，以应对全球或区域性的挑战和问题。在国际组织的框架下，大国参与或主导国际规范和标准的制定，以促进国际合作和全球治理的有效性。大国通常会为国际组织提供资金、技术和人力支持，以确保国际组织能够有效地执行其职能和任务。大国在国际组织的决策和治理结构中占据重要位置，影响国际组织的决策和政策方向；并在国际组织的框架下推动多边或双边合作项目，以应对共同关心的问题和挑战。大国能够推动国际组织的改革和创新，以提高国际组织的效率和对全球问题的应对能力。通过这些方式，大国关系的社会化对国际组织和机制的建设产生了积极的推动作用，为应对全球挑战和促进国际合作提供了重要的平台和机制。大国的合作与协调对国际组织的效能和全球治理的改善具有重要意义。

（5）在全球问题的共同应对方面，大国之间可以通过合作来应对全球性问题，如气候变化、全球卫生危机和国际恐怖主义等。大国通常在共同制定应对全球问题的国际规范和政策中起主导作用，例如，在气候变化、全球卫生安全和国际贸易等领域。大国也是多边合作机制的重要参与者和推动者，通过联合国、G20、世界卫生组织等多边框架，共同应对全球挑战。大国经常提供国际援助，参与全球发展合作，帮助低收入国家应对全球问题，推动全球发展的可持续性。大国间可能会在科研与创新领域展开国际合作，共同寻求解决全球问题的新技术和新方法。大国也积极参与全球治理体系的改革与建设，推动国际组织和机制的完善，以更有效地应对全球问题。大国关系的社会化在全球问题的共同应对方面具有多方面的表现，显示了大国在全球治理和国际合作中的重要作用。在当前全球面临诸多共同挑战的背景下，大国间的社会化和合作对于推动全球问题的有效应对和全球治理体系的改进具有重要意义。

大国关系的社会化是一个持续不断、复杂多面的过程。它不仅影响着大国之间的关系和全球治理，还影响着国际政治体系的稳定和发展。通过理解和推动大国关系的社会化，可以为解决国际问题、促进国际合作和维护国际秩序提供有益的启示。

三、国际社会思潮的迭代

国际社会思潮的迭代是指随着时间的推移和全球政治经济社会条件的变化，国际社会上主流的思想、价值观和理论会逐渐演变和更新。这种迭代通常反映了国际社会对于某些核心问题的新认识和新的应对策略。

不同历史时期的国际社会思潮变迁对国际政治社会化产生了重要影响。在两次世界大战间时期（1919~1939 年），"国际联盟"的出现象征着国际社会对集体安全的探索，尽管失败了，但为联合国的成立和国际政治社会化提供了初步的经验。冷战时期（1947~1991 年），冷战思潮主导了国际政治，导致了两极对立。不过，联合国和其他国际组织的建立，表明了国际社会开始认识到多边合作的重要性。后冷战时期（1991~2000 年），随着冷战结束，全球化和多边主义成为主导思潮，促进了国际政治社会化，国际合作和国际规范的发展得到了加强。21 世纪初期（2001 年至今），反恐战争、全球金融危机等全球挑战显示了国际社会的相互依赖，推动了对全球治理和国际政治社会化的深化探讨。每个时期的国际社会思潮变迁都对国际政治社会化产生了深刻的影响。例如，全球化和多边主义的推动促使国家更加重视国际合作，而新的全球挑战则推动国家重新审视和调整国际政治社会化的路径和机制。在不断变化的国际环境中，理解不同历史时期国际社会思潮的变迁及其对国际政治社会化的影响，有助于我们更好地理解国际政治社会化的发展和趋势。

在国际关系理论中，理论的丰富性也在不断发展，从以国家利益和权力为核心的现实主义，演变到强调国际规范和社会构建的建构主义，多种理论流派在争鸣中共同发展。在全球治理方面，随着全球化的深化，国际社会开始更多地关注全球治理、国际合作和全球公共品的提供。随着环境问题的日益突出，可持续发展成为国际社会共同追求的目标。在新的国际政治经济格局下，多极化和多边主义成为国际社会处理全球问题的重要原则。此外，随着信息技术的发展，数字化和网络化开始对国际社会的交流、合作和治理产生深刻影响。这也促使了国际安全观的拓展，从传统的军事安全，到非传统安全问题如环境安全、能源安全和网络安全的关注。

国际社会思潮的迭代反映了国际社会对于新挑战和新问题的认识和应对。它影响着国家和国际组织的政策选择，也影响着国际关系的发展和全球治理的效果。通过理解国际社会思潮的迭代，可以更好地把握国际社会的发展趋势和应对全球挑战的策略。

四、全球市民社会的出现

全球市民社会的出现是全球化和国际社会发展的重要体现，它表现为不同国家和地区的民众、非政府组织（NGOs）、社区团体等越来越多地参与到全球事务和全球治理中来。主要表现在八个方面：①非政府组织的增多与壮大。全球范围内，非政府组织的数量和影响力不断增加，它们在人权、环境保护、发展援助等领域作出了重要贡献。②跨国网络与合作的发展。通过网络技术和社交媒体，不同国家和地区的民众、社区和组织能够更容易地相互联系和合作，形成跨国的合作网络。③全球议题的共同关注。全球市民社会关注的议题日益全球化，如气候变化、公共卫生、国际贸易和社会公正等。④民众参与的加强。民众通过多种方式参与到全球议题的讨论和决策中，例如，通过在线请愿、社交媒体运动和国际会议等。⑤全球性公共政策的形成。全球市民社会的参与有助于全球性公共政策的形成和实施，推动全球治理体系的发展。⑥信息与知识的共享。全球市民社会促进了信息和知识的全球共享，有助于解决全球性问题和挑战。⑦对传统国家主权的挑战与补充。全球市民社会在一定程度上挑战了传统的国家主权概念，同时也为国家提供了解决全球性问题的新资源和新机会。⑧全球性价值观与认同的塑造。全球市民社会有助于全球性价值观和认同的塑造，促进了国际社会的共同理解和合作。

全球市民社会的出现反映了全球化时代国际社会结构和关系的重要变化。它为处理全球性问题和推动全球治理提供了新的资源和可能，同时也为国际关系研究和国际政治理论提供了新的视角和思考。全球市民社会的兴起是一个复杂的多因素过程，它与全球化、信息技术的发展、国际治理体系的变革等多方面因素密切相关。全球市民社会的发展对国际政治社会化也有着重要的推动作用，它为国际社会提供了新的交流平台和合作机制，也为全球治理和国际关系的发展提供了新的视角和资源。

从全球市民社会的兴起原因来看，首先，全球化推动了国际间的交流和合作，为全球市民社会的发展提供了条件。其次，信息技术的进步使得跨国交流和组织变得更为容易，推动了全球市民社会的形成和发展。最后，面对全球性问题的挑战，国际社会对于更有效的国际治理体系有着迫切的需求，全球市民社会的发展为国际治理提供了新的可能。

反过来，全球市民社会的兴起也对国际政治的社会化起到了一定的推动作用。首先，全球市民社会成为国际规范传播和接受的重要平台，它推动了国际政治规范的社会化过程。其次，全球市民社会为国际合作提供了新的机制和平台，推动了国际政治合作的社会化。再次，全球市民社会参与全球治理，为解决全球性问题提供了新的视角和资源，推动了全球治理体系的社会化发展。最后，全球市民社会的发展使得公众更加容易参与到国际政治中，推动了国际政治公众参与的社会化。

全球市民社会的兴起与国际政治社会化的推动是相互影响、相互促进的过程。全球市民社会为国际政治社会化提供了重要的社会基础和条件，同时国际政治社会化的推动也为全球市民社会的进一步发展提供了有益的支持和指导。全球市民社会与国际政治社会化的相互作用将继续影响全球治理和国际关系的未来走向。

第四节　中国在国际政治社会化进程中的努力

中国作为国际舞台上举足轻重的国家，在国际政治社会化进程中采取了一系列行动，以适应国际体系、维护国家利益，并促进国际合作。未来中国仍将不断调整政策和加强与国际社会的对话，以推动国际社会的社会化进程，与各国一道构建人类命运共同体。

一、中国在国际政治社会化中的角色

当前，随着中国综合国力的不断增强，从客观实力上看，中国能为世界作的贡献越来越多；而从主观意愿来说，中国也多次向国际社会表明"欢迎大家搭乘中国发展的列车，搭快车也好，搭便车也好，我们都欢迎"。[1] 在整个国际社会不断向前发展的过程中，中国经历了从被动参与者到主动融入者，再到发挥积极作用并逐渐引领国际社会发展的过程。具体来看，中国在国际政治社会化的各个方面都发挥了重要作用。

中国是全球治理参与者，并正在成为全球治理的引领者。中国是联合国等多个重要国际组织的成员国，并在全球治理议题如气候变化、全球健康和国际贸易等方面发挥了积极作用。2021年中国提出全球发展倡议、2022年中国提出全球安全倡议、2023年中国提出全球文明倡议，这三大全球性重要倡议反映了中国在新时代的全球治理观。

中国是国际规范和标准的推动者。早在新中国成立之后，中国就提出了国家间交往的和平共处五项原则，这也成为国际社会广泛承认的外交准则。此后，中国又不断提出

[1]　习近平：欢迎搭乘中国发展的列车［EB/OL］.新华网，［2014-08-22］.

具有中国特色的国际社会发展理念，如和谐世界、新安全观、构建新型国际关系、构建人类命运共同体等重要理念，受到了世界的欢迎。同时，中国也在联合国、世界贸易组织、国际标准化组织等国际机构中推动国际标准的建设，例如，2022 年 8 月 20 日召开的国际标准化大会确定由中国牵头制定全球首个新型电力系统国际标准体系。

中国是区域安全与合作的推动者。中国在推动地区安全和合作方面发挥了重要作用，如中国主导建立的上海合作组织，与中亚国家共同应对暴力恐怖势力、民族分裂势力、宗教极端势力等三股势力对国家安全的威胁；与东南亚国家之间建立了澜沧江—湄公河国际区域合作机制，并建立了澜沧江—湄公河综合执法安全合作中心，为维护次区域稳定和安全给予了重要保障；中国积极推动地区热点问题解决，推动相关各方通过对话和协商解决争议，促成沙特阿拉伯与伊朗的复交。

中国是经济发展与技术创新的推动者。一方面，中国自 20 世纪 80 年代实行改革开放政策以来，经济快速增长，目前已经是全球最大的商品贸易国和第二大经济体。中国作为世界上人口最多的国家，成功实现了几千万人口的贫困减轻，为全球减贫和社会发展提供了重要经验和参考。而通过与世界各国的贸易合作以及自身的技术创新，也为世界经济增长和全球技术进步作出了贡献。另一方面，中国也在积极分享自己的发展成果，帮助更多国家走向经济繁荣发展的道路，比如习近平总书记在 2013 年提出了"一带一路"倡议，目前已经成为世界范围内广受欢迎的经济合作平台和国际公共产品。

中国是南南合作的倡导者和实践者。中国致力于南南合作，在规范方面，中国倡导南南合作的平等互利、共同发展的原则，反对任何形式的霸权主义和新殖民主义。在实践方面，中国积极主动为发展中国家提供援助和支持，其中，无条件的发展援助包括无偿援助、优惠贷款和技术转让。同时，中国参与和推动了许多南南合作的多边合作机制，如中国—非洲合作论坛、中国—拉美和加勒比国家合作论坛等，既帮助发展中国家的经济社会发展，也注重推动发展中国家提升在国际事务中的话语权和影响力。

中国是全球公共产品的提供者。中国在自身实力增强之后，十分注重承担大国责任，努力实现自己负责任大国的承诺，积极主动为国际社会提供公共产品，帮助应对全球公共危机和挑战。例如，通过"一带一路"倡议，中国参与了全球多个基础设施建设项目，提升了相关地区的交通、能源和通信等基础设施水平；中国参与联合国维和行动和国际安全合作，为维护全球和平与安全作出了贡献。

中国是多边主义和国际合作的倡导者。中国倡导多边主义和国际合作，反对单边主义和保护主义。在参与国际组织方面，中国是联合国、世界贸易组织、世界卫生组织等多个国际组织的重要成员，积极参与国际多边合作与治理；在经济合作方面，中国坚定支持多边贸易体制，反对保护主义，推动构建开放型世界经济；在倡导国际合作解决全球问题方面，针对气候变化、全球卫生危机、贫困和发展等全球性问题，中国倡导国际社会加强合作，共同应对；在推动国际公平正义方面，中国在国际舞台上为发展中国家发声，推动国际秩序向着更加公正合理的方向发展。

中国是文化交流与人文合作的推动者。通过各种国际文化交流和人文合作项目，中国推动了国际文化理解和友好交流，为国际政治社会化提供了人文基础。在文化交流方面，中国举办和参与各种国际文化节、艺术展览、演出等活动，展示中国文化，促进与世界各国的文化交流；在国际教育交流方面，中国与世界各国的高校和教育机构开展合作，促进教育交流，为国际学生提供在华学习机会；在国际会议和论坛的参与方面，中国举办和参与多种国际会议和论坛，如博鳌亚洲论坛、世界文化论坛等，为国际文化和人文交流提供平台；在国家政府层面，通过建立国际友城和姐妹城市关系，中国促进了地方级的文化和人文交流。

中国在国际政治社会化进程中的角色不断增强，其对全球治理和国际合作的贡献也得到了国际社会的认可和尊重。同时，中国也在积极学习和适应国际规范，不断提升其国际影响力和参与全球治理的能力。

二、全人类共同价值与人类命运共同体的构建

随着全球化的深入发展，国际社会已经成为一个你中有我、我中有你的命运共同体。在复杂的世界经济形势和各种难解的全球性问题面前，任何国家都无法脱离世界的整体环境实现自身的安全与发展。这就要求各国必须要树立共同安全和共同发展的理念，在确保本国安全的同时不侵害他国的安全，在追求本国利益的同时兼顾他国的合理关切，在谋求本国发展的同时也不能损害其他国家发展的权益。在这样的局势下，中国适时提出构建人类命运共同体，得到了国际社会的积极响应。

全人类共同价值和人类命运共同体的构建是近年来中国在国际社会提出的重要理念，目的是促进国际社会的和平、发展和合作。其中，全人类共同价值是习近平2015年在第七十届联合国大会一般性辩论时提出的，核心是"和平、发展、公平、正义、民主、自由"[①]；而构建人类命运共同体，核心就是建设持久和平、普遍安全、共同繁荣、开放包容、清洁美丽的世界。从两者的核心内涵来看，它们是紧密联系、相辅相成的。

全人类共同价值是指在全球范围内不同国家和文化背景的人类所共同认同和追求的基本价值，它是超越了国家和地区的、符合全体人类利益并被所有人共同追求的价值，它的提出旨在促进国际社会的和谐共处和全球问题的共同解决，并且鼓励国家和国际社会在处理国际关系和全球问题时，充分考虑到人类的共同利益和长远发展。人类命运共同体强调国家之间的相互依赖和共同发展。它呼吁各国放下分歧，共同应对全球性挑战，推动建设一个和平、稳定、公正、公平、包容和清洁的世界。在逻辑上，全人类共同价值为构建人类命运共同体提供了价值基础和理论支持。通过推广全人类共同价值，可以促进国际社会认识到构建人类命运共同体的重要性和紧迫性，从而推动国家和国际

---

① 习近平在第七十届联合国大会一般性辩论时的讲话（全文）[EB/OL]. 新华网，[2015-09-29].

社会采取实际行动，共同推进全球治理体系的创新和完善。

从实践来看，当今世界正处于百年未有之大变局，全球性挑战和全球性问题层出不穷，需要各国团结一致来共同应对，但国际社会却面临着和平赤字、发展赤字、安全赤字和治理赤字持续加深造成的合作难题。在这样的情况下，对全人类共同价值的强调无疑能够为国际社会的未来发展凝聚共识，而对人类命运共同体这一目标的树立和追求则能够为人类未来如何发展指明道路。为了实现这一远大理想，习近平总书记在国际舞台上多次强调全人类共同价值和人类命运共同体的重要性，呼吁国际社会共同推动全球治理体系的改革和完善，以更好地应对全球性挑战和问题，并且通过实际行动承担大国责任。在与各国交往中，中国特色大国外交拒绝走传统大国外交国强必霸的老路，而是坚持独立自主的和平外交政策，推动国际社会建立相互尊重、公平正义、合作共赢的新型国际关系；在全球经济发展大潮流面前，中国着力推动和引领新型全球化，在实现自身发展的同时，帮助最不发达国家以平等的身份融入国际经济分工，获得合理收益；面对全球各地此起彼伏的热点问题，中国提倡以和平手段解决冲突，并为此积极努力，促进了相关各方的对话与交流；在保护世界文明多样性方面，中国积极同联合国教科文组织等国际组织合作，持续举办各种层次的文明交流对话论坛和国际会议，与不同国家之间举办双边文化和旅游年，促进世界文明的传承和创新，最终实现世界文明的繁荣共生。

通过推广全人类共同价值和人类命运共同体的构建，中国为推动国际政治社会化，特别是在全球治理和国际合作方面，提供了新的思考和实践框架。它们既体现了中国对国际政治社会化和全球治理的思考和贡献，也表明了中国愿意与国际社会共同努力，推动构建更加公正、合理和包容的国际秩序。

三、中国参与全球治理的方案与智慧

当前，中国既是全球治理的重要参与者，也正在成为全球治理的关键引领者，在这一过程中，中国不断创新，提出了独具特色的中国方案，为全球治理贡献了中国智慧。在多边主义的倡导方面，中国坚定支持多边主义和国际合作，强调通过联合国等国际组织解决全球问题，反对单边主义和保护主义。中国还提出了共商共建共享的全球治理原则，通过"一带一路"倡议等，中国推广共商共建共享原则，强调在全球治理中应考虑各国的利益和需求，实现共赢共享。中国积极推动构建人类命运共同体，强调全球的相互依赖和共同发展，倡导国际社会共同应对全球挑战。在经济发展方面，中国积极推动建设开放型的世界经济。中国倡导构建开放型世界经济，支持自由贸易和投资，反对贸易保护主义，推动全球经济的稳定和发展。在国际规则的完善与改革方面，中国积极参与国际规则的制定和改革，推动全球治理体系更加公正、公平和有效。在区域合作中，中国也发挥积极作用，推动区域合作的深化，维护地区稳定和繁荣。中国在区域合作框架如上海合作组织、中国—东盟关系等方面，积极推动区域安全和经济合作。在文化交流与人文合作方面，通过文化交流和人文合作，中国推动国际社会对中国和东方文

化的理解，促进国际社会的多元化和包容性。在科技创新与环境保护方面，中国在科技创新和环境保护方面提出了一系列的方案和措施，推动绿色发展和可持续发展。在智慧共享与经验交流方面，中国愿意与各国共享发展经验和治理智慧，促进国际社会的共同发展和进步。

通过以上方面的努力，中国正在为推动全球治理的改革和完善、促进国际政治社会化进程作出积极的贡献。同时，中国也在不断学习和借鉴国际社会的成功经验和智慧，以提升自身在全球治理中的能力和影响力，为国际社会向更好方向发展发挥中国作用。

思考题

1. 如何对国际政治与国际社会、国际体系与国际社会两组概念进行区分？
2. 如何认知国际政治社会化的本质与特征？
3. 影响国际政治社会化的要素是什么？
4. 如何从影响要素入手推动国际政治社会化的良性运转？

后　记

　　《政治社会学》是内蒙古大学公共管理学院政治学系教师和学生集体智慧的结晶。本书的完成离不开各位老师的辛勤付出，在成书过程中融入了写作团队多年的教学心得和学术成果，是各位老师和优秀学生通力合作的结果。全书共八章，各章内容和编者如下：

　　第一章　政治社会学概述：刘桂英；

　　第二章　权力：胡日查、王智；

　　第三章　政治文化：李慧勇、王薪宇、惠子朋；

　　第四章　政治参与：石婧；

　　第五章　现代国家的形成与构建：乔福龙；

　　第六章　政府过程：王薪宇、徐子阳；

　　第七章　技术、政治与政府治理：杨雪；

　　第八章　国际政治中的社会化：杨雪。

　　李慧勇、刘桂英确定了全书框架，对全书进行了统改并总纂定稿。

　　本书编写得到内蒙古大学公共管理学院领导和经济管理出版社的大力支持，特别感谢任爱清编辑及其他编校人员耐心细致的审校。

编者

2024 年 2 月